공사·공단·금융권
NCS

PREFACE

머리말

노동시장의 수급률이 지금과 같이 원활하지 않았던 몇 년 전부터 "취업은 가문의 영광이다"라는 말을 종종 들었습니다. 그 마만큼 취업이 쉽지 않다는 말을 대변한다는 것이겠죠. 필자는 NCS가 시범적으로 도입되었던 초창기부터 현재까지 네 개의 공공기관을 오가며 많은 시험과 다양한 직무 경험을 했다고 자부합니다.

수험생들의 '취준생활'을 조금 더 조기에 종결할 수 있도록 조금이나마 도움이 되고자 이번 책을 집필하게 되었습니다.

먼저, 이 책은 철저하게 경험과 고증에 바탕을 두었습니다. 필자의 경험을 되살리고, 실제 NCS 시험을 보고 온 수험생들의 생생한 후기를 담았습니다. 각 기관마다 출제되는 패턴의 다양성을 열어두고 100개의 주제와 문제를 엄선하였습니다.

둘째, 이 책의 난이도는 시중 어떤 교재의 난이도보다 평균적으로 높되 훨씬 더 정교하게 구성하였습니다. 항간에 모듈형, 휴노형(PSAT형), 혼합형 등 문제 유형과 관련된 논의가 치열합니다. 이에 같은 주제라도 출제유형별로 두루두루 문제를 접할 수 있도록 많은 문제를 참고하여 선별하였습니다.

셋째, 문제의 선정 기준 역시 고난이도 문제에 집중하였습니다. NCS 시험의 난이도는 결국 지문의 길이와 문제가 얼마나 복잡하게 출제되느냐에 좌우됩니다. 이 책의 지문은 대체로 길고, 문제를 푸는 데 있어서도 집중력을 요하는 문제만을 수록 하였습니다. 다만, NCS 시험에 부적합한 과도하게 복잡한 수치 및 자료해석 문제는 수험 경향과 맞지 않으므로 배제하였습니다.

수백문제의 풀(fool) 중 NCS 시험에 적합한지 여부를 고민하여 적합한 문제만을 수록했다는 것을 다시 한 번 강조 드립니다. 넷째, 문제는 난이도와 유형을 구분하여 배열하였습니다. 처음에는 다소 쉬운 의사소통영역 문제부터 시작해서, 점차 긴 지문 및 통합형 문제를 풀게 되고, 이어서 다른 유형, 예를 들면, 수리 능력, 문제해결 능력, 자원관리 능력, 정보 능력, 기술 능력, 조직이해 능력 등으로 배열하였습니다.

옛말에 무한불성(無汗不成)라는 말이 있습니다. "땀을 흘리지 않고는 어떤 일이든 이룰 수 없다." 는 뜻으로 앞으로의 학습 설계를 하는데 있어서 꼭 한번 새겨야 할 구절이라 생각합니다. 취업이 아무리 어렵다고 한들 공공기관(공기업, 준정부기관, 기타 공공기관 등)에 종사하고자 뜻을 확정했다면 수십번, 수백번 도전한다는 생각으로 임했으면 합니다.

아울러, 수험생분들께서 이 책을 활용하여 "힘들여 공부하되, 실제 시험은 쉽게 보는" 전략으로 방향을 잡아 주시기를 당부드리며, 수험장에서 웃는 모습으로 나오기를 기대해 봅니다.

이 책이 나오기까지 지문과 선택지 및 해설까지 꼼꼼하게 살펴주시며 완성도 높은 책을 완성해 주신 서원각 출판사에 감사드립니다.

저자 허용 드림

STRUCTURE

본서의 특징

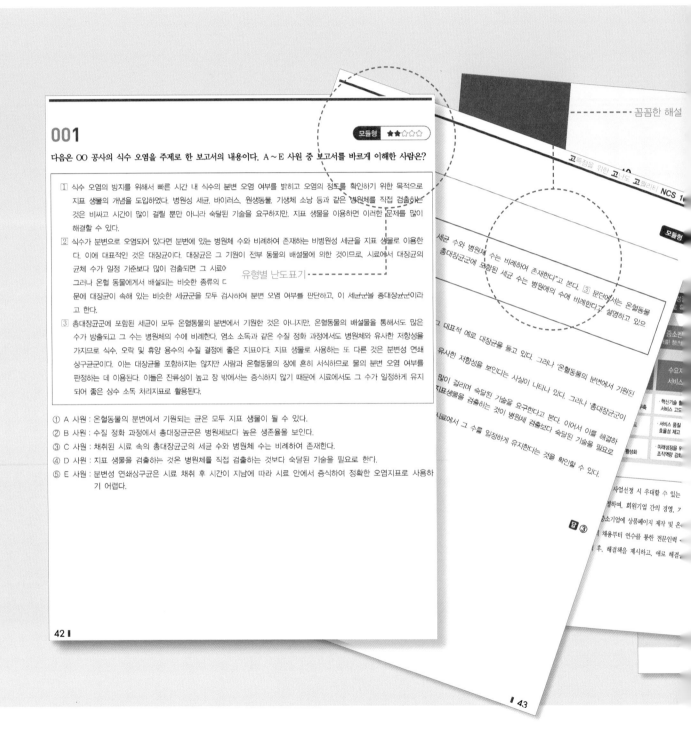

001

모듈형 ★★☆☆☆

다음은 ○○ 공사의 식수 오염을 주제로 한 보고서의 내용이다. A ~ E 사원 중 보고서를 바르게 이해한 사람은?

① 식수 오염의 방지를 위해서 빠른 시간 내 식수의 분변 오염 여부를 밝히고 오염의 정도를 확인하기 위한 목적으로 지표 생물의 개념을 도입하였다. 병원성 세균, 바이러스, 원생동물, 기생체 소낭 등과 같은 병원체를 직접 검출하는 것은 비싸고 시간이 많이 걸릴 뿐만 아니라 숙달된 기술을 요구하지만, 지표 생물을 이용하면 이러한 문제를 많이 해결할 수 있다.

② 식수가 분변으로 오염되어 있다면 분변에 있는 병원체 수와 비례하여 존재하는 비병원성 세균을 지표 생물로 이용한다. 이에 대표적인 것은 대장균이다. 대장균은 그 기원이 전부 동물의 배설물에 의한 것이므로, 시료에서 대장균의 균체 수가 일정 기준보다 많이 검출되면 그 시료 ~

그러나 온혈 동물에게서 배설되는 비슷한 종류의 □ 문에 대장균이 속해 있는 비슷한 세균군을 모두 검사하여 분변 오염 여부를 판단하고, 이 세균군을 총대장균군이라고 한다.

③ 총대장균군에 포함된 세균이 모두 온혈동물의 분변에서 기원한 것은 아니지만, 온혈동물의 배설물을 통해서도 많은 수가 방출되고 그 수는 병원체의 수에 비례한다. 염소 소독과 같은 수질 정화 과정에서도 병원체와 유사한 저항성을 가지므로 식수, 오락 및 휴양 용수의 수질 결정에 좋은 지표이다. 지표 생물로 사용하는 또 다른 것은 분변성 연쇄상구균이다. 이는 대장균을 포함하지는 않지만 사람과 온혈동물의 장에 흔히 서식하므로 물의 분변 오염 여부를 판정하는 데 이용된다. 이들은 잔류성이 높고 장 밖에서는 증식하지 않기 때문에 시료에서도 그 수가 일정하게 유지되어 좋은 상수 소독 처리지표로 활용된다.

① A 사원 : 온혈동물의 분변에서 기원되는 균은 모두 지표 생물이 될 수 있다.
② B 사원 : 수질 정화 과정에서 총대장균군은 병원체보다 높은 생존율을 보인다.
③ C 사원 : 채취된 시료 속의 총대장균군의 세균 수와 병원체 수는 비례하여 존재한다.
④ D 사원 : 지표 생물을 검출하는 것은 병원체를 직접 검출하는 것보다 숙달된 기술을 필요로 한다.
⑤ E 사원 : 분변성 연쇄상구균은 시료 채취 후 시간이 지남에 따라 시료 안에서 증식하여 정확한 오염지표로 사용하기 어렵다.

유형별 난도표기

고득점을 위한 고난도 고퀄리티 NCS 1

모듈형

세균 수와 병원체 수는 비례하여 존재한다" 총대장균군에 포함된 세균 수는 병원체의 수에 ③ 문단에서는 온혈동물

대표적 예로 대장균을 들고 있다. 그러나 '온혈동물의 분변에서 기원된 유사한 저항성을 보인다는 사실이 나타나 있다. 그러나 '총대장균군이 ~이 걸리며 숙달된 기술을 요구한다고 본다. 이어서 이를 해결하 지표생물을 검출하는 것이 병원체 검출보다 숙달된 기술을 필요로 시료에서 그 수를 일정하게 유지한다는 것을 확인할 수 있다.

사업선정 시 우대할 수 있는

~명하며, 회원기업 간의 경영, 기

~중소기업에 상품페이지 제작 및 온

~채용부터 연수를 통한 전문인력

~후, 해결책을 제시하고, 애로 해결

답 ③

모듈형

과제는 세 가지가 제시되어 있다. 이중 해외 홍보 및 판
○화는 창업 및 수출 활력 제고에 부합한다.

○ 시 우대할 수 있는 방안을 구체화한다.

○원기업 간의 경영, 기술 정보를 교환하는 데 주력한다.

○ 연수를 통한 전문인력 육성 계획을 수립한다.

○책을 제시하고, 애로 해결을 위한 정책사업을 연계 지원할 수

답 ③

★ 수험생의 생생한 후기를 바탕으로 한 지문독해 연습

책에 수록된 문제는 실제 시험에 출제되는 분량의 지문도 다수 있으나 대체로 긴 지문으로 구성되어 있습니다. NCS 시험의 고득점자 및 합격자들의 실제 후기에서도 "장문의 지문으로 공부 한게 도움이 되었다.", "실제 시험에서는 그동안 공부했던 지문보다 훨씬 긴 지문으로 출제되었다.", "긴 지문으로 독해하는 연습 덕분에 집중력 있게 시험 볼 수 있었다."는 후기를 볼 수 있습니다.

★ 저자의 생생한 경험 반영

저자는 교육부, 국방부, 여성가족부, 과학기술정보통신부 산하의 공공기관에서 두루두루 근무하였습니다. 입사를 위해 NCS 형 필기 및 면접, 인적성 검사를 치렀습니다. 과거에 응시했던 기관들은 단편적인 어휘, 수리, 도형, 상식 등의 문제가 주를 이루었으나 최근으로 올수록 보다 NCS 다운, 즉 실제 현장에서 경험하게 되는 업무역량과 관련된 지식을 갖고 있는지를 평가하는 것을 몸소 체험하였습니다. 이 책에는 저자의 생생한 경험이 담겨 있습니다. 어렵게 공부하고 여유 있게 시험을 보기 위해서는 고난이도 문제로 탄탄한 훈련이 되어 있어야 합니다.

★ 난이도별, 문제유형별 특성화를 통한 실력 점검

이 책은 중복되는 문제를 최대한 배제하고 최소한의 문제로 다양한 유형의 문제를 접할 수 있도록 구성하였습니다. 난이도는 별표로 표시하였고, 모듈형과 PSAT형, 혼합형으로 대분류하였으며 각각의 문제마다 세부적인 문제 유형을 제시하였습니다. 별표 2~3 은 실제 시험에서 출제되는 수준의 난이도로 추정할 수 있으며 별표 4~5 는 실제 시험에서 출제될 경우 누구에게나 어려운 문제라 할 수 있습니다. 교재를 통해 문제를 풀어가는 과정에서 어느 정도의 난이도까지 풀 수 있는지를 스스로 가늠해봄으로써 실력을 점검할 수 있습니다. 아울러, 별표 4~5 의 문제를 천천히 정복해 가면서 경쟁력을 갖추게 될 것입니다.

★ 공공기관 실제 문서를 바탕으로 한 직무역량 향상 도모

다수의 모듈형 문제는 실제 공공기관에서 공지 내지 공고한 문서를 바탕으로 지문과 선택지를 구성하였습니다. 지문을 이해하고 독해를 하여 문제를 푸는 연습에서 더 나아가 추후 면접 대비를 하는 효과를 거둘 수가 있습니다. 대체로 NCS 형 면접은 해당 기관에서 생산한 문서로 상황이나 문제를 구성하는 경향이 짙습니다. 이런 이유로, 본 교재를 통해 필기시험을 준비하면서 NCS 형 면접까지도 대비할 수 있는 효과를 거둘 수 있습니다.

CONTENTS
본서의 구성

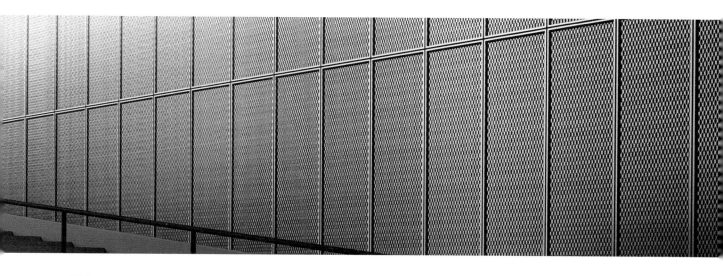

고 난 도 문 제 연 습

단편적인 낮은 난이도의 모듈형 문제를 출제하는 기관이 아직도 있긴 하나 그 수는 점점 줄어 들고 있습니다. 긴 지문과 복잡한 숫자, 직무 역량을 확인하기 위한 기관 생산문서가 실제 시험에 종종 등장하고 있는 추세입니다. 이런 상황에서 가장 좋은 학습방법은 어떤 유형의 문제가 나오더라도 풀 수 있는 대비가 되어 있어야 한다는 게 핵심입니다. 다시 말해, 모듈형의 난이도가 상승하고 휴노형의 난이도가 조절되면 사실상 긴 지문을 이해하고, 숫자를 대입시키고, 추론을 하는 공통적인 문제 형식으로 수렴하게 된다는 것입니다. NCS 100제가 그 연습의 과정을 제공해 줄 것입니다.

NCS 필기시험
출제 유형별 특징 및 대처법

모듈형 NCS는 직업기초능력의 이론을 바탕으로 약간의 배경지식과 암기지식으로 시험을 치르게 되는 것입니다. 다만, 초기 형태의 단순 개념형 문제를 출제하는 기관이 점점 줄어들고 있다는 것은 실제 시험을 본 수험생들의 후기를 통해 드러나고 있습니다. 모듈형 NCS 기출문제 역시 지문이 길어지고, 보다 정교해 지면서 난이도를 올리는 추세라고 볼 수 있습니다.

혼합형은 모듈형과 휴노형이 합쳐졌거나 혹은 모듈형의 직업기초능력 10가지 중 2개 이상이 혼합된 형태로 최근으로 올수록 빈번히 볼 수 있는 문제 유형 중 하나입니다. 대체로 긴 지문과 복수의 문제, 사례 및 상황을 제시하여 자료와 접목시키는 형태가 주를 이루고 있습니다. 단일 문제에서도 혼합형이 출제될 수 있으며 복수 문제로 구성하여 일부를 혼합형의 문제로 구성하여 변별력을 도모하고 있습니다.

휴노형은 일명 PSAT형이라고도 하는데, 대표적으로 행정고시(5급 공무원 선발시험) 1차 시험 과목인 언어논리, 자료해석, 상황판단을 생각하면 되겠습니다. 배경 지식을 묻기보다는 다소 어렵고 복잡한 상황 및 자료, 텍스트를 제시하고 내용의 진위 확인, 추론하는 형식의 문제가 다수 출제됩니다. 정답의 유형에 있어서 답이 한 개 있기 보다는 ㄱ, ㄴ, ㄷ, ㄹ의 형식으로 주로 출제가 됩니다.

휴노형 문제의 경우 문제가 복잡하며 추론을 해야 하는 관계로 평소에 자주 접하지 않고 문제 푸는 연습이 부족하다면 상당한 시간 압박을 느낄 수 있습니다. NCS 필기 시험을 보면서 숫자가 많이 나오는 표 문제라든가, 까다로운 논리퀴즈 문제(참, 거짓), 헷갈리는 언어 지문이 나왔다면 휴노형 문제라고 보면 되겠습니다.

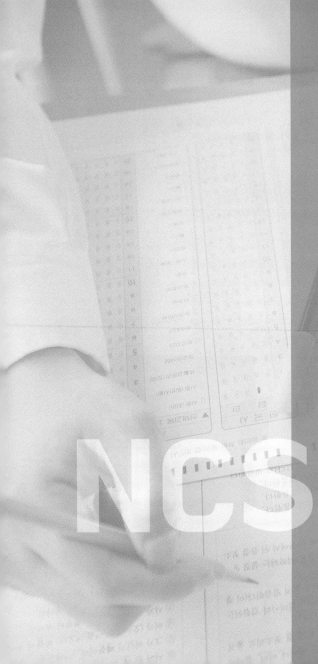

NCS 최신기출문제
집중분석

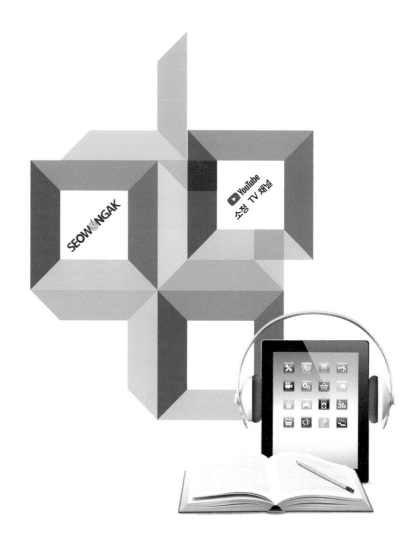

NCS 최신기출문제 집중분석

01

2020. 5. 10.
중소벤처기업진흥공단

모듈형 ★★

귀하는 중소벤처기업진흥공단에 입사하였다. 아래의 경영전략을 바탕으로 혁신성장 사업부서 담당자로써 경영전략을 구체화시켜야 한다. 가장 옳은 역할은?

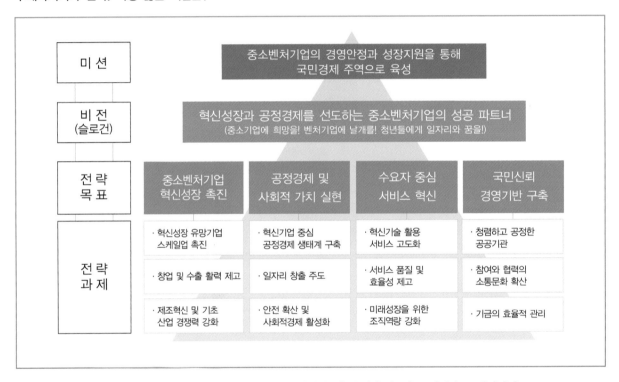

① 사회적 경제기업 및 예비 사회적 기업, 마을기업 사업선정 시 우대할 수 있는 방안을 구체화한다.

② 정례회, 강연회, 견학회 등 회의를 중심으로 운영하며, 회원기업 간의 경영, 기술 정보를 교환하는 데 주력한다.

③ 해외 홍보 및 판로개척에 어려움을 겪고 있는 중소기업에 상품페이지 제작 및 온라인수출 홍보마케팅을 강화한다.

④ 중소벤처기업의 구인난을 해결하기 위한 인력 채용부터 연수를 통한 전문인력 육성 계획을 수립한다.

⑤ 업종전문가가 진단을 통해 기업애로를 분석 후, 해결책을 제시하고, 애로 해결을 위한 정책사업을 연계 지원할 수 있는 방안을 검토한다.

정답 정밀 분석

`모듈형`

혁신성장 담당자로써 전략 목표는 혁신성장을 촉진하고 전략 과제는 세 가지가 제시되어 있다. 이중 해외 홍보 및 판로개척에 어려움을 겪고 있는 중소기업에 대한 홍보마케팅 강화는 창업 및 수출 활력 제고에 부합한다.

오답 집중 분석

① 사회적 경제기업 및 예비 사회적 기업, 마을기업 사업선정 시 우대할 수 있는 방안을 구체화한다.
  ↳ 공정경제 및 사회적 가치 실현 전략 목표에 해당한다.

② 정례회, 강연회, 견학회 등 회의를 중심으로 운영하며, 회원기업 간의 경영, 기술 정보를 교환하는 데 주력한다.
  ↳ 전략 과제 중 참여와 협력의 소통문화 확산과 연관된다.

④ 중소벤처기업의 구인난을 해결하기 위한 인력 채용부터 연수를 통한 전문인력 육성 계획을 수립한다.
  ↳ 일자리 창출과 연관된다

⑤ 업종전문가가 진단을 통해 기업애로를 분석 후, 해결책을 제시하고, 애로 해결을 위한 정책사업을 연계 지원할 수 있는 방안을 검토한다.
  ↳ 미래성장을 위한 조직역량 강화와 관련된다.

답 ③

2020. 5. 31.
한국산업기술진흥원

모듈형 ★★

다음은 한국산업기술진흥원의 산업에너지 마스터플랜 수립 보도자료이다. 이를 분석한 것으로 옳지 않은 것은?

新북방, 新남방 등 전략적 ODA 본격 추진을 위한 밑그림 완성

□ 한국산업기술진흥원(이하 KIAT)은 산업통상자원부의 공적개발원조(Official Development Assistance, ODA) 사업인 '산업통상협력개발지원사업(산업 ODA)'과 '에너지산업협력개발지원사업(에너지 ODA)'의 밑그림인 「2020 산업·에너지 ODA 마스터플랜」을 수립하고, 이를 바탕으로 지정공모를 추진한다고 발표했다.

○ 산업·에너지 ODA는 우리 제조업 역량을 활용해 신흥국의 산업역량 강화에 기여하여, 우리 중소·중견기업들의 신흥 시장 진출이나 에너지 인프라 수주 등을 지원하는 사업이다.

  – 산업·에너지 ODA는 '12년 사업 시작 이후, 우리 기업 82개社의 신흥국 제품 수출, 현지 에너지 프로젝트 수주 및 현지 거점 마련 등 우리 기업의 해외 진출을 지원하는 실질적인 성과를 창출했다.

   * (성과예시 ①) 베트남 농기계 개량보급 사업('15 ~ '18년, 86억 원)을 통해 우리 중소중견기업은 '25년까지 2,018억 원 부품 수출 성과 창출

   * (성과예시 ②) 에콰도르 마이크로그리드구축사업('18 ~ '20년, 70억 원)을 통해 S社는 유사 사업 설계용역 및 120만 달러 시공계약 수주 성과 창출

  – 이 사업이 원하는 성과를 창출하기 위해서는 국내외 여건을 고려한 민간 수요 발굴과 개도국 특성에 맞는 협력 모델 설계를 위한 기획 작업(사전기획 및 타당성 조사)이 매우 중요하다.

  – 특히 기업이 주도하는 후속 성과 창출 극대화를 위해서는 민간 수요기반의 상향식 수요 발굴 외에도 마스터플랜을 기반으로 한 하향식 과제 기획이 필요하다.

  – 이에 따라 KIAT는 「2020 산업·에너지 ODA 마스터플랜」을 수립하고, ODA를 중점 추진할 대상국 및 산업 분야를 선정했다.

□ 마스터플랜에서는 (수요)대상 국가를 선정해 해당국의 세부 수요를 분석하고 (공급)협력이 가능한 산업군을 선정한 뒤, 이를 상호 매칭 하는 방식으로 4개 권역 12국, 12개 ODA 과제를 최종 발굴했다.

  – 4개 권역 : 신북방·신남방 국가 등 아시아 / 중동·CIS / 아프리카 / 중남미

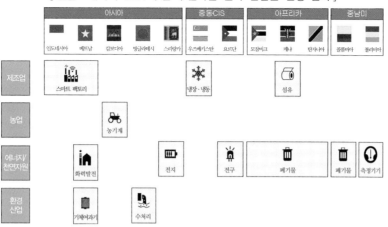

[산업·에너지 ODA 우선 추진국별 전략 산업군 선정 결과]

○ [수요 : 대상국 선정] KIAT는 국가 ODA 중점협력국 및 산업부 일반협력국 등 67개국을 대상으로 ① 제조업 환경, ② 내수시장 매력도, ③ 천연자원 보유 여부, ④ 혁신기술 수용도를 고려하여 22개 우선 추진국을 선정하고,
– 국가별 현황 분석과 전문가 자문을 거쳐 대상 국가의 개발 수요를 도출했다.

○ [공급 : 지원 대상 산업 선정] 또한 우리 산업의 해외 시장 진출 준비 정도, ODA를 통한 경제적 파급 효과를 감안해 총 36개 지원 산업군을 선정했다.

○ 이렇게 발굴된 국가별 수요와 산업별 우선순위를 서로 매칭하여 국가별 중점 협력 분야를 도출하게 된 것이다.

□ KIAT는 지난 18일 '2020 산업·에너지 ODA 사업 상세기획 공고'를 게시했으며, 7월 중으로 참여 기관을 선정할 계획이다.

○ ODA 세부 프로젝트 모델을 상세 설계하고 사업 타당성 조사를 수행하는 내용으로, 산업 ODA 13개(스마트 팩토리, 농기계, 자동차 부품 등), 에너지 ODA 7개(소수력 마이크로그리드, 스마트 미터링 등) 분야가 대상이다.

○ 이번 공고에는 마스터플랜으로 도출된 과제 외에 대사관 세미나 등 협력 네트워킹 활동을 통해 여러 개도국 정부로부터 ODA협력 요청을 받은 과제들이 다수 포함돼 있다.

○ 공고에 대한 자세한 내용은 KIAT 홈페이지(www.kiat.or.kr)사업 공고에서 확인할 수 있다.

□ KIAT 원장은 "코로나19는 극적으로 성장해 온 대한민국 제조업의 경쟁력을 다시 보게 하는 계기가 됐다"며 "우리의 산업적 강점을 최대한 발휘하여 수원국과 우리나라 모두 윈윈하는 지속가능한 ODA를 전략적으로 추진하겠다"고 말했다.

① 산업·에너지 ODA는 2020년 기준으로 9년째 추진 중이며 제조업을 지원하는 사업이다.

② 베트남의 수출 성과 창출을 위한 사업비는 에콰도르 시공계약 수주 성과 창출을 위한 사업비보다 연평균 2억 원 이하로 차이가 난다.

③ 지원 대상에 대한 발굴은 국가별 수요뿐만 아니라 산업별 우선순위를 함께 고려하여 국가별 중점 협력 분야를 도출하였다.

④ 2020 산업·에너지 ODA 마스터플랜은 4개 권역으로 구분하되, 중남미 국가는 공통적으로 폐기물을 전략 산업군으로 선정하였다.

⑤ ODA 협력 요청을 받은 과제들이 공고에 포함되어 있으며 자세한 내용은 홈페이지를 통해 확인할 수 있다.

정답 정밀 분석

모듈형

> 산업·에너지 ODA는 우리 제조업 역량을 활용해 신흥국의 산업역량 강화에 기여하여, 우리 중소·중견기업들의 신흥 시장 진출이나 에너지 인프라 수주 등을 지원하는 사업이다. 2020 산업·에너지 ODA 마스터플랜은 4개 권역으로 구분하되, 그림을 보면 중남미 국가 중 콜롬비아는 폐기물을, 볼리비아는 측정기기를 전략 산업군으로 선정하였다.

오답 집중 분석

① 산업·에너지 ODA는 2020년 기준으로 9년째 추진 중이며 제조업을 지원하는 사업이다.

↳ 2012년에 사업을 시작하였으므로 2020년 기준으로 9년째 추진 중이다.

② 베트남의 수출 성과 창출을 위한 사업비는 에콰도르 시공계약 수주 성과 창출을 위한 사업비보다 연평균 2억 원 이하로 차이가 난다.

↳ 성과 예시를 보면 베트남은 4년간 86억 원의 사업비가 투자되었고 연평균 21.5억 원이다. 에콰도르는 3년간 70억 원 의 사업비가 투자되었고 연평균 약 23.3억 원이다. 투자된 사업비의 차이는 1.8억 원 가량으로 2억이 되지 않는다.

③ 지원 대상에 대한 발굴은 국가별 수요뿐만 아니라 산업별 우선순위를 함께 고려하여 국가별 중점 협력 분야를 도출 하였다.

↳ 기업이 주도하는 후속 성과 창출 극대화를 위해서는 민간 수요기반의 상향식 수요 발굴 외에도 마스터플랜을 기반으 로 한 하향식 과제 기획이 필요하다. 지원 대상에 대한 발굴은 국가별 수요뿐만 아니라 산업별 우선순위를 함께 고려 하여 국가별 중점 협력 분야를 도출하였다.

⑤ ODA 협력 요청을 받은 과제들이 공고에 포함되어 있으며 자세한 내용은 홈페이지를 통해 확인할 수 있다.

↳ 기사의 결론 부분에는 ODA 협력 요청을 받은 과제들이 공고에 포함되어 있으며 자세한 내용은 홈페이지를 통해 확인 할 것을 제시하고 있다.

답 ④

2020. 5. 16.

PSAT(국가직 5급/지역인재 7급)

휴노형 ★★★

다음 글의 내용이 참일 때, 반드시 참인 것은?

외교부에서는 남자 6명, 여자 4명으로 이루어진 10명의 신임 외교관을 A, B, C 세 부서에 배치하고자 한다. 이때 따라야 할 기준은 다음과 같다.

○ 각 부서에 적어도 한 명의 신임 외교관을 배치한다.
○ 각 부서에 배치되는 신임 외교관의 수는 각기 다르다.
○ 새로 배치되는 신임 외교관의 수는 A가 가장 적고, C가 가장 많다.
○ 여자 신임 외교관만 배치되는 부서는 없다.
○ B에는 새로 배치되는 여자 신임 외교관의 수가 새로 배치되는 남자 신임 외교관의 수보다 많다.

① A에는 1명의 신임 외교관이 배치된다.
② B에는 3명의 신임 외교관이 배치된다.
③ C에는 5명의 신임 외교관이 배치된다.
④ B에는 1명의 남자 신임 외교관이 배치된다.
⑤ C에는 2명의 여자 신임 외교관이 배치된다.

정답 정밀 분석

휴노형

A, B, C 부서에 10명(남자 6명, 여자 4명)의 신임외교관을 배치하고자 하는데, 각 부서에 적어도 한 명의 신임 외교관을 배치한다. 또한 각 부서에 배치되는 신임 외교관의 수는 각기 다르다. 또한, 신임 외교관의 수는 A가 가장 적고, C가 가장 많다. 이를 바탕으로 경우의 수는 총 4가지가 나올 수 있다.

A	B	C
1	2	7
1	3	6
1	4	5
2	3	5

이어서, 여자 신임 외교관만 배치되는 부서가 없다는 조건이 있으므로 여자 외교관이 배치되면 남자 외교관이 최소 1명이라도 함께 배치되어야 한다. 따라서 A는 배제된다. 마지막 조건에서는 B에는 새로 배치되는 여자 신임 외교관의 수가 새로 배치되는 남자 신임 외교관의 수보다 많아야 한다. 이 조건을 충족시키는 경우의 수는 2가지가 나온다.

B	남	여	비고
2	1	1	조건위배
3	1	2	조건충족
4	1	3	조건충족
3(동일)	1	2	조건충족

따라서 B에는 1명의 신임 외교관이 배치된다.

오답 집중 분석

① A에는 1명의 신임 외교관이 배치된다.
  ↳ 1명 ~ 2명 배치된다

② B에는 3명의 신임 외교관이 배치된다.
  ↳ 2명 ~ 4명이 배치된다.

③ C에는 5명의 신임 외교관이 배치된다.
  ↳ 5명 ~ 7명이 배치된다.

⑤ C에는 2명의 여자 신임 외교관이 배치된다.
  ↳ 5명 ~ 7명의 신임 외교관이 배치되나 여자 신임 외교관에 대한 조건이 제시되지 않았으므로 2명인지 확인할 수 없다.

답 ④

다음 〈표〉는 6개 지목으로 구성된 A 지구의 토지수용 보상비 산출을 위한 자료이다. 이에 대한 〈보기〉의 설명 중 옳은 것만을 모두 고르면?

〈표〉 지목별 토지수용 면적, 면적당 지가 및 보상 배율

(단위 : m², 만 원/m²)

지목	면적	면적당 지가	보상 배율	
			감정가 기준	실거래가 기준
전	50	150	1.8	3.2
답	50	100	1.8	3.0
대지	100	200	1.6	4.8
임야	100	50	2.5	6.1
공장	100	150	1.6	4.8
창고	50	100	1.6	4.8

※ 1) 총보상비는 모든 지목별 보상비의 합임.
2) 보상비 = 용지 구입비 + 지장물 보상비
3) 용지 구입비 = 면적 × 면적당 지가 × 보상 배율
4) 지장물 보상비는 해당 지목 용지 구입비의 20 %임.

〈보기〉

ㄱ. 모든 지목의 보상 배율을 감정가 기준에서 실거래가 기준으로 변경하는 경우, 총보상비는 변경 전의 2배 이상이다.
ㄴ. 보상 배율을 감정가 기준에서 실거래가 기준으로 변경하는 경우, 보상비가 가장 많이 증가하는 지목은 '대지'이다.
ㄷ. 보상 배율이 실거래가 기준인 경우, 지목별 보상비에서 용지 구입비가 차지하는 비율은 '임야'가 '창고'보다 크다.
ㄹ. '공장'의 감정가 기준 보상비와 '전'의 실거래가 기준 보상비는 같다.

① ㄱ, ㄷ
② ㄱ, ㄹ
③ ㄴ, ㄷ
④ ㄴ, ㄹ
⑤ ㄱ, ㄴ, ㄹ

정답 정밀 분석

ㄱ. 모든 지목의 보상 배율을 감정가 기준에서 실거래가 기준으로 변경하는 경우 아래와 같이 총보상비는 변경 전의 2배 이상이다.

보상 배율		차이
감정가 기준	실거래가 기준	
1.8	3.2	1.8배
1.8	3.0	1.7배
1.6	4.8	3배
2.5	6.1	2.4배
1.6	4.8	3배
1.6	4.8	3배
총 10.9	총 26.7	총 2.4배

ㄴ. 보상 배율을 감정가 기준에서 실거래가 기준으로 변경하는 경우, 보상비가 가장 많이 증가하는 지목은 대지이다. 보상비는 용지구입비(면적 × 면적당 지가 × 보상 배율) + 지장물 보상비(20%)이다. 대지는 면적 및 면적당 지가가 가장 클 뿐만 아니라 보상배율에 있어서도 가장 크므로 보상비가 가장 많이 증가한다.

ㄹ. 공장의 감정가 기준 보상비와 전의 실거래가 기준 보상비는 같다.

지목	면적	면적당 지가	보생배율 (감정가 기준)	용지구입비	지장물 보상비	보상비
공장	100	150	1.6	2,4000(83%)	4,800(17%)	28,800
전	50	150	3.2	24,000(83%)	4,800(17%)	28,800

오답 집중 분석

ㄷ. 보상 배율이 실거래가 기준인 경우, 지목별 보상비에서 용지 구입비가 차지하는 비율은 '임야'가 '창고'보다 크다.
↳ 보상 배율이 실거래가 기준인 경우, 지목별 보상비에서 용지 구입비가 차지하는 비율은 임야와 창고가 같다.

지목	면적	면적당 지가	보생배율 (실거래가 기준)	용지구입비	지장물 보상비	보상비
임야	100	50	6.1	30,500(83%)	6,100(17%)	36,600
창고	50	100	4.8	24,000(83%)	4,800(17%)	28,800

답 ⑤

2019. 10. 27.
한국전력기술

모듈형 ★★

다음 설명을 읽고 환경 분석결과에 가장 적절한 전략을 고르시오.

SWOT이란, 강점(Strength), 약점(Weakness) 기회(Opportunity), 위협(Threat)의 머리글자를 모아 만든 단어로 경영 전략을 수립하기 위한 분석도구이다. SWOT분석을 통해 도출된 조직의 외부/내부 환경을 분석 결과를 통해 각각에 대응하는 전략을 도출하게 된다.

SO 전략이란 기회를 활용하면서 강점을 더욱 강화하는 공격적인 전략이고, WO 전략이란 외부환경의 기회를 활용하면서 자신의 약점을 보완하는 전략으로 이를 통해 기업이 처한 국면의 전환을 가능하게 할 수 있다. ST 전략은 외부환경의 위험요소를 회피하면서 강점을 활용하는 전략이며, WT 전략이란 외부환경의 위협 요인을 회피하고 자사의 약점을 보완하는 전략으로 방어적 성격을 갖는다.

내부환경 외부환경	강점(Strength)	약점(Weakness)
기회(Opportunity)	① SO 전략(강점 – 기회 전략)	② WO 전략(약점 – 기회 전략)
위협(Threat)	③ ST 전략(강점 – 위협 전략)	④ WT 전략(약점 – 위협 전략)

'Q 커피 전문점' 환경 분석결과	
강점(Strength)	• 강력한 브랜드 파워 • 커스터마이징이 가능한 고객 주문 방식 구축
약점(Weakness)	• 비싼 제품 가격에 대한 부정적 인식 • 타사와 쉽게 차별화되지 않는 제품의 맛
기회(Opportunity)	• 가치중심적 구매 행태 확산 • 1인당 커피 소비량 증가
위협(Threat)	• 원두 생산공정의 기계화, 화학화로 인한 품질 저하 • 불합리한 원두생산공정에 관한 사회적 인식 증대 • 커피 전문점 브랜드의 난립

내부환경 외부환경	강점(Strength)	약점(Weakness)
기회(Opportunity)	① 가격할인 프로모션을 통한 브랜드 홍보 전략	② 타사 벤치마킹을 통한 신제품 개발 착수
위협(Threat)	③ 제품 라인 축소를 통한 비용 감축 시도	④ '공정무역원두만을 사용한 커피 판매' CSR 캠페인 전개

 정답 정밀 분석

모듈형

커피점 환경 분석 결과 강점(S), 약점(W), 기회(O), 위협(T)이 제시되어 있다.

① SO전략(강점-기회 전략) : 가치 중심적 구매 행태가 확산되고 1인당 커피 소비량이 증가하는 기회가 주어졌다. 이에, 가격할인보다는 자사의 Q사의 강점인 강력한 브랜드파워와 커스터마이징 전략을 활용하여 구매를 극대화해야 한다.

② WO전략(약점-기회 전략) : Q사의 약점으로는 비싼 제품 가격에 대한 부정적 인식과 타사와 쉽게 차별화되지 않는 제품의 맛이 지적되고 있다. 따라서 타사에 대한 벤치마킹을 통해 신제품 개발에 착수 함으로써 타사와는 구별되면서도 가격할인을 도모할 수 있는 방법을 모색해야 한다.

③ ST전략(강점-위협 전략) : Q사의 위협요인으로는 품질 저하, 불합리한 공정에 관한 사회적 인식 증대, 커피 전문점 브랜드의 난립이 제시되어 있다. 이와 같은 상황에서는 제품 라인 축소 보다는 부정적 인식에 대하여 자사의 강력한 브랜드 파워를 활용하여 인식 전환을 할 수 있는 방안을 모색해야 한다.

④ WT전략(약점-위협 전략) : Q사는 외부환경의 위협요인을 회피하면서 자사의 약점을 보완하는 전략을 취해야 한다. '공정무역원두만을 사용한 커피 판매의 경우' 일부 부정적 인식 개선에만 대응할 수 있다. 기존 제품 그대로 판매하되 가격할인을 제공하는 형태의 방어적 전략이 적절하다.

답 ②

2019. 5. 11.
한국산업인력공단

모듈형 ★★

서울에 거주하고 있는 사람이 1,000만 명이라고 한다. 가구는 4명으로 구성되어 있고, 가구 중 1/2만 정수기를 사용한다고 한다. 가구는 3개월에 1번 정수기를 점검받는다고 할 때, 정수기 직원은 4시간에 5가구의 정수기를 점검할 수 있다고 한다. 정수기 직원은 하루 8시간, 일주일에 5번 근무하고, 1년은 총 50주로 구성되어져 있다고 할 때, 서울의 정수기 직원은 몇 명이 필요한가?

① 1,800명
② 2,000명
③ 2,200명
④ 2,400명
⑤ 2,500명

문제출제유형 직원 수 계산 ──────────────────────────

 정답 정밀 분석

모듈형

서울 거주자는 1,000만 명이며 1가구는 4명으로 구성된다.

가구의 1/2만 정수를 사용하고 있고, 3개월에 1번(1년에 4번) 정수기를 점검받는다.

따라서, 1,000만 $\times \frac{1}{4} \times \frac{1}{2} \times 4 = 500$. 1년에 500만 번의 점검이 필요하다.

직원 1명은 4시간에 5가구의 정수기를 점검할 수 있다. 따라서 하루에 10가구를 점검할 수 있으며 일주일에 5번, 1년은 50주로 구성되어 있으므로 1명은 1년 동안 2,500가구를 점거할 수 있다(2명이면 5,000가구). 500만을 점검하기 위해서는 2,000명의 직원이 필요하게 된다.

답 ②

2018. 10. 27.
국민건강보험공단

모듈형 ★★

다음 자료는 노인장기요양보험제도에 대한 설명이다. 이어지는 상황을 보고 물음에 답하시오.

---

1 노인장기요양보험제도의 목적

고령이나 노인성 질병 등의 사유로 일상생활을 혼자서 수행하기 어려운 노인 등에게 신체활동 또는 가사활동 지원 등의 장기요양급여를 제공하여 노후의 건강증진 및 생활안정을 도모하고 그 가족의 부담을 덜어줌으로써 국민의 삶의 질을 향상하도록 함을 목적으로 시행하는 사회보험제도입니다.

2 노인장기요양보험제도의 주요 특징

우리나라 노인장기요양보험제도는 건강보험제도와는 별개의 제도로 도입·운영되고 있는 한편으로, 제도운영의 효율성을 도모하기 위하여 보험자 및 관리운영기관을 국민건강보험공단으로 일원화하고 있습니다. 또한 국고지원이 가미된 사회보험 방식을 채택하고 있고 수급대상자에는 65세 미만의 장애인이 제외되어 노인을 중심으로 운영되고 있습니다.

- 건강보험제도와 별도 운영

  장기요양보험제도를 건강보험제도와 분리 운영하는 경우 노인 등에 대한 요양필요성 부각이 비교적 용이하여 새로운 제도 도입에 용이하며, 건강보험 재정에 구속되지 않아 장기요양급여 운영, 장기요양제도의 특성을 살릴 수 있도록 「국민건강보험법」과는 별도로 「노인장기요양보험법」을 제정하였습니다.

- 사회보험방식을 기본으로 한 국고지원 부가방식

  우리나라 장기요양보장제도는 사회보험방식을 근간으로 일부는 공적부조방식을 가미한 형태로 설계·운영되고 있습니다. 국민건강보험법의 적용을 받는 건강보험가입자의 장기요양보험료 [건강보험료액 × 6.55%] + 국가 및 지방자치단체 부담(장기요양보험료 예상수입액의 20% + 공적부조의 적용을 받는 의료급여수급권자의 장기요양급여비용)

- 보험자 및 관리운영기관의 일원화

  우리나라 장기요양보험제도는 이를 관리·운영할 기관을 별도로 설치하지 않고 「국민건강보험법」에 의하여 설립된 기존의 국민건강보험공단을 관리운영기관으로 하고 있습니다. 이는 도입과 정착을 원활하기 위하여 건강보험과 독립적인 형태로 설계하되, 그 운영에 있어서는 효율성 제고를 위하여 별도로 관리운영기관을 설치하지 않고 국민건강보험공단이 이를 함께 수행하도록 한 것입니다.

- 노인 중심의 급여

  우리나라 장기요양보험제도는 65세 이상의 노인 또는 65세 미만의 자로서 치매·뇌혈관성 질환 등 노인성 질병을 가진 자 중 6개월 이상 동안 혼자서 일상생활을 수행하기 어렵다고 인정되는 자를 그 수급대상자로 하고 있습니다. 여기에는 65세 미만자의 노인성 질병이 없는 일반적인 장애인은 제외되고 있습니다.

3 노인장기요양보험 적용

– 적용대상

건강보험 가입자는 장기요양보험의 가입자가 됩니다(법 제7조 제3항). 이는 건강보험의 적용에서와 같이 법률상 가입이 강제되어 있습니다. 또한 공공부조의 영역에 속하는 의료급여 수급권자의 경우 건강보험과 장기요양보험의 가입자에서는 제외되지만, 국가 및 지방자치단체의 부담으로 장기요양보험의 적용대상으로 하고 있습니다(법 제12조).

– 장기요양인정

장기요양보험 가입자 및 그 피부양자나 의료급여수급권자 누구나 장기요양급여를 받을 수 있는 것은 아닙니다. 일정한 절차에 따라 장기요양급여를 받을 수 있는 권리(수급권)가 부여되는데 이를 장기요양인정이라고 합니다. 장기요양인정절차는 먼저 공단에 장기요양인정신청으로부터 출발하여 공단직원의 방문에 의한 인정조사와 등급판정위원회의 등급판정 그리고 장기요양인정서와 표준장기요양이용계획서의 작성 및 송부로 이루어집니다.

※ 장기요양인정 신청자격 : 장기요양보험 가입자 및 그 피부양자 또는 의료급여수급권자 중 65세 이상의 노인 또는 65세 미만자로서 치매, 뇌혈관성 질환 등 노인성 질병을 가진 자

구분	노인장기요양보험제도	기존 노인복지서비스체계
관련법	노인장기요양보험법	노인복지법
서비스 대상	– 보편적 제도 – 장기요양이 필요한 65세 이상 노인 및 치매 등 노인성 질병을 가진 65세 미만자	– 특정대상한정(선택적) – 국민기초생활보장 수급자를 포함한 저소득층 위주
서비스 선택	수급자 및 부양가족의 선택에 의한 서비스 제공	지방자치단체장의 판단(공급자 위주)
재원	장기요양보험료 + 국가 및 지방자치단체 부담 + 이용자 본인부담	정부 및 지방자치단체의 부담

국민건강보험공단에 입사한 A사원은 노인장기요양보험제도에 관한 분석을 하던 중 노인장기요양보험제도와 기존 노인복지서비스체계에 많은 차이가 있다는 점을 알게 되었다. 다음 설명 중 옳은 것은?

① 두 제도의 공통점은 노인복지법을 기초로 하고 있다는 것이다.

② 두 제도 모두 수급자가 국민기초생활보장 수급자이거나, 저소득층이어야 한다.

③ 노인장기요양보험제도는 요양필요도에 따라 장기요양인정을 받은 자에게 서비스가 제공된다.

④ 노인장기요양보험제도는 수급 요건에 해당하는 사람들 중 지방자치단체장의 판단으로 최종 선택된 사람들이 받을 수 있다.

정답 정밀 분석

모듈형

> 3 문단에서는 노인장기요양보험제도의 목적으로 일정한 질병 등의 사유가 있는 노인 등에게 장기요양급여를 제공하고자 하는 취지가 설명되어 있다. 3 문단의 '장기요양인정'을 살펴보면, 장기요양급여를 받을 수 있는 권리인 수급권이 제시되어 있다. 장기요양인정절차는 먼저 공단에 장기요양인정신청을 하게 된다. 공단직원의 방문을 통한 인정조사와 등급판정위원회의 등급판정, 서류 작성 절차가 진행된다. 이 두 내용을 종합하여 "노인장기요양보험제도는 요양필요도에 따라 장기요양인정을 받은 자에게 서비스가 제공된다."고 결론 내릴 수 있다.

오답 집중 분석

① 두 제도의 공통점은 노인복지법을 기초로 하고 있다는 것이다.

↳ 노인장기요양보험제도의 관련 법은 노인장기요양보험법이고 기존 노인복지서비스체계는 노인복지법이다.

② 두 제도 모두 수급자가 국민기초생활보장 수급자이거나, 저소득층이어야 한다.

↳ 노인장기요양보험제도는 1 문단에 따라 고령이나 노인성 질병 등의 사유가 있을 경우 수급권이 인정되며, 2 문단의 국고지원 부가방식에 따라 소득에 관계없이 공적부조방식을 가미한 형태로 운영되고 있다. 또한 하단의 표에 따라 보편적 복지 제도의 형태로 서비스 대상자를 선정한다. 이와 비교하여 기존 노인복지서비스체계는 특정대상으로 한정하는 선택적 복지 제도로써 국민기초생활보장 수급자를 포함한 저소득층 위주로 서비스를 제공한다.

④ 노인장기요양보험제도는 수급 요건에 해당하는 사람들 중 지방자치단체장의 판단으로 최종 선택된 사람들이 받을 수 있다.

↳ 수급 요건에 해당하는 사람들 중 지방자치단체장의 판단으로 최종 선택된 사람들이 받을 수 있는 것은 노인장기요양보험제도가 아니라 기존 노인복지서비스체계에 해당한다.

답 ③

2018. 4. 28.
한국수자원공사

휴노형 ★★★

아래의 제시 상황을 보고 질문에 답하시오.

H사에서 근무하는 K는 4대강 주변 자전거 종주길에 대한 개선안을 마련하기 위하여 관련 자료를 정리하여 상사에게 보고하고자 한다.

〈4대강 주변 자전거 종주길에 대한 관광객 평가 결과〉

(단위 : 점/100점 만점)

구분	한강	금강	낙동강	영산강
주변 편의시설	60	70	60	50
주변 자연경관	50	40	60	40
하천 수질	40	50	40	30
접근성	50	40	50	40
주변 물가	70	60	50	40

〈인터넷 설문조사 결과〉
자전거 종주 여행시 고려 조건

하천 수질	35%
접근성	15%
주변 자연경관	20%
주변 편의시설	30%

0% 10% 20% 30% 40%

〈업체별 4대강 유역 토사 운송 비용〉

업체	목표 운송량 (톤)	보유 트럭 최대 적재량		트럭 1대당 운송비 (원/km)
		1.5톤	2.5톤	
A	19.5	6대	3대	1.5톤 트럭 : 50,000 2.5톤 트럭 : 80,000
B	20.5	4대	4대	
C	23	3대	5대	

〈영산강 유역과 공사 업체 간의 거리 정보〉

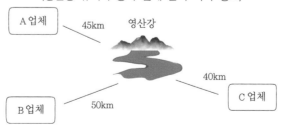

A 업체 — 45km — 영산강
B 업체 — 50km
C 업체 — 40km

앞선 자료들을 기반으로 K가 정리한 내용 중 옳은 것을 〈보기〉에서 모두 고르면?

〈보기〉
ㄱ. 모든 보유 트럭의 최대 적재량 합이 가장 큰 시공 업체는 C이다.
ㄴ. 관광객 평가 결과의 합에서, 가장 높은 점수를 받은 자전거 종주길은 금강이다.
ㄷ. 인터넷 설문 조사의 4개 항목만을 고려한 관광객 평가 결과의 합이 가장 높은 자전거 종주길은 낙동강이다.
ㄹ. 인터넷 설문 조사 결과 상위 2개 항목만을 고려한 관광객 평가 결과의 합이 가장 높은 자전거 종주길은 한강이다.

① ㄱ, ㄴ

② ㄱ, ㄷ

③ ㄴ, ㄷ

④ ㄷ, ㄹ

문제출제유형 자료해석

정답 정밀 분석   휴노형

ㄱ. 보유 트럭의 최대 적재량 합은 '업체별 4대강 유역 토사 운송 비용'의 표에 제시되어 있다. A업체는 16.5톤을 적재할 수 있고, B업체는 16톤을 적재할 수 있으며, C업체는 17톤을 적재할 수 있다. 따라서 모든 보유 트럭의 최대 적재량 합이 가장 큰 시공 업체는 C이다.

ㄷ. '인터넷 설문조사 결과' 4개의 항목은 하천 수질, 접근성, 주변 자연경관, 주변 편의시설로 관광객 평가 결과를 종합하면 다음과 같다.

구분	한강	금강	낙동강	영산강
하천 수질	40	50	40	30
접근성	50	40	50	40
주변 자연경관	50	40	60	40
주변 편의시설	60	70	60	50
종합	200점	200점	210점	160점

종합한 결과 관광객 평가결과의 합이 가장 높은 자전거 종주길은 낙동강이다.

ㄴ. 5개의 항목을 바탕으로 '관광객 평가결과'를 종합하면 다음과 같다.

구분	한강	금강	낙동강	영산강
주변 편의시설	60	70	60	50
주변 자연경관	50	40	60	40
하천 수질	40	50	40	30
접근성	50	40	50	40
주변 물가	70	60	50	40
총합	270점	260점	260점	200점

관광객 평가 결과의 합에서, 가장 높은 점수를 받은 자전거 종주길은 한강이다.

ㄹ. '인터넷 설문조사 결과' 상위 2개 항목은 하천 수질(35%)과 주변 편의시설(30%)이다. 두 가지 항목만을 고려할 경우 다음과 같은 결과가 나온다.

구분	한강	금강	낙동강	영산강
주변 편의시설	60	70	60	50
하천 수질	40	50	40	30
총합	100점	120점	100점	80점

주변 편의시설과 하천 수질만을 고려했을 때 평가 결과의 합이 가장 높은 자전거 종주길은 금강이다.

답 ②

2018. 8. 25.

코레일

휴노형 ★★

다음 중 글의 내용과 일치하지 않는 것은?

1 시간 예술이라고 지칭되는 음악에서 템포의 완급은 대단히 중요하다. 동일곡이지만 템포의 기준을 어떻게 잡아서 재현해 내느냐에 따라서 그 음악의 악상은 달라진다. 그런데 이처럼 중요한 템포의 인지 감각도 문화권에 따라, 혹은 민족에 따라서 상이할 수 있으니, 동일한 속도의 음악을 듣고도 누구는 빠르게 느끼는 데 비해서 누구는 느린 것으로 인지하는 것이다. 결국 문화권에 따라서 템포의 인지 감각이 다를 수도 있다는 사실은 바꿔 말해서 서로 문화적 배경이 다르면 사람에 따라 적절하다고 생각하는 모데라토의 템포도 큰 차이가 있을 수 있다는 말과 같다. 한국의 전통 음악은 서양 고전 음악에 비해서 비교적 속도가 느린 것이 분명하다. 대표적 정악곡(正樂曲)인 '수체천(壽齊天)'이나 '상령산(上靈山)' 등의 음악을 들어보면 수긍할 것이다.

2 또한 이 같은 구체적인 음악의 예가 아니더라도 국악의 첫인상을 일단 '느리다'고 간주해 버리는 일반의 통념을 보더라도 전래의 한국 음악이 보편적인 서구 음악에 비해서 느린 것은 틀림없다고 하겠다. 그런데 한국의 전통 음악이 서구 음악에 비해서 상대적으로 속도가 느린 이유는 무엇일까? 이에 대한 해답도 여러 가지 문화적 혹은 민족적인 특질과 연결해서 생각할 때 결코 간단한 문제가 아니겠지만, 여기서는 일단 템포의 계량적 단위인 박(beat)의 준거를 어디에 두느냐에 따라서 템포 관념의 차등이 생겼다는 가설 하에 설명을 하기로 한다.

3 한국의 전통 문화를 보면 그 저변의 잠재의식 속에는 호흡을 중시하는 징후가 역력함을 알 수 있는데, 이 점은 심장의 고동을 중시하는 서양과는 상당히 다른 특성이다. 우리의 문화 속에는 호흡에 얽힌 생활 용어가 한두 가지가 아니다. 숨을 한 번 내쉬고 들이마시는 동안을 하나의 시간 단위로 설정하여 일식간(一息間) 혹은 이식간(二息間)이니 하는 양식척(量息尺)을 써 왔다. 그리고 감정이 격화되었을 때는 긴 호흡을 해서 감정을 누그러뜨리거나 건강을 위해 단전 호흡법을 수련한다. 이것은 모두 호흡을 중시하고 호흡에 뿌리를 둔 문화 양식의 예들이다. 더욱이 심장의 정지를 사망으로 단정하는 서양과는 달리 우리의 경우에는 '숨이 끊어졌다'는 말로 유명을 달리했음을 표현한다.

4 이와 같이 확실히 호흡의 문제는 모든 생리 현상에서부터 문화 현상에 이르기까지 우리의 의식 저변에 두루 퍼져 있는 민족의 공통적 문화요소가 아닐 수 없다. 이와 같은 동서양 간의 상호 이질적인 의식 성향을 염두에 두고 각자의 음악을 관찰해 보면, 서양의 템포 개념은 맥박, 곧 심장의 고동에 기준을 두고 있으며, 우리의 그것은 호흡의 주기, 즉 폐부의 운동에 뿌리를 두고 있음을 알 수 있다.

5 서양의 경우 박자의 단위인 박을 비트(beat), 혹은 펄스(pulse)라고 한다. 펄스라는 말이 곧 인체의 맥박을 의미하듯이 서양음악은 원초적으로 심장을 기준으로 출발한 것이다. 이에 비해 한국의 전통 음악은 모음 변화를 일으켜 가면서까지 길게 끌며 호흡의 리듬을 타고 있음을 볼 때, 근원적으로 호흡에 뿌리를 둔 음악임을 알 수 있다. 결국 한국 음악에서 안온한 마음을 느낄 수 있는 모데라토의 기준 속도는, 1분간의 심장의 박동수와 호흡의 주기와의 차이처럼, 서양 음악의 그것에 비하면 무려 3배쯤 느린 것임을 알 수 있다.

① 각 민족의 문화에는 민족의식이 반영되어 있다.

② 서양 음악은 심장 박동수를 박자의 준거로 삼았다.

③ 템포의 완급을 바꾸어도 악상은 변하지 않는다.

④ 우리 음악은 서양 음악에 비해 상대적으로 느리다.

⑤ 우리 음악의 박자는 호흡 주기에 뿌리를 두고 있다.

문제출제유형 내용의 일치와 불일치 ─────────────────────────────────────

 정답 정밀 분석   휴노형

1 문단에 따르면 템포의 완급은 대단히 중요하며, 동일곡이라도 템포의 기준을 어떻게 잡아서 재현해 내느냐에 따라서 그 음악의 악상은 달라진다고 설명한다. 또한, 문화권에 따라 템포의 개념이 다를 수 있으나 완급을 바꾸어도 악상이 변하지 않음을 말하고 있지는 않다.

오답 집중 분석

① 각 민족의 문화에는 민족의식이 반영되어 있다.
    ↳ **4** 문단에서는 "호흡의 문제는 모든 생리 현상에서부터 문화 현상에 이르기까지 우리의 의식 저변에 두루 퍼져있는 민족의 공통적 문화요소가 아닐 수 없다."고 함으로써 호흡의 사례를 들어 우리의 의식 저변에 두루 퍼져있는 민족의 문화요소임을 말하고 있다.

② 서양 음악은 심장 박동수를 박자의 준거로 삼았다.
    ↳ **2** 문단과 **4** 문단에 따르면 서양의 템포 개념은 맥박, 곧 심장의 고동에 기준을 두고 있다다. 즉, 서양 음악은 심장 박동수를 박자의 준거로 삼고 있는 것이다.

④ 우리 음악은 서양 음악에 비해 상대적으로 느리다.
    ↳ **5** 문단에서는 한국의 전통 음악이 서양 고전 음악에 비해서 비교적 속도가 느린 것이 분명함을 말하고 있다.

⑤ 우리 음악의 박자는 호흡 주기에 뿌리를 두고 있다.
    ↳ **3** 문단에서는 우리 음악의 박자는 숨을 한 번 내쉬고 들이마시는 동안을 하나의 시간 단위로 설정함을 말하고 있다.

답 ③

2018. 8. 25.

코레일

모듈형 ★

다음은 ○○기관 디자인팀의 주간회의록이다. 자료에 대한 내용으로 옳은 것은?

주간회의록					
회의일시	2019-7-3(수)	부서	디자인팀	작성자	D사원
참 석 자	김 과장, 박 주임, 최 사원, 이 사원				
회의안건	개인 주간 스케줄 및 업무 점검 2019년 회사 홍보 브로슈어 기획				

	내용		비고		
회의내용	1. 개인 스케줄 및 업무 점검 • 김 과장 : 브로슈어 기획 관련 홍보팀 미팅, 외부 디자이너 미팅 • 박 주임 : 신제품 SNS 홍보이미지 작업, 회사 영문 서브페이지 2차 리뉴얼 작업 진행 • 최 사원 : 2019년도 홈페이지 개편 작업 진행 • 이 사원 : 7월 사보 편집 작업 2. 2019년도 회사 홍보 브로슈어 기획 • 브로슈어 주제 : '신뢰' 　- 창립 ○○주년을 맞아 고객의 신뢰로 회사가 성장했음을 강조 　- 한결같은 모습으로 고객들의 지지를 받아왔음을 기업 이미지로 표현 • 20페이지 이내로 구성 예정		• 7월 8일 　AM 10:00 　디자인팀 　전시회 관람 • 7월 5일까지 홍보팀에서 2019년도 브로슈어 최종원고 전달 예정		

	내용	작업자	진행일정		
결정사항	브로슈어 표지 이미지 샘플 조사	최 사원, 이 사원	2019-07-03 ~ 07-04		
	브로슈어 표지 시안 작업 및 제출	박 주임	2019-07-03 ~ 07-07		
특이사항	다음 회의 일정 : 7월 10일 • 브로슈어 표지 결정, 내지 1차 시안 논의				

① ○○기관은 외부 디자이너에게 브로슈어 표지 이미지 샘플을 요청하였다.

② 디자인팀은 이번 주 금요일에 전시회를 관람할 예정이다.

③ 김 과장은 이번 주에 내부 미팅, 외부 미팅이 모두 예정되어 있다.

④ 이 사원은 이번 주에 7월 사보 편집 작업만 하면 된다.

⑤ 최 사원은 2019년도 홈페이지 개편 작업을 완료한 후, 사보 편집 작업과 브로슈어 표지 이미지 샘플을 조사할 예정이다.

 주간회의록 분석

정답 정밀 분석   모듈형

"김 과장은 이번 주에 내부 미팅, 외부 미팅이 모두 예정되어 있다"는 일정은 회의내용 중 1. 개인 스케줄 및 업무 점검 항목에 김 과장은 내부(기획 관련 홍보팀 미팅)와 외부 디자이너 미팅 예정을 통해 알 수 있다.

오답 집중 분석

① ○○기관은 외부 디자이너에게 브로슈어 표지 이미지 샘플을 요청하였다.
  ↳ ○○기관은 외부 디자이너에게 브로슈어 표지 이미지 샘플을 요청하지 않고 최 사원과 이 사원이 브로슈어 표지 이미지 샘플을 조사한다.

② 디자인팀은 이번 주 금요일에 전시회를 관람할 예정이다.
  ↳ 디자인팀은 이번 주 금요일이 아니라 한 주 뒤 월요일인 7. 8. 전시회 관람을 한다.

④ 이 사원은 이번 주에 7월 사보 편집 작업만 하면 된다.
  ↳ 이 사원은 7월 사보 편집 작업과 함께 브로슈어 표지 이미지 샘플 조사를 해야 한다.

⑤ 최 사원은 2019년도 홈페이지 개편 작업을 완료한 후, 사보 편집 작업과 브로슈어 표지 이미지 샘플을 조사할 예정이다.
  ↳ 3 브로슈어 표지 이미지 샘플 조사는 하단의 결정사항에 진행 일정이 명시되어 있으나 사보 편집 작업은 일정이 기재되어 있지 않다.

 ③

NCS 100제

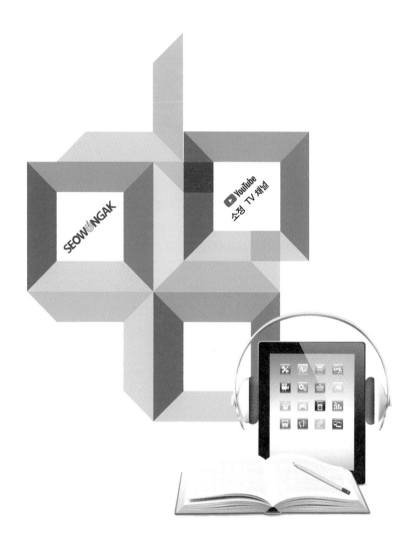

NCS 100제

001

다음은 ○○ 공사의 식수 오염을 주제로 한 보고서의 내용이다. A ~ E 사원 중 보고서를 바르게 이해한 사람은?

---

1. 식수 오염의 방지를 위해서 빠른 시간 내 식수의 분변 오염 여부를 밝히고 오염의 정도를 확인하기 위한 목적으로 지표 생물의 개념을 도입하였다. 병원성 세균, 바이러스, 원생동물, 기생체 소낭 등과 같은 병원체를 직접 검출하는 것은 비싸고 시간이 많이 걸릴 뿐만 아니라 숙달된 기술을 요구하지만, 지표 생물을 이용하면 이러한 문제를 많이 해결할 수 있다.

2. 식수가 분변으로 오염되어 있다면 분변에 있는 병원체 수와 비례하여 존재하는 비병원성 세균을 지표 생물로 이용한다. 이에 대표적인 것은 대장균이다. 대장균은 그 기원이 전부 동물의 배설물에 의한 것이므로, 시료에서 대장균의 균체 수가 일정 기준보다 많이 검출되면 그 시료에는 인체에 유해할 만큼의 병원체도 존재한다고 추정할 수 있다. 그러나 온혈 동물에게서 배설되는 비슷한 종류의 다른 세균들을 배제하고 대장균만을 측정하기는 어렵다. 그렇기 때문에 대장균이 속해 있는 비슷한 세균군을 모두 검사하여 분변 오염 여부를 판단하고, 이 세균군을 총대장균군이라고 한다.

3. 총대장균군에 포함된 세균이 모두 온혈동물의 분변에서 기원한 것은 아니지만, 온혈동물의 배설물을 통해서도 많은 수가 방출되고 그 수는 병원체의 수에 비례한다. 염소 소독과 같은 수질 정화 과정에서도 병원체와 유사한 저항성을 가지므로 식수, 오락 및 휴양 용수의 수질 결정에 좋은 지표이다. 지표 생물로 사용하는 또 다른 것은 분변성 연쇄상구균군이다. 이는 대장균을 포함하지는 않지만 사람과 온혈동물의 장에 흔히 서식하므로 물의 분변 오염 여부를 판정하는 데 이용된다. 이들은 잔류성이 높고 장 밖에서는 증식하지 않기 때문에 시료에서도 그 수가 일정하게 유지되어 좋은 상수 소독 처리지표로 활용된다.

---

① A 사원 : 온혈동물의 분변에서 기원되는 균은 모두 지표 생물이 될 수 있다.
② B 사원 : 수질 정화 과정에서 총대장균군은 병원체보다 높은 생존율을 보인다.
③ C 사원 : 채취된 시료 속의 총대장균군의 세균 수와 병원체 수는 비례하여 존재한다.
④ D 사원 : 지표 생물을 검출하는 것은 병원체를 직접 검출하는 것보다 숙달된 기술을 필요로 한다.
⑤ E 사원 : 분변성 연쇄상구균은 시료 재취 후 시간이 지남에 따라 시료 안에서 증식하여 정확한 오염지표로 사용하기 어렵다.

001

[모듈형]

[문제출제유형] 정보의 진위

| 정답해설 |

C 사원은 "채취된 시료 속의 총대장균군의 세균 수와 병원체 수는 비례하여 존재한다"고 본다. 3 문단에서는 온혈동물의 배설물을 통해서 다수의 세균이 방출되고, 총대장균군에 포함된 세균 수는 병원에의 수에 비례한다고 설명하고 있으므로 C 사원은 바르게 이해하였다.

| 오답풀이 |

① 2 문단에서는 비병원성 세균을 지표생물로 이용하고 그 대표적 예로 대장균을 들고 있다. 그러나 '온혈동물의 분변에서 기원된 모든 균이 지표생물이 될 수 있는지'는 확인할 수 없다.

② 3 문단에서는 수질 정화과정에서 총대장균군이 병원체와 유사한 저항성을 보인다는 사실이 나타나 있다. 그러나 '총대장균군이 병원체보다 높은 생존율을 보이는지'는 확인할 수 없다.

④ 1 문단에서는 병원체를 직접 검출하는 것이 비싸고 시간이 많이 걸리며 숙달된 기술을 요구한다고 본다. 이어서 이를 해결하기 위해 지표생물을 검출하는 것임을 설명하고 있다. 따라서 '지표생물을 검출하는 것이 병원체 검출보다 숙달된 기술을 필요로 하는지'는 확인할 수 없다.

⑤ 3 문단에서는 분변성 연쇄상구균은 장 밖에서는 증식하지 않아 시료에서 그 수를 일정하게 유지한다는 것을 확인할 수 있다.

답 ③

002

다음 글의 밑줄 친 ⊙으로 가장 적절한 것은?

[1] 오늘날 유전 과학자들은 유전자의 발현에 관한 ⊙물음에 관심을 갖고 있다. 맥길 대학의 연구팀은 이 물음에 답하려고 연구를 수행하였다. 어미 쥐가 새끼를 핥아주는 성향에는 편차가 있다. 어떤 어미는 다른 어미보다 더 많이 핥아주었다. 많이 핥아주는 어미가 돌본 새끼들은 인색하게 핥아주는 어미가 돌본 새끼들보다 외부 스트레스에 무디게 반응했다. 게다가 많이 안 핥아주는 친어미에게서 새끼를 떼어내어 많이 핥아주는 양어미에게 두어 핥게 하면, 새끼의 스트레스 반응 정도는 양어미의 새끼 수준과 비슷해졌다.

[2] 연구팀은 어미가 누구든 많이 핥인 새끼는 그렇지 않은 새끼보다 뇌의 특정 부분, 특히 해마에서 글루코코르티코이드 수용체(Glucocorticoid Receptor, 이하 GR)들, 곧 GR들이 더 많이 생겨났다는 것을 발견했다. 이렇게 생긴 GR의 수는 성체가 되어도 크게 바뀌지 않았다. GR의 수는 GR 유전자의 발현에 달려있다. 이 쥐들의 GR 유전자는 차이는 없지만 그 발현 정도에는 차이가 있을 수 있다. 이 발현을 촉진하는 인자 중 하나가 NGF 단백질인데, 많이 핥아진 새끼는 그렇지 못한 새끼에 비해 NGF 수치가 더 높다.

스트레스 반응 정도는 코르티솔 민감성에 따라 결정되는데 GR이 많으면 코르티솔 민감성이 낮아지게 하는 되먹임 회로가 강화된다. 이 때문에 똑같은 스트레스를 받아도 많이 핥아진 새끼는 그렇지 않은 새끼보다 더 무디게 반응한다.

① 코르티솔 유전자는 어떻게 발현되는가?
② 유전자는 어떻게 발현하여 단백질을 만드는가?
③ 핥아주는 성향의 유전자는 어떻게 발현되는가?
④ 후천 요소가 유전자의 발현에 영향을 미칠 수 있는가?
⑤ 유전자 발현에 영향을 미치는 유전 요인에는 무엇이 있는가?

002

모듈형

문제출제유형 의미의 추론

정답해설

제시된 연구의 핵심은 새끼 쥐의 스트레스에 반응하는 정도가 어미 쥐가 새끼를 핥아주는 성향에 따라 달라진다는 것이다. 즉, 어미 쥐가 새끼를 많이 핥아줄 경우 새끼의 뇌에서 GR의 수가 더 많았고, 그 수를 좌우하는 GR 유전자의 발현은 NGF 단백질에 의해 촉진된다는 것을 확인할 수 있다. 많이 핥아진 새끼가 그렇지 못한 새끼에 비해 NGF 수치가 더 높다는 결과 또한 알 수 있다. 이 실험은 유전자의 발현에 영향을 미치는 요인으로 '핥기'라는 후천 요소를 지목하고 있음을 알 수 있다. 그러므로 밑줄 친 ㉠의 물음은 '후천 요소가 유전자 발현에 영향을 미칠 수 있는가?'가 적절하다.

오답풀이

① 코르티솔 유전자는 스트레스 반응 정도를 결정하는 요인이지만 전체 실험의 결과를 결정하는 것은 아니다.

② 단백질에 의해 유전자가 발현하는 경우는 있지만 유전자가 단백질을 결정하는 내용은 확인할 수 없다.

③ 핥아주는 성향의 유전자가 어떻게 발현되는지는 제시문에 나타나 있지 않다.

⑤ 핥아주는 성향을 가진 어미 쥐와 안 핥아주는 성향을 가진 어미 쥐를 비교하여 실험한 결과 이러한 성향 차이가 유전자의 영향임이 드러났다. ▣ 문단에서 유전자 발현에 영향을 미치는 한 요인으로 NGF 단백질이 제시된다. 그러나 유전자의 발현에 관한 지문의 물음과는 무관하다.

답 ④

003

귀하는 ○○ 환경 공단의 대기오염을 주제로 한 보고서를 분석 중이다. 아래의 자료에서 알 수 있는 내용으로 옳은 것은?

---

① 대기오염 물질의 자연적 배출원은 공간적으로 그리 넓지 않고 밀집된 도시 규모의 오염 지역을 대상으로 할 경우에는 인위적 배출원에 비하여 대기 환경에 미치는 영향이 크지 않다. 하시만 지구 규모 또는 대륙 규모의 오염 지역을 대상으로 할 경우에는 그 영향이 매우 크다.

② 자연적 배출원은 생물 배출원과 비생물 배출원으로 구분된다. 생물 배출원에서는 생물의 활동에 의하여 오염 물질의 배출이 일어나는데, 식생의 활동으로 휘발성 유기물질이 배출되거나 토양 미생물의 활동으로 질소산화물이 배출되는 것이 대표적이다. 이렇게 배출된 오염 물질들은 반응성이 크기 때문에 산성비나 스모그와 같은 대기오염 현상을 일으키는 원인이 되기도 한다. 비생물 배출원에서도 많은 대기오염 물질이 배출되는데, 화산 활동으로 미세 먼지나 황산화물이 발생하거나 번개에 의해 질소산화물이 생성된다. 그 외에 사막이나 황토 지대에서 바람에 의해 미세 먼지가 발생하거나 성층권 오존이 대류권으로 유입되는 것도 이 범주에 넣을 수 있다.

③ 인위적 배출원은 사람들이 생활이나 산업상의 편익을 위하여 만든 시설이나 장치로서, 대기 중으로 오염 물질을 배출하거나 대기 중에서 유해 물질로 바뀌게 될 원인 물질을 배출한다. 대표적인 인위적 배출원들은 연료의 연소를 통하여 이산화탄소, 일산화탄소, 질소산화물, 황산화물 등을 배출하지만 연소 외의 특수한 과정을 통해 발생하는 폐기물을 대기 중으로 내보내는 경우도 있다.

④ 인위적 배출원은 점 오염원, 면 오염원, 선 오염원으로 구분된다. 인위적 배출원 중 첫 번째로 점 오염원은 발전소, 도시 폐기물 소각로, 대규모 공장과 같이 단독으로 대량의 오염 물질을 배출하는 시설을 지칭한다. 면 오염원은 주거 단지와 같이 일정한 면적 내에 밀집된 다수의 소규모 배출원을 지칭한다. 선 오염원의 대표적인 것은 자동차로서 이는 도로를 따라 선형으로 오염 물질을 배출시켜 주변에 대기 오염 문제를 일으킨다. 높은 굴뚝에서 오염 물질을 배출하는 점 오염원은 그 영향 범위가 넓지만 배출구가 낮은 면 오염원과 선 오염원은 대기 확산이 잘 이루어지지 않아 오염원 근처의 지표면에 영향을 미친다.

---

① 비생물 배출원에서 배출되는 질소산화물은 연료의 연소 생성물이 대부분이다.
② 산성비는 인위적 배출원보다 자연적 배출원에서 배출되는 오염 물질에서 더 많이 생성된다.
③ 자연적 배출원은 인위적 배출원에 비해 큰 규모의 대기 환경에 대한 영향력이 미미하다.
④ 미생물이나 식생의 활동이 대기 중에 떠돌아다니는 반응성이 큰 오염 물질들을 감소시키기도 한다.
⑤ 인위적 배출원에서 오염 물질을 배출할 경우, 오염원은 배출구가 높을수록 더 멀리까지 영향을 미친다.

003

정보의 확인

문제출제유형

| 정답해설 |

④ 문단에는 인위적 배출원 중에서 점 오염원은 높은 굴뚝에서 오염물질을 배출함이 나타난다. 이는 배출구가 높은 편에 속하며 그 영향 범위가 넓은 것을 알 수 있다. 이와 비교하여 면 오염원과 선 오염원은 배출구가 낮기 때문에 오염원 근처의 지표면에 영향을 끼친다. 종합적으로 고려할 때 배출구가 높을수록 더 멀리까지 영향을 미친다고 볼 수 있다.

| 오답풀이 |

① ② 문단과 ③ 문단에 따르면 비생물 배출원에서 질소산화물이 발생하는 경우는 번개가 칠 때이다. 연료의 연소 생성물은 인위적 배출원에 속한다.

② 자연적 배출원에 속하는 생물 배출원에서 산성비의 원인이 되는 오염 물질들을 배출한다는 것은 ② 문단에서 확인할 수 있다. 하지만 자연적 배출원이 인위적 배출원보다 산성비의 원인이 되는 오염 물질을 더 많이 생성하는지는 알 수 없다.

③ ① 문단에 따르면 도시 규모의 오염 지역을 대상으로 할 경우 자연적 배출원이 인위적 배출원에 비해 영향력이 크지 않다. 하지만 지구 규모 또는 대륙 규모의 오염 지역을 대상으로 하면 자연적 배출원이 인위적 배출원에 비해 영향력이 크다.

④ ② 문단에 따르면 미생물이나 식생은 휘발성 유기물질이나 질소산화물을 배출하므로 반응성이 큰 오염 물질들을 증가시킨다. 이들이 오염 물질들을 감소시키기도 하는지는 알 수 없다.

답 ⑤

004

귀하는 ○○ 복지 공단에서 아래의 글로 사내 교육을 진행할 예정이다. 빈칸에 들어갈 말을 질문했을 때 가장 적절하게 답한 사람은?

기분관리 이론은 사람들의 기분과 선택 행동의 관계에 대해 설명하기 위한 이론이다. 이 이론의 핵심은 사람들이 현재의 기분을 최적 상태로 유지하려고 한다는 것이다. 따라서 기분관리 이론은 흥분 수준이 최적 상태보다 높을 때는 사람들이 이를 낮출 수 있는 수단을 선택한다고 예측한다. 반면에 흥분 수준이 낮을 때는 이를 회복시킬 수 있는 수단을 선택한다고 예측한다. 예를 들어, 음악 선택의 상황에서 전자의 경우에는 차분한 음악을 선택하고 후자의 경우에는 흥겨운 음악을 선택한다는 것이다. 기분조정 이론은 기분관리 이론이 현재 시점에만 초점을 맞추고 있다는 점을 지적하고 이를 보완하고자 한다. 기분조정 이론을 음악 선택의 상황에 적용하면, _____고 예측할 수 있다.

연구자 A는 음악 선택 상황을 통해 기분조정 이론을 검증하기 위한 실험을 했다. 그는 실험 참가자들을 두 집단으로 나누고 집단 1에게는 한 시간 후 재미있는 놀이를 하게 된다고 말했고, 집단 2에게는 한 시간 후 심각한 과제를 하게 된다고 말했다. 집단 1은 최적 상태 수준에서 즐거워했고, 집단 2는 최적 상태 수준을 벗어날 정도로 기분이 가라앉았다. 이때 연구자 A는 참가자들에게 기다리는 동안 음악을 선택하게 했다. 그랬더니 집단 1은 다소 즐거운 음악을 선택한 반면, 집단 2는 과도하게 흥겨운 음악을 선택했다. 그런데 30분이 지나고 각 집단이 기대하는 일을 하게 될 시간이 다가오자 두 집단 사이에는 뚜렷한 차이가 나타났다. 집단 1의 선택에는 큰 변화가 없었으나, 집단 2는 기분을 가라앉히는 차분한 음악을 선택하는 쪽으로 기분이 변하는 경향을 보인 것이다. 이러한 선택의 변화는 기분조정 이론을 뒷받침하는 것으로 간주되었다.

① A 사원 : 사람들은 현재의 기분을 지속하는 데 도움이 되는 음악을 선택한다.
② B 사원 : 사람들은 다음에 올 상황을 고려해 흥분을 유발할 수 있는 음악을 선택한다.
③ C 사원 : 사람들은 다음에 올 상황에 맞추어 현재의 기분을 조정하는 음악을 선택한다.
④ D 사원 : 사람들은 현재의 기분과는 상관없이 자신이 평소 선호하는 음악을 선택한다.
⑤ E 사원 : 사람들은 현재의 기분이 즐거운 경우에는 그것을 조정하기 위해 그와 반대되는 기분을 자아내는 음악을 선택한다.

004

[문제출제유형] 문맥 추론

| 정답해설 |

제시문은 기분관리 이론을 주제로 하고 있다. 이는 사람들이 현재의 기분을 최적 상태로 유지하려 한다는 입장을 바탕으로 하고 있다. 흥분 수준이 낮을 때는 이를 높일 수 있는 수단을 선택하고 흥분 수준이 최적 상태보다 높을 때 이를 낮출 수 있는 수단을 선택한다고 본다.

여기서, 빈칸은 기분조정 이론이 음악 선택의 상황에 적용될 때 나타나는 결론을 찾는 것이다. 단서는 연구자 A의 실험을 통해 기분조정 이론의 내용을 파악할 수 있다. 집단 1은 최적 상태에서 다소 즐거운 음악을 선택했다. 반면 집단 2는 최적 상태보다 기분이 가라앉은 상태에서 과도하게 흥겨운 음악을 선택했다. 30분이 지난 뒤 다시 음악을 선택하는 상황에서 놀이하기를 앞둔 집단 1의 선택에는 변화가 없었다. 반면에 과제하기를 앞둔 집단 2는 차분한 음악을 선택하는 쪽으로 변화가 나타났다.

실험 결과로부터 참가자가 기분이 가라앉았을 때는 흥분을 끌어올리기 위해 흥겨운 음악을 선택한다는 것을 도출할 수 있다. 또한, 과제를 해야 할 상황을 앞두고 과도하게 흥겨운 상태가 되자 이를 가라앉히기 위해 차분한 음악을 선택한다는 것을 알 수 있다. C 사원은 "사람들은 다음에 올 상황에 맞추어 현재의 기분을 조정하는 음악을 선택한다."고 했는데, 가장 적절하게 답하였다.

답 ③

005

모둠형 ★★☆☆☆

다음은 ○○미디어 재단에 올라온 A, B 두 사람의 논쟁이다. 재단에서 이를 분석한 것으로 가장 적절한 것은?

> A-1 : 최근 인터넷으로 대표되는 정보통신기술 혁명은 과거 유례를 찾을 수 없을 정도로 세상이 돌아가는 방식을 근본적으로 바꿔놓았다. 정보통신기술 혁명은 물리적 거리의 파괴로 이어졌고, 그에 따라 국경 없는 세계가 출현하면서 국경을 넘나드는 자본, 노동, 상품에 대한 규제가 철폐될 수밖에 없는 사회가 되었다. 이제 개인이나 기업 혹은 국가는 과거보다 훨씬 더 유연한 자세를 견지해야 하고, 이를 위해서는 강력한 시장 자유화가 필요하다.
>
> B-1 : 변화를 인식할 때 우리는 가장 최근의 것을 가장 혁신적인 것으로 생각하는 경향이 있다. 인터넷 혁명의 경제적, 사회적 영향은 최소한 지금까지는 세탁기를 비롯한 가전제품만큼 크지 않았다. 가전제품은 집안일에 들이는 노동시간을 대폭 줄여줌으로써 여성들의 경제활동을 촉진했고, 가족 내의 전통적인 역학관계를 바꾸었다. 옛것을 과소평가해서도 안 되고 새것을 과대평가해서도 안 된다. 그렇게 할 경우 국가의 경제정책이나 기업의 정책은 물론이고 우리 자신의 직업과 관련해서도 여러 가지 잘못된 결정을 내리게 된다.
>
> A-2 : 인터넷이 가져온 변화는 가전제품이 초래한 변화에 비하면 전 지구적인 규모이고 동시적이라는 점에 주목해야 한다. 정보통신기술이 초래한 국경 없는 세계의 모습을 보라. 국경을 넘어 자본, 노동, 상품이 넘나들게 됨으로써 각 국가의 행정 시스템은 물론 세계 경제 시스템에도 변화가 불가피하게 되었다. 그런 점에서 정보통신기술의 영향력은 가전제품의 영향력과 비교될 수 없다.
>
> B-2 : 최근의 기술 변화는 100년 전에 있었던 변화만큼 혁명적이라고 할 수 없다. 100년 전의 세계는 1960~1980년에 비해 통신과 운송 부분에서의 기술은 훨씬 뒤떨어졌으나 세계화는 오히려 월등히 진전된 상태였다. 사실 1960~1980년 사이에 강대국 정부가 자본, 노동, 상품이 국경을 넘어 들어오는 것을 엄격하게 규제했기에 세계화의 정도는 그리 높지 않았다. 이처럼 세계화의 정도를 결정하는 것은 정치이지 기술력이 아니다.

① 갑 : 이 논쟁의 핵심 쟁점은 정보통신기술 혁명과 가전제품을 비롯한 제조분야 혁명의 영향력 비교이다.
② 을 : A-1은 최근의 정보통신기술 혁명으로 말미암아 자본, 노동, 상품이 국경을 넘나드는 것이 보편적 현상이 되었다는 점을 근거로 삼고 있다.
③ 병 : B-1은 A-1이 제시한 근거가 다 옳다고 하더라도 A-1의 주장을 받아들일 수 없다고 주장하고 있다.
④ 정 : B-1과 A-2는 인터넷의 영향력에 대한 평가에는 의견을 달리하지만 가전제품의 영향력에 대한 평가에는 의견이 일치한다.
⑤ 무 : B-2는 A-2가 원인과 결과를 뒤바꾸어 해석함으로써 현상에 대한 잘못된 진단을 한다고 비판하고 있다.

005

문제출제유형 주장의 분석

정답해설

제시된 견해를 다음과 같이 분석할 수 있다.

A-1 : 인터넷으로 대표되는 정보통신기술혁명으로 세계는 근본적으로 변화했으므로 국경 없는 세계를 실현하기 위해 강력한 시장 자유화가 필요하다.

B-1 : 지금의 인터넷 혁명보다 과거의 가전제품 발명이 경제적, 사회적 영향이 더 컸다. 그러므로 옛것을 과소평가해서는 안 되고, 새것을 과대평가해서도 안 된다.

A-2 : 인터넷이 초래한 변화는 전 지구적이며 동시적이므로 가전제품의 영향력과 비교될 수 없다.

B-2 : 과거와 비교하여 세계화의 정도를 결정하는 것은 기술력이 아닌 정치이다.

을은 "A-1은 최근의 정보통신기술 혁명으로 말미암아 자본, 노동, 상품이 국경을 넘나드는 것이 보편적 현상이 되었다는 점을 근거로 삼고 있다."고 했는데, 제시된 견해를 바탕으로 가장 적절한 분석이다.

오답풀이

① 이 논쟁의 핵심은 정부 규제와 시장 자유화이다. A-1은 정보통신기술혁명으로 세계화가 급속히 진전되고 있으므로 그에 발맞추어 시장 자유화가 필요하다고 주장하고 있다. 그러나 B-1, B-2는 정보통신기술 혁명은 이전의 기술 진전에 비해 급진적인 변화를 초래한 것은 아니라는 입장이다. 또한 세계화의 정도를 결정하는 것은 기술력보다는 정치라는 점을 들어 시장에 대한 규제가 어느 정도 필요하다고 본다.

③ B-1은 A-1이 제시한 근거인 정보통신기술 혁명에 의해 자본, 노동, 상품의 국가 간 이동이 자유로워졌음을 강조한다. 가전제품을 사례로 들어 세계화가 급속도로 진전되었다는 것을 반박한다.

④ B-1은 가전제품이 지금의 인터넷 혁명보다 사회적 영향력이 더 컸다고 본다. A-2는 인터넷과 비교한 가전제품의 영향력을 비교할 수 없다고 본다.

⑤ B-2는 A-2가 원인과 결과를 바꿔 생각하는 것이 아니라 기술 외에 세계화의 결정적인 요소가 정치임을 제시하여 다른 요인이 있음을 지적한다.

답 ②

006

모듈형 ★★☆☆☆

귀하는 인천국제공항공사의 보도자료 초안을 작성하고 있다. 글을 전체적으로 고려할 때 빈칸 ㉠에 작성할 가장 적절한 내용은?

인천국제공항공사는 지난해 12월 생활 형편이 어려운 이웃을 돕기 위한 지역사회 기금으로 인천 사회복지공동모금회에 20억 원을 기부했다. 이는 인천모금회가 2001년부터 매년 연말연시를 맞아 벌이는 역대 이웃돕기 모금 캠페인 가운데 가장 큰 기부금이었다. 인천모금회 관계자는 "인천공항공사가 지난번 캠페인에 낸 돈보다 10억 원 늘어난 기부금을 보내줘 올해 모금 목표액을 무난하게 달성하는 데 큰 도움이 됐다"고 말했다.

인천공항공사가 올해 200억 원이 넘는 돈을 투자해 사회공헌사업에 나섰다. 지난해 211억 원보다 16% 가량 증가한 243억 원을 사회공헌사업비로 배정했다. 올해 인천공항공사 추정 매출액(2조 8,500억 원)의 0.85%로 지난해 국내 100대 기업의 사회공헌사업 평균 지출액(매출 대비 0.18%)을 훨씬 웃도는 금액이다.

인천공항공사는 인천을 대표하는 공기업으로서 책임을 다하기 위해 지역사회에 전체 사업비의 60%인 145억 원을 쓸 계획이다. 특히 2007년부터 인천지역 19개 학교에 지원해 온 방과 후 특성화 교육 프로그램이 2월에 마무리됨에 따라 올해엔 새로운 지역인재 양성 프로그램을 만들어 시행하기로 했다. 시행에 앞서 교사와 학부모, 학생들의 의견을 수렴할 방침이다.

생활 형편이 어려운 학생들에게 장학금을 지급하고, 정부의 지원을 받지 못하는 취약계층을 위한 사업도 추진한다. 사회복지시설을 찾아가 봉사활동과 함께 운영비를 지원하고, 지역경제 활성화 프로그램 등을 통해 상생 협력을 강화하기로 했다. 이 밖에 스포츠 인재를 양성하기 위해 후원하는 인천국제공항공사사장배 유소년 축구대회는 올해 중학생 엘리트 리그를 신설해 실력이 뛰어난 선수들은 해외 연수 기회를 준다.

대국민 분야에도 73억 원(30%)을 사용한다. 지난해 5월 국내 최초로 인천공항에서 문을 연 입국장 면세점 임대 수익을 활용해 사회적 경제조직 25개를 선발해 지원하기로 했다. 이들의 해외 판로 개척도 지원할 계획이다. (㉠) 항공이나 물류관련 학부를 운영하는 대학에도 발전기금을 제공해 인재 양성을 돕기로 했다. 공익적 성격의 대국민 공모사업을 벌이고, 동반성장을 위해 중소기업을 지원한다.

글로벌 사회공헌활동에는 24억 원(10%)을 배정했다. 2018년부터 심장병을 앓고 있는 빈곤국가 어린이를 국내로 초청해 무료로 수술을 받게 해주는 사업이 핵심인데 올해는 지원대상을 확대할 계획이다. 지난해에는 우즈베키스탄 어린이 7명이 심상병 수술을 받고 건강을 되찾은 뒤 귀국했다. 이들 빈곤국에는 해외봉사단을 파견해 구호물품을 지원하는 등 국제사회 이슈 해결에 적극적으로 나서기로 했다. 개발도상국 공항 임직원에게는 공항 운영 노하우를 무료로 전수한다. 이뿐만 아니라 신재생에너지 분야 국내 중소기업과 함께 환경 보호에 나서는 글로벌 사회공헌 프로그램을 펼치기로 했다.

인천국제공항공사는 "인천지역과 국민, 글로벌 분야 사회공헌활동을 통해 대한민국을 대표하는 공기업으로서 사회적 책임을 다하겠다."고 밝혔다.

---

① 사회적 경제조직의 활동 실적이 저조하기 때문이다.
② 입국장 임대수익을 모두 사회에 환원한다는 약속을 지키기 위해서다.
③ 수익사업을 통해 직원들의 복지 혜택을 늘려야 함이 마땅하다.
④ 해외 판로 개척을 통해 전년 대비 매출액을 10% 이상 증가시키기 위함이다.
⑤ 교사와 학부모, 학생들의 의견을 수렴했기 때문이다.

006

[문제출제유형] 보도 자료의 문맥 이해

| 정답해설 |

보도자료는 전반적으로 인천공항공사의 사회공헌을 주제로 하고 있다. 예컨대, 지역사회에 대한 공헌으로써 인천지역 학교 특성화 교육 프로그램 지원, 생활 형편이 어려운 학생들에게 장학금 지급, 사회복지시설 봉사활동 및 운영비 지원 등이다. 대국민 분야에서는 사회적 경제조직 선발 및 해외 판로 개척 등의 지원, 대학 발전기금 제공, 중소기업 동반성장 지원이 언급되어 있다. 마지막으로 글로벌 사회공헌활동으로 빈곤국가 어린이 무료 수술 지원, 해외봉사단 파견, 환경 보호를 위한 프로그램을 추진하게 된다. ㉠은 문맥상으로 보도자료의 공통된 주제인 사회공헌활동과 관련된 내용이 들어가야 하며, 입국장 면세점 임대수익을 활용해 사회적 경제조직을 지원한다는 내용을 보충해줘야 한다. 따라서 "입국장 임대수익을 모두 사회에 환원한다는 약속을 지키기 위해서다"가 가장 적절하다.

| 오답풀이 |

① "사회적 경제조직의 활동 실적이 저조"하다는 것은 사회공헌을 홍보하는 보도자료의 문맥상 적절하지 않다.

③ "수익사업을 통해 직원들의 복지 혜택을 늘려야" 한다는 것은 보도자료의 주제와 맞지 않다.

④ 기업의 사회공헌활동은 기업의 이윤을 사회에 환원하는 취지로 추진되므로 "매출액을 10% 이상 증가"시킨다는 것은 주제와 모순된다.

⑤ "교사와 학부모, 학생들의 의견을 수렴"했다는 내용은 지역인재 양성 프로그램을 만들어 시행하는 것과 관련된다.

답 ②

007

다음은 IBK기업은행의 보도자료이다. 보도자료를 읽고 난 후 회의에서의 발언으로 가장 옳지 않은 것은?

IBK기업은행의 2020년 글로벌 사업전략 방향성은 크게 두 가지다. 지난해 출범한 IBK인도네시아은행 연착륙과 '포스트 베트남'으로 꼽히는 미얀마 진출이다. 무엇보다 올해 금융권 화두는 3차 문호개방에 나선 미얀마 입성 티켓 확보다. 기업은행이 글로벌 사업확장 기회를 거머쥐며 비이자수익 다변화를 위한 산뜻한 출발에 나설지 관심이 모아진다.

기업은행은 2013년 미얀마 양곤에 현지 사무소를 열었다. 물론 사무소는 영업활동보다 시장조사와 네트워크 강화가 주된 목적이었다. 제한적인 역할에 머물렀던 기업은행에 기회가 찾아온 건 이듬해 미얀마 정부의 1차 은행업 개방 때였다. 신규 라이선스 확보를 위해 백방으로 뛰어다녔지만 결과는 아쉽게 무산됐다. 2016년 이뤄진 2차 개방엔 참여하지 않았다.

기업은행은 지난해 미얀마 중앙은행에 참여의향서(EOI : Expression of Interest)를 제출하며 진출의사를 타진했다. 작년 9월 OOO 전 기업은행장은 대통령의 동남아시아 순방 경제사절단에 올랐고, 11월엔 미얀마 정부와 중소기업 지원을 위한 파트너십을 구축했다. 기업은행은 중소기업 DNA를 알리며 미얀마 금융당국과의 스킨십 빈도와 강도를 늘려갔다.

미얀마에 공식 입찰제안서(RFP)를 낸 기업은행의 은행업 진출 여부는 3월에 가려진다. 외국계 은행 인허가 위원회(Foreign Bank Licensing Committee)는 △글로벌 경영능력 △은행산업 기여 가능성 △사업계획 등을 평가 지표로 활용한다. 기업은행은 심사 기간에도 업무 경쟁력을 지닌 중소기업 금융 노하우와 다수 경험을 어필할 것으로 관측된다.

특히 이번엔 법인 설립과 리테일 영업을 허가해주는 만큼 라이선스 확보를 위한 각국 은행들의 물밑접전은 치열할 전망이다. 물론 미얀마 금융산업의 대부분은 4대 국영은행과 24개 민영은행이 점유하고 있을 정도로 외국계 은행의 영업엔 다소 제한이 있을 수 있다. 다만 미얀마 1인당 구매력이 2011년 이후 베트남의 증가 속도를 앞질렀다는 점은 저성장·저금리로 성장 한계에 부딪힌 국내 은행들에게 흔치 않은 기회다.

IBK기업은행 해외진출 현황					
진출형태	진출국	해외점포명	진출형태	진출국	해외점포명
현지법인	인도네시아	IBK인도네시아은행	지점	영국	런던지점
	중국	기업은행중국유한공사		베트남	호치민지점
지점	홍콩	홍콩지점		미국	뉴욕지점
	필리핀	마닐라지점		베트남	히노이지점
	캄보디아	프놈펜지점	사무소	미얀마	미얀마 양곤사무소
	일본	도쿄지점		러시아	블라디보스토크사무소
	인도	뉴델리지점			

기업은행이 예비인가 확보에 성공하면 신한은행에 이어 두 번째로 현지 은행업에 진출하게 된다. 신규진입 문턱이 높은 까닭에 국내 시중은행(국민·하나·우리·농협) 모두 소액대출법인(MFI) 형태로 사업을 영위하고 있다. 미얀마는 인구 5,600만 명에 달하는 데다 경제성장률이 평균 7% 안팎으로, 초기 영업망만 잘 구축하면 수익성을 내기 안성맞춤인 신남방국이라는 평이다.

기업은행은 지난 2년여간 공들인 IBK인도네시아은행을 출범하며 후발주자로 자카르타에 입성했다. 까다롭기로 소문난 인도네시아 금융감독청(OJK)은 기업은행이 중소기업 부문에서 건전성에 입각한 시장 성장을 이끌 플레이어로 평가했다는 후문이다.

초기 시장 안착을 위해 해외 주재원 수도 16명까지 허용했다. 올해 뱃고동을 울린 IBK인도네시아은행 인수후통합(PMI)은 기업은행이 주력해야 할 주요 과제 중 하나다. 기업은행은 오는 2023년까지 전체 해외이익의 15%를 IBK인도네시아은행에서 창출하겠다는 자체적인 내부 목표를 수립한 것으로 알려졌다.

① 박 사원 : 미얀마 정부의 1차 은행업 개방 때 신규 라이선스를 확보하지 못 했다.
② 한 사원 : 은행산업 기여 가능성이 낮을 경우 미얀마 진출이 어려울 수 있다.
③ 이 사원 : 해외 현지 법인과 사무소는 해외 지점의 절반에 못 미친다.
④ 오 사원 : 은행 전체 이익의 10% 이상을 인도네시아은행에서 창출할 목표를 수립하였다.
⑤ 함 사원 : 미얀마 진출에 성공한 국내 은행이 있다.

문제출제유형 보도 자료의 사업 방향 이해

| 정답해설 |

> 보도자료에는 IBK기업은행의 사업전략으로 인도네시아은행 연착륙과 미얀마 진출이 소개되어 있다. 오 사원은 "은행 전체 이익의 10% 이상을 인도네시아은행에 창출할 목표를 수립하였다"고 했는데, 기사 마지막에는 기업은행의 전체 이익이 아닌 전체 '해외' 이익의 15%를 창출하겠다는 목표가 언급되어 있다.

| 오답풀이 |

① 기업은행이 미얀마 진출에 기회를 얻게 된 것은 미얀마 정부의 1차 은행업 개방 때였으나, 신규 라이선스를 확보하지 못했다.

② 기업은행이 미얀마에 진출하기 위해서는 입찰제안서를 내고 평가를 받아야 하는데 글로벌 경영능력, 은행산업 기여 가능성, 사업계획 등이다. 따라서 은행산업 기여 가능성이 낮을 경우 미얀마 진출이 어려울 수 있다.

③ 현지법인은 2개국, 사무소는 2개국으로 총 4개국에 진출해 있다. 해외 지점은 총 9개국에 진출하여 있으므로 이 사원은 바르게 이해하였다.

⑤ 기업은행이 예비인가 확보에 성공하면 신한은행에 이어 두 번째로 현지 은행업에 진출하게 되므로 함 사원은 바르게 이해하였다.

답 ④

008

다음은 신용보증기금의 'IP-Plus 보증' 시행 보도자료이다. 자료를 읽고 IP-Plus를 가장 적절히 설명할 수 있는 ㉠ 문구를 제시한 사람은?

신용보증기금은 지식재산금융 활성화를 위해 'IP-Plus 보증'을 시행한다고 31일 밝혔다.

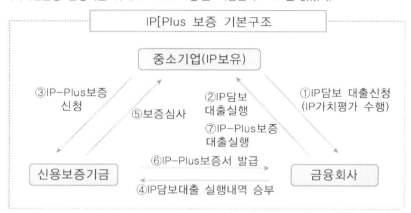

이번 보증은 정부가 발표한 '지식재산(IP) 금융 활성화 종합대책'에 따른 것으로 신보가 국민, 기업, 농협, 산업, 신한, 우리, 하나은행 등 7개 금융회사와 ㉠ (   )

지원대상은 평가기준일이 1년 이내인 'IP가치평가보고서'를 보유하고, 은행에 특허권, 실용신안권 등 IP를 담보로 제공해 'IP담보대출'을 받은 중소기업이다.

신보는 이들 기업에 IP담보대출금액의 50% 범위에서 기업당 최대 10억 원까지 운전자금을 추가 지원한다. 다만, IP담보대출과 신보 보증부대출의 합계액이 IP가치평가금액을 초과할 수는 없다. 예컨대 IP가치평가금액 10억 원, IP담보대출 4억 원을 받은 기업은 최대 2억 원(IP담보대출금액의 50%)의 추가 보증이 가능하다.

또한, 보증비율(90%)과 보증료(0.2%p 차감)를 우대 적용해 IP담보를 활용하는 중소기업의 금융비용 부담도 완화한다.

① A : IP담보대출 및 연계보증 활성화를 위한 업무협약을 체결하고 신용보증을 지원한다.
② B : IP담보대출 보증서 발급을 통해 보증료를 면제하는 협약을 체결한다.
③ C : IP-Plus 보증 신청을 대행하여 중소기업을 지원하는 계획을 마련한다.
④ D : IP담보대출금액의 100%의 범위에서 기업당 최대 20억 원까지 운전자금을 추가 지원한다.
⑤ E : IP담보대출 실행 내역을 송부하여 IP 가치평가를 수행하도록 협의한다.

문제출제유형 보도 자료의 문맥 추론 ────────────────────

| 정답해설 |

신용보증기금은 지식재산금융 활성화를 위해 IP-Plus 보증을 시행한다. 중소기업과 금융회사(은행) 간 대출이 실행되면서 신용보증기금이 보증을 하는 구조이다. ㉠에는 신용보증기금과 금융회사가 특정 활동을 지원한다는 내용이 들어가야 하며 A의 "IP 담보대출 및 연계보증 활성화를 위한 업무협약을 체결하고 신용보증을 지원한다."가 가장 적절하다.

| 오답풀이 |

② 보증서는 신용보증기금이 금융회사에 발급하며 보증료는 보도자료 마지막에 언급되어 있으나 면제한다는 내용과는 거리가 멀다.

③ 보증신청은 중소기업이 신용보증기금에 직접 하는 것으로 신용보증기금은 보증심사를 하여 금융회사에 보증서를 발급하게 된다.

④ 신용보증기금은 기업에 IP담보대출금액의 50% 범위에서 기업당 최대 10억 원까지 운전자금을 추가 지원한다.

⑤ IP담보대출 실행 내역은 금융회사가 신용보증기금에 송부하며 IP가치평가는 신용보증기금이 기업을 대상으로 한다.

답 ①

009

다음은 ○○ 금융 공사의 동향 보고서이다. 이를 평가한 것으로 글의 내용과 부합하지 않는 것은?

1. 연방준비제도(이하 연준)가 고용 증대에 주안점을 둔 정책을 입안한다 해도 정책이 분배에 미치는 영향을 고려하지 않는다면, 그 정책은 거품과 불평등만 부풀릴 것이다. 기술 산업의 거품 붕괴로 인한 경기 침체에 대응하여 2000년대 초에 연준이 시행한 저금리 정책이 이를 잘 보여준다.

2. 특정한 상황에서는 금리 변동이 투자와 소비의 변화를 통해 경기와 고용에 영향을 줄 수 있다. 하지만 다른 수단이 훨씬 더 효과적인 상황도 많다. 가령 부동산 거품에 대한 대응책으로는 금리 인상보다 주택 담보 대출에 대한 규제가 더 합리적이다. 생산적 투자를 위축시키지 않으면서 부동산 거품을 가라앉힐 수 있기 때문이다.

3. 경기 침체라 하더라도 금리 인하는 은행의 비용을 줄여주는 것 말고는 경기 회복에 별다른 도움이 되지 않을 수 있다. 대부분의 부분에서 설비 가동률이 낮은 상황이라면, 2000년대 초가 바로 그런 상황이었기 때문에, 당시의 저금리 정책은 생산적인 투자 증가 대신에 주택 시장의 거품만 초래한 것이다.

4. 금리 인하는 국공채에 투자했던 퇴직자들의 소득을 감소시켰다. 노년층에서 정부로, 정부에서 금융업으로 부의 대규모 이동이 이루어져 불평등이 심화되었다. 이에 따라 금리 인하는 다양한 경로로 소비를 위축시켰다. 은퇴 후의 소득을 확보하기 위해, 혹은 자녀의 학자금을 확보하기 위해 사람들은 저축을 늘렸다. 연준은 금리 인하가 주가 상승으로 이어질 것이므로 소비가 늘어날 것이라고 주장했다. 하지만 2000년대 초 연준의 금리 인하 이후 주가 상승에 따라 발생한 이득은 대체로 부유층에 집중되었으므로 대대적인 소비 증가로 이어지지 않았다.

5. 2000년대 초 고용 증대를 기대하고 시행한 연준의 저금리 정책은 노동을 자본으로 대체하는 투자를 증대시켰다. 인위적인 저금리로 자본 비용이 낮아지자 이런 기회를 이용하려는 유인이 생겨났다. 노동력이 풍부한 상황인데도 노동을 절약하는 방향의 혁신이 강화되었고, 미숙련 노동자들의 실업률이 높은 상황인데도 가게들은 계산원을 해고하고 자동화 기계를 들여놓았다. 경기가 회복되더라도 실업률이 떨어지지 않는 구조가 만들어진 것이다.

① 갑 : 2000년대 초 연준의 금리 인하로 국공채에 투자한 퇴직자의 소득이 줄어들어 금융업에서 정부로 부가 이동하였다.

② 을 : 2000년대 초 연준은 고용 증대를 기대하고 금리를 인하했지만 결과적으로 고용 증대가 더 어려워지도록 만들었다.

③ 병 : 2000년대 초 기술 산업 거품의 붕괴로 인한 경기 침체기에 설비 가동률은 대부분 낮은 상태였다.

④ 정 : 2000년대 초 연준이 금리 인하 정책을 시행한 후 주택 가격과 주식 가격은 상승하였다.

⑤ 무 : 금리 인상은 부동산 거품 대응 정책 가운데 가장 효과적인 정책이 아닐 수 있다.

모듈형

문제출제유형 정보의 확인

| 정답해설 |

갑은 2000년대 초 연순의 금리 인하로 국공채에 투자한 퇴직자의 소득이 줄어들어 금융업으로부터 정부로 부가 이동했다고 보고 있다. 그러나 4 문단을 보면 금리 인하가 실시되면서 노년층에서 정부로, 정부에서 금융업으로 부의 대규모 이동이 이루어졌다. 즉 '금융업으로부터 정부로 부가 이동했다고 보는 것'은 제시문과 역행하는 것이다.

| 오답풀이 |

② 5 문단에는 2000년대 초 연준의 저금리 정책은 고용 증대를 위해 시행되었다. 그리고 저금리로 자본 비용이 낮아지면 노동 절약을 위한 혁신이 강화되어 고용 증대는 이루어지지 않았음을 지적한다.

③ 1 문단에서는 저금리 정책이 시행되던 2000년대 초는 기술 산업의 거품 붕괴로 인해 경기 침체가 발생한 상황이 나타난다. 3 문단 역시 2000년대 초에 설비 가동률이 낮았음을 언급하고 있다.

④ 3 문단은 2000년대 초의 저금리 정책이 주택 시장의 거품을 초래했다고 설명한다. 또한 4 문단에서는 연준의 금리 인하 이후 주가가 상승했음이 나타난다. 이를 통해 금리 인하 정책이 시행된 후 주택 가격과 주식 가격이 상승했음을 알 수 있다는 정의 주장을 확인할 수 있다.

⑤ 2 문단을 보면 부동산 거품에 대한 더 합리적인 대응책은 금리의 변동보다 주택 담보 대출에 대한 규제이다.

답 ①

010

다음은 ○○공단의 노사협력 담당 부서의 보고자료이다. 이 자료를 가장 적절하게 평가한 사람은?

1. 홉스테드(G. Hofstede)는 IBM의 72개국 종업원을 대상으로 설문조사를 실시하여 사회 문화는 '권력 거리', '개인주의ㆍ집단주의', '남성주의ㆍ여성주의', '불확실성 회피' 등 총 4개의 차원으로 이루어져 있음을 주장하였다.
   - 권력 거리(power distance) 차원은 한 문화권의 사람들이 권력의 불공평한 배분을 어느 정도로 수용하는가를 말해주는 차원이다.
   - 개인주의ㆍ집단주의(individualism ㆍ collectivism) 차원은 대체로 서구 사회와 아시아를 구분하는 뚜렷한 특징이다.
   - 남성주의ㆍ여성주의(masculinity ㆍ feminity) 차원은 한 문화권에서 업적과 성공을 중시하는지, 아니면 인간관계 지향적이고 행복을 추구하는지를 말해준다.
   - 불확실성 회피(uncertainty avoidance) 차원은 한 문화권이 얼마나 불확실성과 예측불가능성에 대한 내성을 가지고 있느냐를 말해주는 것이다.
   홉스테드는 다양한 사회 문화들에 대한 네 가지 차원의 차이와 유사점을 살펴봄으로써 좀 더 명확하고 체계적으로 문화를 설명하고 이해할 수 있다고 했다.
   홉스테드는 후속 연구를 통해 유교적 역동성(confucian dynamism) 차원을 제안했다. 한 문화권의 유교적 역동성이 높을수록 해당 문화는 일반적으로 위계에 따른 질서에 대한 복종이나 검소, 인내 등 유교에서 중시하는 바를 중요하게 여기는 것으로 해석했다.

2. 홀(Hall)은 고맥락(high–context) 커뮤니케이션 문화에서는 대부분의 정보가 직접적인 언어를 통해 전달되기보다는 상황의 한 부분이거나 개인적으로 내부화해 있다고 주장했다. 이에 반해 저맥락(low–context) 커뮤니케이션 문화는 정보를 가시적으로 분명하게 표현하는 메시지 형태로 전달한다고 주장했다.

3. 세계 다수의 국가와 문화를 대상으로 조직규범과 관행, 리더십을 연구한 GLOBE(Global Leadership and Organizational Effectiveness) 연구프로그램은 과거 홉스테드의 연구보다 진일보한 대규모 프로젝트다. GLOBE 프로젝트가 분류한 9가지 측면은 권력 거리(power distance), 불확실성 회피(uncertainty avoidance), 제도적 집단주의(institutional collectivism), 소속집단주의(in–group collectivism), 양성평등주의(gender egalitarianism), 자기주장성(assertiveness), 미래지향성(furture orientation), 성과지향성(performance orientation), 인간지향성(humane orientation)으로 분류하고 연구가 진행되었고 현재도 지속되고 있다.

① 최 주임 : 여성발전기본법은 정치ㆍ경제ㆍ사회ㆍ문화의 모든 영역에서 양성평등 이념을 실현하기 위해 제정되었으며 양성평등기본법으로 개정되었다.

② 한 대리 : 조직구성원의 행동을 지배하는 비공식적 분위기가 있음을 이해하고, 직원들의 행동을 결정하는 집단적 가치관이나 규범을 정립해야 한다.

③ 이 팀장 : 리더십 대체이론은 부하특성, 과업특성, 조직특성들이 리더십 행동에 영향을 미치고 있고 리더의 행동을 대체할 수 있다는 이론이다.

④ 김 사원 : 구매 후 인지 부조화란 소비자가 제품구매에 대한 심리적 불편을 겪는 과정으로서, 제품 구매 이후 만족/불만족을 느끼기 전에 자신의 선택이 과연 옳은 것이었는가에 대한 불안감을 느끼는 것을 말한다.

⑤ 박 주임 : 델파이법은 전문가 집단을 대상으로 미래의 인력수요를 예측하게 하는 기법으로 통계적 기법보다 정확하나 시간과 비용이 많이 소요된다.

문제출제유형 조직 이해 ──

| 정답해설 |

⬜ 문단의 홉스테드는 IBM의 종업원을 대상으로 권력 거리, 개인주의 · 집단주의, 남성주의 · 여성주의, 불확실성 회피라는 문화 차원 척도를 제시하였다. ② 문단의 홀은 커뮤니케이션 스타일 차원을 이용하여 문화를 분석하였고 고맥락 커뮤니케이션 문화와 저맥락 커뮤니케이션 문화로 구분하였다. ③ 문단의 GLOBE모형은 홉스테드의 척도를 발전시켰다. 세 개의 연구 결과는 모두 문화에 해당하며 조직의 노사협력 차원에서 접근하면 조직문화의 영역에 속한다. 한 대리는 "조직구성원의 행동을 지배하는 비공식적 분위기가 있음을 이해하고, 직원들의 행동을 결정하는 집단적 가치관이나 규범을 정립해야 한다"고 했는데 가장 정확한 접근이다.

| 오답풀이 |

① 제시문 속에 남성주의 · 여성주의, 권력의 불공평한 배분, 양성평등주의 등의 주제가 포함되어 있으나 제시문의 본질이 양성평등 기본법을 말하고자 하는 것은 아니다.

③ ③ 문단에 리더십을 연구했다는 문구가 있으나 리더십 대체이론을 설명하고자 한 것은 아니다.

④, ⑤ 인지 부조화, 델파이법은 제시문과 연관성이 없다.

답 ②

011

귀하는 ○○ 품질연구원의 교육담당자로 근무하고 있다. 아래의 교육 자료에 대한 회사 직원들의 반응으로 가장 적절하지 않은 것은?

[역사 속의 오늘 사건] 1903년 6월 16일. 노동 시스템 바꾼 포드 자동차 회사 설립

1. 헨리 포드는 1903년에 미국 미시간주 디어본에 포드 자동차 회사를 설립한다. 이 포드 자동차 회사는 현대의 노동 시스템을 완전히 획기적으로 바꾸어 놓았다.

2. 바로 1913년에 컨베이어 벨트 생산 방식을 만들어 대량 생산의 기틀을 마련한 것이다. 사실 이것이 헨리 포드의 가장 큰 업적이자 산업 혁명의 정점이라 볼 수 있는데, 이는 산업 혁명으로 얻어진 인류의 급격한 기술적 성과를 대중에게 널리 보급하는 기틀을 마련한 것이다.

컨베이어 벨트 등 일련의 기술 발전 덕분에 노동자 숫자가 중요한 게 아니라 기계를 잘 다룰 줄 아는 숙련공의 존재가 중요해졌다. 하지만 숙련공들은 일당에 따라서 공장을 옮기는 게 예사였고, 품질관리와 생산력이라는 측면에서 공장주들에게는 골치 아픈 일이었다.

3. 이를 한 방에 해결한 게 1914년 '일당 $5' 정책이었다. 필요 없는 인력은 해고하되 필요한 인력에게는 고임금과 단축된 근로시간을 제시하였다. 이렇게 되니 오대호 근처의 모든 숙련공이 포드 공장으로 모이기 시작했고, 이런 숙련공들 덕분에 생산성은 올라가고 품질 컨트롤도 일정하게 되었다. 일급을 5달러로 올린 2년 뒤에 조사한 바에 따르면 포드 종업원들의 주택 가격 총액은 325만 달러에서 2,000만 달러로 늘어났고 평균 예금 액수도 196달러에서 750달러로 늘어났다. 바로 중산층이 생겨난 것이다.

4. 이것은 당시로는 너무나 획기적인 일이라 그 당시 시사만평 같은 매체에서는 포드의 노동자들이 모피를 입고 기사가 모는 자가용 자동차를 타고 포드 공장에 일하러 가는 식으로 묘사되기도 했다.

   또한, 헨리 포드는 주 5일제 40시간 근무를 최초로 실시한 사람이기도 하다. 산업혁명 이후 착취에 시달리던 노동자들에겐 여러모로 크게 영향을 미쳤다고 할 수 있다.

   헨리 포드가 누누이 말하는 "내가 현대를 만든 사람이야."의 주축이 된 포드 자동차 회사를 설립한 날은 1903년 6월 16일이다.

---

① A : 기계의 도입으로 노동력을 절감했을 것이다.
② B : 미숙련공들은 포드 자동차 회사에 취업하기 힘들었을 것이다.
③ C : 퇴근 후의 여가 시간 비중이 늘어났을 것이다.
④ D : 종업원들은 경제적으로도 이전보다 풍요로워졌을 것이다.
⑤ E : 자동차를 판매한 이윤으로 더 많은 생산 시설을 늘렸을 것이다.

문제출제유형 조직 이해

| 정답해설 |

> 헨리 포드는 자신의 자동차 회사를 설립하여 노동 시스템을 바꿔 놓았다. 5는 "자동차를 판매한 이윤으로 더 많은 생산 시설을 늘렸을 것이다."라고 했는데 이는 제시문과 맞지 않는다. ③ 문단에 따르면 이윤을 통해 생산 시설을 늘리기보다는 종업원들에게 더 높은 임금을 지급했음이 나타난다.

| 오답풀이 |

① ② 문단의 컨베이어 벨트 생산 방식을 통해 노동력을 절감했을 것이다.

② ② 문단에 따르면 기계를 잘 다룰 줄 아는 숙련공의 존재가 중요해졌음이 나타난다.

③ ④ 문단에 따르면 포드는 주 5일제 40시간 근무를 최초로 실시했음이 나타난다.

④ ③ 문단에 따르면 포드 종업원들의 주택 가격 총액은 345만 달러에서 2,000만 달러로 늘었고 평균 예금 액수도 4배 가까이 늘어났다.

답 ⑤

012

모듈형 ★★☆☆☆

다음은 문화체육관광부와 국민체육진흥공단에서 스포츠산업 금융 지원 개선·확대에 관해 배포한 보도자료이다. 보도자료의 내용을 바르게 이해한 것은?

보 도 자 료			
보도일시	배포 즉시 보도해주시기 바랍니다.		총 2쪽(붙임 없음)
배포일시	2000. 1. 14.(화)	담당부서	스포츠산업과
담당부서장	○○○	담 당 자	○○○

2020년 스포츠산업 금융(펀드, 융자) 지원 개선·확대
– '20년 펀드 296억 원 추가 조성 및 출자·운용조건 개선, 융자 660억 원 지원 –

문화체육관광부(장관 ○○○, 이하 문체부)는 1월 14일(화) 국민체육진흥공단(이사장 ○○○, 이하 공단)과 함께 스포츠산업 활성화를 위한 '2020년 스포츠산업 금융(펀드, 융자) 지원 계획'을 발표했다.

국내 스포츠산업은 '17년 기준 74조 7천억 원의 규모로, 최근 5년간 연평균 3.6%의 안정적인 성장세를 기록하며 성장산업으로 주목받고 있다. 하지만 스포츠기업체 대부분이 10인 미만의 영세업체로 자금 운용에 어려움을 겪고 있는 것으로 나타나 스포츠산업의 성장과 육성을 위해서는 금융 지원이 절실한 상황이다.

* 스포츠산업 육성발전 장애요인: 사업체 영세성 및 자금부족 45.7%('18 스포츠산업 실태조사)

■ 스포츠산업 펀드 사업 개선, 적극적인 투자 환경 조성

이에 문체부와 공단은 스포츠산업 육성의 마중물 역할을 하고 있는 '스포츠산업 펀드 사업'을 개선한다. 펀드운용사가 자조합을 조기에 결성하고 적극적으로 투자할 수 있는 환경을 만들기 위해 ▲ 정부출자비율을 상향 조정(65% → 70%)하고, ▲ 기준수익률은 하향 조정(3% → 2%)하며, ▲ 의무투자비율(스포츠산업 분야 60%) 초과 달성 시 추가 성과급을 지급한다.

* '15~'19년 누적결성액 1,015억 원, '20년도 296억 원 추가 조성 예정

■ 스포츠산업 융자 지원 업체 편중 상황 개선, 영세 스포츠업체 자금 운용 지원

아울러 올해 '스포츠산업 융자 지원'은 ▲ 융자예산 660억 원을 확보(전년 대비 350억 원 증가)해 양적 지원을 확대하고, ▲ 상·하반기(1월, 7월) 융자 시행을 정례화해 수요자들이 더욱 적시에 융자를 받을 수 있도록 했다. ▲ 체육시설업체에 융자 지원이 편중되는 상황을 개선하기 위해 우수 체육용구 제조업체와 스포츠서비스업체에 융자예산 69억 원(상반기 융자예산의 15%)을 우선 배정한다.

또한, 초기 창업기업과 담보 능력이 부족한 영세한 스포츠업체들의 자금 운용을 돕기 위해 ▲ 신용보증제도 도입을 위한 관계 법률 개정을 추진하고 있으며, ▲ (가칭) '스포츠산업 종합지원센터('20년 10월 신설 예정)'에서는 기술가치 평가, 대중 투자(크라우드 펀딩) 등을 지원할 계획이다.

올해 상반기 융자 규모는 460억 원이며, 1월 22일(수)부터 2월 12일(수)까지 '스포츠산업 지원 누리집(https://spobiz.kspo.or.kr)'을 통해 융자 지원 신청을 받는다. 융자와 관련한 구체적인 내용(대상, 조건 등)도 누리집에서 확인할 수 있다.

문체부와 공단은 '스포츠산업 금융' 사업으로 '15년부터 '19년까지 총 6개 자조합(펀드) 1,015억 원을 결성하여 607억 원을 투자하였고, '91년부터 1,070개 스포츠업체에 총 3,704억 원의 융자를 지원하였다. 특히, 융자 사업은 기업체의 매출 증가와 신규인력 고용에 크게 기여*하고 있는 것으로 나타났으며, 중소기업벤처부(장관 ○○○)가 실시한 '19년 중소기업 지원 사업 기본평가에서 '우수등급'을 받은 바 있다.

* 최근 3년간 스포츠산업 융자 지원을 받은 업체의 연평균 매출액 증가율 평균 6.82%, 총 942명 고용 창출(융자수혜 업체 실태조사 및 만족도 조사)

① 국내 스포츠산업은 안정적인 성장세를 기록하고 있으며 스포츠기업체 중 약 55%는 자금 운용에 어려움이 없다.

② 20년도 스포츠산업 결성액은 296억 원으로 전년대비 20% 이상 증가하였다.

③ 스포츠산업 융자예산은 전년 대비 350억 원 증가하였고 체육시설업체가 아니면 융자를 받을 수 없다.

④ 스포츠산업 융자는 하반기보다 상반기에 규모가 더 크다.

⑤ 초기 창업기업의 기술가치 평가와 대중 투자를 위한 관련 법률 개정이 추진 중이다.

NCS(국가직무능력표준)란 무엇인가?

NCS 직업기초능력평가란 National Competency Standards의 약자로, 국가직무능력표준을 말한다. NCS란 산업현장에서 직무를 수행하기 위해 요구되는 지식, 기술, 태도 등의 내용을 국가가 표준화한 데이터 베이스이다. NCS는 직업훈련, 자격훈련, 채용시 활용하는데, 채용에서는 NCS를 기반으로 직무분석, 평가도구 개발 등으로 사용한다. 일반적으로 NCS 직업기초능력평가는 필기전형에서 사용되고 있지만 기업들은 서류, 필기, 면접 모든 전형을 NCS 기반으로 평가하고 있다. 그러므로 NCS는 필기시험 자체만을 의미하는 것이 아니라 직업인이 갖춰야 할 능력으로 자기소개서, 필기시험, 면접과 채용 이후 실무까지 연계되는 하나의 체계라고 볼 수 있다.

012

모듈형

문제출제유형 보도 자료의 내용 파악

| 정답해설 |

2020년 스포츠산업 융자예산은 총 660억 원으로 이 중 상반기 융자 규모가 460억 원이므로 하반기보다 상반기에 전체 규모의 70%가 집행되므로 규모가 더 크다.

| 오답풀이 |

① 보도 자료의 도입 부분에는 국내 스포츠산업은 최근 5년간 연평균 3.6%의 안정적인 성장세를 기록하며 성장산업으로 주목 받고 있지만 스포츠기업체 대부분이 10인 미만의 영세업체로 자금 운용에 어려움을 겪고 있음이 나타난다.

② 스포츠산업 결성액은 2015년 ~ 2019년까지 1,015억 원을 결성하였고, 2020년도에는 296억 원을 추가로 조성한다고 밝히고 있다. 즉 전년대비 인상된 퍼센티지를 말하고 있는 것이 아니다.

③ 스포츠산업 융자예산은 전년 대비 350억 원 증가한 것은 사실이지만, 체육시설업체 이외에도 우수체육용구 제조업체, 스포츠서비스업체 등도 융자 대상으로 확대되었다.

⑤ 관계 법률 개정은 초기 창업기업과 담보 능력이 부족한 영세한 스포츠업체들의 자금 운용을 돕기 위해 '신용보증제도 도입' 부분에 해당한다. 초기 창업기업의 기술가치 평가와 대중 투자 지원은 별도의 지원 대책으로 추진된다.

답 ④

013

다음은 코레일의 '설 특별 수송기간' 운영에 관한 기사문이다. 기사문의 빈칸 ㉠ ~ ㉣에 들어갈 말을 바르게 나열한 것은?

코레일, 23~27일 '설 특별 수송기간' 운영···분야별 특별대책 추진

3,496회 운행 ··· 평시내비 166회 증변

28일 새벽 KTX 3회 투입해 장거리 출근객 편의 높여

기사입력 : OOOO년 01월 21일 21:45

최종수정 : OOOO년 01월 21일 21:45

[대전=뉴스핌] OOO 기자 = 한국철도(코레일)가 오는 23일부터 27일을 '설 특별 수송 기간'으로 정하고 수송력 증강 · 안전 · 서비스 등 분야별 특별 대책을 (㉠)한다고 21일 밝혔다.

우선 수송력 증강을 위해 열차 운행횟수를 평시대비 166회 늘려 모두 3,496회 운행한다.

KTX는 주말 운행계획을 적용해 좌석을 평소보다 7만 3,000석 더 공급한다. 수요가 많은 주요 노선에는 새마을호와 무궁화호 등 일반열차도 80회 추가한다.

ITX-청춘 · 수도권 전철 등 광역철도는 주말 수준으로 운행한다. 특히 귀경 수요가 집중되는 25~26일에는 KTX 등 간선 여객열차와 연계할 수 있는 심야 전철을 56회 추가하는 등 평소보다 열차를 86회 증편해 모두 1만 1,038회 운행한다.

연휴 다음날인 28일에는 평상시 월요일 새벽에만 운행하는 KTX를 3회 투입해 장거리 출근객의 편의를 높일 계획이다.

여객분야는 국민이 직접 이용하는 역과 열차의 편의시설과 인적서비스를 점검했다. 자동발매기 · 승강기 · 자동심장충격기 등 이용객 안전과 편의에 직결된 시설을 집중적으로 확인하고 여객 집중 시간대 분산이동 안내 등 서비스 역량을 강화했다.

차량 등 (㉡)분야는 고속열차와 일반열차, 전철을 포함해 모두 5,315량에 대한 선제적 예방 점검으로 운행 안전성을 확보했다. 특히 난방장치 · 출입문 · 화장실 등 접객설비에 대한 중점 정비를 마치고 역사 내 안전사고나 정전으로 인한 이용객 불편 예방을 위해 전체 시설물에 대한 특별점검을 마쳤다.

설 특별수송기간에는 특별교통대책본부를 24시간 운영한다. 관제 · 여객 · 광역 · 물류 · 차량 · 시설 · 전기 등 7개 분야별로 모두 162명이 열차 운행 상황을 실시간 모니터링한다.

특별교통대책본부는 악천후 · 사고 등 이례사항 발생 시 승차권 발매 통제나 임시열차 긴급 투입 등 신속한 의사결정을 맡아 종합적인 위기관리 컨트롤타워 역할을 수행한다.

한국철도는 장애나 사고에 대한 비상대응력을 높이기 위해 전국 주요 거점에 비상차량을 배치하고 기동수리반을 운영한다. 오송 · 대전 · 익산 등에 KTX와 무궁화 등 열차 3편성을 하고 서울 · 제천 · 경주 · 부산 · 익산 · 광주 · 영주 등 14개 역에 동력차 14량을 배치한다.

(ⓒ   )에는 열차 운행지연 최소화를 위해 전국 52개 역에 차량을 응급조치할 수 있는 170명의 기동수리반을 운영해 응급체계를 구축했다.

사고 복구장비와 자재를 주요 역에 분산 배치하고 출동준비태세를 유지해 신속하게 대응할 계획이다. 또한 제설기 9대를 전국 주요 거점에 구비했으며, 폭설이 내리면 영업시행 전 제설열차를 운행하기로 했다.

설 명절 기간 전국 안내인력을 보강해 1만 3,155명이 철도 이용객의 안전과 서비스를 책임진다. 맞이방과 화장실 등 접객시설 순회점검을 강화해 이용객 편의를 높이고 '길찾기 헬프데스크'나 '교통약자 승하차 도움 서비스' 등 안내를 강화했다.

철도사법경찰대와 함께 주요 역사 화장실 등 불법촬영카메라 설치 취약장소에 대해 특별점검을 실시하는 등 범죄예방 활동에 힘쓴다. 소방서나 지역 의료기관과 (ⓔ   )하여 응급환자 지원체계도 갖췄다.

이와 함께 전국 주요 역에서는 귀성·귀경객을 위해 다과와 전통차 등을 무료로 제공하고 전통놀이 체험 등 문화행사도 준비했다.

	㉠	㉡	㉢	㉣
①	적용	민간	공개 시	대책
②	추진	기술	비상 시	협력
③	발표	보건	추가 시	관계
④	공개	예산	확장 시	지원
⑤	설치	특별	평상 시	상생

문제출제유형 기사문의 문맥 이해

| 정답해설 |

⊙ 추진은 '목표를 향해 밀고 나아가는' 것으로 '설 특별 수송 기간 수송력 증강, 안전, 서비스 등 분야별 특별 대책을 추진했다'가 문맥상 가장 적절하다.

ⓒ 차량 및 난방장치, 출입문, 화장실 등의 설비 및 시설물들은 모두 기술분야에 해당한다.

ⓒ 열차 운행지연 최소화 및 차량 응급조치는 비상시의 응급체계에 해당한다.

ⓔ 협력은 서로 돕는다는 의미로 소방서나 지역 의료기관과 함께 응급환자를 지원하는 상황에서 가장 적절하다.

답 ②

014

다음은 한국전력공사의 발전설비 지원사업의 공고문 초안이다. 초안을 검토한 의견으로 적절하지 않은 것은?

한국전력공사 햇살행복 발전설비 지원사업 시행공고(태양광 패널-시설)

☐ 사업목적

- 사회복지시설에 햇살행복 발전설비(10kW 이내)를 설치하여 시설의 에너지비용 절감 및 에너지복지 증진
- 신·재생 에너지 보급 확대를 통한 온실가스 배출 저감

☐ 지원대상

- 지역 : 읍, 면 소재지 사회복지시설 50개소

인천 경기	강원 제주	충북	세종 충남	전북	전남	대구 경북	부산 울산 경남	합계
6	5	4	6	6	8	8	7	50

※ 시도별 농어촌 행정구역(읍, 면)에 따라 안분

- 사회복지시설 등 : 노인, 아동, 장애인 사회복지시설
  - 시설환경이 열악하고 전기요금 비중이 높은 시설
  - 농·어촌지역에 있는 전기 사용이 어려운 시설
  - 향후 5년 이내 건물 매매·구조변경 등이 없는 시설
  - 인터넷이 설치되어 있는 시설(모니터링 관련)

☐ 지원내용

- 소용량 태양광발전설비 무상 설치 지원
  - 사회복지시설 : 3kW, 6kW, 9kW 중 지원
    * 월 500kWh(주택용 저압)를 소비하는 시설 기준 9kW 설치 시 월 약 120,000원 절감
    * 옥상방수, 계약 전력 증설, 인터넷 설치 관련비용 시설 자체부담(필요시)

☐ 신청기간 : 2000. 1. 9.(수) ~ 2. 8.(금). 18:00

☐ 선정방법

- 지역아동센터중앙지원단, 한국노인복지중앙회, 한국장애인복지시설협회, 지자체 및 기타 기관으로부터 아동·노인·장애인 복지시설을 지역별로 추천을 받거나 개별접수 신청서 검토 후 선정

☐ 지원조건

- 햇살행복 발전설비 설치를 위한 공간 확보가 가능해야 함
  - 설치공간 확보

3kW	6kW	9kW
25m^2	50m^2	72m^2

* 태양광 설비 설치 공간이 적정하지 않을 경우 지원대상에서 제외됨
  - 설치공간면적 및 계약 전력, 월 전력 사용량에 따라서 설치 가능한 용량이 정해짐

- ■ 신청 시설이 개별로 고지서를 받는 시설
- ■ 임차일 경우 소유주의 동의 필수
  - 계량기 연결형(1~3kW 이하) 및 건물형 발전소(3~10kW 이하)일 경우 설비의 이전이 불가함
- □ 신청방법
  - ■ 구비서류를 작성하여 재단으로 우편과 홈페이지를 통해 접수
  - ■ 지원신청서 및 기타 증빙서류는 우편과 홈페이지로 동시에 발송할 것
    - 제출된 두 문서가 동일하여야 함
      * 주소 : 서울 OO구 OO로 OO길
      홈페이지주소 : http://www.OOOOO
  - ■ 문의사항 : 한국에너지재단 OO실 ☎ 02-333-3333
- □ 제출서류
  - ■ 신청서, 시설신고증, 최근 3개월 전기요금 고지서, 부지 사진(3장), 임차일 경우 임대차 계약서 사본, 건물 또는 부지 소유주 동의서, 일반 건축물 대장(대지일 경우 토지대장 제출)

① 오 주임 : 3개월 이내의 전기 요금 고지서와 인터넷 설치 확인서를 제출해야 한다.
② 이 대리 : 임차인은 소유주의 동의를 받아 지원받을 수 있다.
③ 한 과장 : 읍, 면 소재지 사회복지시설 50개소가 지원대상으로 서울은 해당사항이 없다.
④ 김 사원 : 3kW, 6kW, 9kW 중 지원하며 설치공간은 최대 72m²이다.
⑤ 유 사원 : 지원을 받고자 하는 복지시설은 개별접수할 수 있다.

014

[문제출제유형] 공고문의 사실관계 파악

| 정답해설 |

> 한국전력공사의 햇살행복 발전설비 지원사업은 사회복지시설에 햇살행복 발전설비(10kW 이내)를 설치하여 시설의 에너지비용 절감 및 에너지복지 증진을 도모하고자 한다. 인터넷이 설치되어 있는 시설이어야 하나, 인터넷 설치를 해야 할 경우는 필요시 자체부담하도록 하고 있다. 오주임의 검토의견 중 3개월 이내의 전기 요금 고지서를 제출해야 하는 것은 적절하나 인터넷 설치 확인서를 제출해야 하는 것은 공고문에 나타나 있지 않다.

| 오답풀이 |

② 지원조건 중 임차인일 경우 소유주의 동의를 필수로 하므로 이 대리는 적절히 평가하였다.

③ 지원대상은 시 · 도별 농어촌 행정구역(읍, 면)에 따라 안분한 50개소로 서울은 해당사항이 없다.

④ 지원내용으로 3kW, 6kW, 9kW 중에서 지원하며 설치 공간은 25m^2, 50m^2, 75m^{2}이므로 김 사원은 적절히 평가하였다.

⑤ 지자체 및 기타 기관으로부터 추천을 받거나 개별접수 신청서 검토 후 지원대상을 선정하므로 유 사원은 적절히 평가하였다.

답 ①

015

귀하는 근로복지공단의 심사직에 채용되어 아래의 자료를 분석 중이다. 밑줄 친 ㉠~㉣에 들어갈 가장 적절한 말은?

근로복지공단의 보장성 강화 정책이 발동됐지만 여전한 비급여 행위를 이유로 건강보험 보장률은 목표 수치인 70%를 훨씬 밑도는 63.8%로 조사됐다. 반면 산재보험의 경우는 보장률이 93.7%로 집계돼 주목받고 있다.

최근 근로복지공단이 공개한 '2019년 산재보험 진료비 본인부담금 실태조사 연구'에서는 산재보험 가입자가 병원을 이용할 때 지급하는 본인부담률은 6.3%로 나타났다. 즉 산재보험은 약 93.7% 정도의 (㉠)을 띄고 있음을 확인한 셈이다.

이 연구는 2018년 기준 지정 의료기관에서 제출한 진료비 내역서를 대상으로 했다. 입원 1,421건과 외래 9,174건 등 총 1만 595건이다. 입원은 1회 입원해 퇴원일까지 진료비 내역서 1건으로, 외래의 경우 내원일수를 기준으로 했다. 산재근로자 진료비 본인부담률은 전체 6.3%(입원 6.6%, 외래 1.3%)로 나타났다.

이를 요양기관 종별로 살펴보면, 종합병원(전체 7.7%, 입원 7.8%, 외래 3.8%)이 가장 높았으며, 그다음으로 병원(전체 6.6%, 입원 7.0%, 외래 1.2%), 상급종합병원(전체 6.5%, 입원 6.6%, 외래 5.3%), 의원(전체 3.0%, 입원 3.3%, 외래 0.3%)의 순으로 나타났다.

진료 건수가 가장 많은 진료과는 정형외과, 재활의학과, 신경외과의 순이었으며, 진료비 본인부담률이 가장 높은 과는 성형외과(전체건 13.0%, 본인 부담 건 13.0%)로 조사됐다.

이번 조사를 통해 확인된 산재보험 평균 건당 진료비 총액은 61만 710원이며, 본인부담금은 3만 8,512원이었다.

전체 진료비 중 가장 많은 비율을 차지하는 항목은 입원료(30.8%), 처치 및 수술료(12.1%), 재활 및 물리치료료(11.5%)로 집계됐다.

본인부담금 중 가장 많은 비율을 차지하는 항목은 치료재료대(38.0%), 그다음이 주사료(20.6%), 투약 및 조제료(4.7%)였다. 그간 근로복지공단은 산재보험의 보장성을 강화하기 위해 비급여 (㉡)를 진행했고 이를 기반으로 급여화를 추진했다. 93.7%의 보장률의 근거이기도 하다.

일례로 이학요법료 산정횟수 추가인정, 초음파, MRI 진단료, 치과보철료, 재활보조기구, 보험급여청구를 위한 진단서비용, 연령 제한 없이 인정하는 치과임플란트, 보청기, 신경인지검사 등 본인부담금의 많은 부분을 차지했던 항목을 보장하는 형태로 전환시켰다.

이러한 결과로 과거에 본인부담금의 높은 비율을 차지하던 초음파, MRI 등은 본인부담금이 거의 발생하지 않았다. 다만, 일반의료기관이 아닌 권역외상센터로 범위를 좁히면 본인부담률은 9.4%로 다소 높았다.

특히 상급종합병원 권역외상센터의 본인부담률은 9.8%로 주로 치료재료대와 주사약품비에서 발생했다.

치료재료대 항목 중 약 50%가 압박고정용 재료와 드레싱 품목류, 배액관 고정류에서 발생하는 것으로 나타났다. 주사약품비에서는 해열ㆍ진통ㆍ소염제, 자율신경계 두 항목에서 약 45.1%의 점유율을 보였다.

보고서는 "더 높은 보장률을 얻기 위해서는 (㉢) 영역으로 남겨진 치료재료와 의약품을 급여화된 품목으로 전환시키는 노력이 필요하다"고 언급했다.

실제로 치료재료의 경우 드레싱 품목류, 외과수술용 선택 품목류, 압박고정용 재료, 붕대류, 배액관 고정류, 창상봉합용 접착제, 혈액 및 용액 주입 용류, 기타 재료, 카테터 등이 주로 청구된다.

이들 비급여 제품들 중 급여 제품으로 대체할 수 있음에도 불구하고 비급여 제품을 사용하는 의료기관이 있어 이에 대한 관리감독이 필요하다는 제안이다.

또 "비급여 약품들의 사용 적정성을 판단해서 사용할 수 있는 급여제품들이 있는지에 대해 확인한 후 가능한 의료기관에서 급여제품을 사용할 수 있도록 (②) 해 과잉치료와 약물 남용을 막아야 한다"고 덧붙였다.

	㉠	㉡	㉢	㉣
①	재해성	검사	미지급	보완
②	보장성	실태조사	비급여	지도
③	유사성	원인관계	미개척	강화
④	연관성	해체	미전환	남용
⑤	입원성	결과보고	유사	완화

문제출제유형 보도 자료의 문맥 이해

| 정답해설 |

ⓘ 보도자료의 내용을 보면 산재보험의 보장률이 93.7%임이 나타나 있고, 이어서 산재보험 가입자가 병원을 이용할 때 지급하는 본인부담률이 6.3%임이 제시되어 있다. 따라서 보장성을 말하고 있는 것이다.

ⓛ 근로복지공단은 산재보험의 보장성을 강화하기 위해 급여화를 추진했다. 급여화를 추진하기 위해서는 근거가 필요한데, 이를 마련하기 위해서는 실태조사 추진이 가장 적절하다.

ⓒ 보고서는 더 높은 보장률을 얻기 위해서는 비급여 영역으로 남겨진 치료재료와 의약품을 언급하며 급여화된 품목으로 전환시키는 노력이 필요함을 말하고 있다.

ⓔ 지도(指導)란 '어떤 목적이나 방향으로 남을 가르쳐 이끈다'는 뜻으로 의료기관에서 급여제품을 사용할 수 있도록 지도해 과잉치료와 약물 남용을 막아야 하는 상황에 적절한 용어이다.

답 ②

016

다음은 국민연금공단의 ○○년 혁신계획이다. 이 글을 읽고 제시한 의견으로 가장 적절하지 않은 것은?

국민연금공단과 신나는 조합은 국민연금 사각지대에 놓인 대상자의 국민연금 수급권 확보에 기여하고자 '희망든든 연금보험료 지원사업'을 이래와 같이 진행하고자 합니다.
무이자, 무담보, 무보증으로 연금보험료를 지원하고 국민연금 수령 후 연금으로 분할 상환할 수 있는 본 사업에 많은 신청 바랍니다.

Ⅰ 추진 배경
- 국민 삶의 질 재고를 위한 공공성 중심의 혁신 패러다임 전환 필요
  - 공공의 이익과 공동체의 발전에 기여하는 사회적 가치 중심의 혁신으로 공단 본연의 사회안전망 기능 역할 강화 필요
    ※ 정부 운영을 국민 중심으로 전환하는 내용의 「정부혁신 종합 추진계획」 발표(3. 19.)
- 국민과의 소통으로 국민이 공감하는 혁신에 대한 시대적 요구
  - 정책에 직접 참여하고자 하는 국민의 요구와 급격히 증가하고 있는 시민사회 역량을 반영하는 제도적 기반 확보 시급
- 지발적 혁신을 통해 국민으로부터 신뢰받는 공단 실현
  - 정부의 공공기관 혁신방향에 따라 능동적 · 자율적 혁신 추진

② 추진 체계
　□ 혁신 전담조직 구성 및 역할
- 기존 경영혁신 전담조직(열린혁신위원회, 혁신위원회)을 '혁신위원회(위원장 : 이사장)'로 통합 · 개편하여 조직역량을 총결집
  - (구성) 임원, 정책연구원장, 본부 부서장으로 구성
  - (역할) 추진상황 공유 등 중요사항 의사결정
- 혁신위원회 산하에 혁신추진단(단장 : 기획상임이사)을 두고, 혁신 기본방향에 따른 4개 추진팀을 운영

　□ 추진팀별 구성 및 역할
- 공공성 강화 추진팀
  - 국민건강보장 실천 및 국민부담 완화, 일하는 방식 혁신 및 제도 개선
- 일자리 · 혁신성장 추진팀
  - 일자리 창출, 혁신성장 관련 인프라 구축, 지역경제 활성화 · 상생
- 신뢰경영 추진팀
  - 윤리경영 적극 실천, 공공자원 개방 확대, 국민참여 플랫폼 운영
- 혁신지원팀
  - 혁신을 위한 조직 내 제도 정비, 추진기반 조성, 성과 홍보 등
- 시민참여혁신단
  - (구성) 시민단체, 사회단체, 전문가, 대학(원)생, 이해관계자, 지역주민 등 다양한 집단 · 분야의 30명으로 구성
    ※ 관련 분야 전문지식을 보유한 전문가를 전문위원으로, 이외 일반위원으로 위촉

〈집단·분야별 위원 현황〉

(단위 : 명)

계	전문위원	일반위원					
		소계	대학(원)생	시민단체	사회단체	이해관계자	지역주민
30	3	27	5	4	3	7	8

- (역할) 건강보험 혁신계획 전반에 대한 자문 및 제언(전문위원), 자유로운 의견 제안 및 과제 발굴 등(일반위원)

■ 혁신주니어보드

- (구성) 20~30대 연령의 5~6급 직원 50명으로 구성

- (역할) 혁신과제 발굴, 혁신관련 행사 참여, 대내외 소통 등

□ 운영 방안

■ 혁신과제 추진상황 상시 모니터링 및 환류

- 과제별 추진실적 및 향후 계획을 분기별로 제출받아 총괄본부에서 점검하고, 필요시 조치 사항 등을 협의

■ 추진동력 확보를 위한 협의체 운영

- (혁신위원회) 중요사항에 대한 의사결정 필요시 개최

- (시민참여혁신단) 전체 회의와 집단별 그룹 회의로 구분 운영

　※ 온라인으로도 진행 상황 공유, 의견 제시할 수 있는 참여마당 병행 운영

- (혁신주니어보드) 격월 개최를 원칙으로 하되, 필요시 수시 개최

① 김 팀장 : 정부혁신 종합 추진계획 발표에 따라 사회적 위험으로부터 국민을 보호하기 위하여 제도를 강화할 것이 요청되고 있다.

② 이 주임 : 위원회 수는 기존보다 줄어들 것이다.

③ 박 대리 : 전문지식을 보유한 전문가는 전체 위원의 10%를 차지한다.

④ 최 과장 : 직접 만나지 않고 진행 상황을 공유하는 협의체도 운영된다.

⑤ 홍 주임 : 과제별 추진실적을 점검하기 위해 혁신주니어보드와의 소통을 활성화해야 한다.

016

문제출제유형 보고서 내용의 일치, 불일치

| 정답해설 |

국민연금공단의 혁신계획은 혁신 전담조직을 구성하여 상시 모니터링 및 환류, 추진동력 확보를 위한 협의체 운영 등의 내용을 담고 있다. 혁신주니어보드는 혁신과제를 발굴하고 혁신관련 행사에 참여하며 대내외 소통 등을 담당한다. 홍 주임이 언급한 '과제별 추진실적 점검'은 총괄본부에서 맡게 된다.

| 오답풀이 |

① 김 팀장은 "사회적 위험으로부터 국민을 보호하기 위하여 제도를 강화할 것이 요청되고 있다"고 평가했는데 이는 혁신계획의 서두에 명시된 사회안전망 기능이다.

② 기존 경영혁신 전담조직은 열린혁신위원회와 혁신위원회였는데, 혁신위원회로 통합함에 따라 위원회 수는 기존보다 줄어든다.

③ 박 대리는 시민참여혁신단의 전문가를 말하고 있는데, 전문위원은 전체 위원 중 3명으로 10%에 해당한다.

④ 시민참여혁신단은 전체 회의와 집단별 그룹 회의로 구분 운영되며 온라인으로도 진행 상황을 공유하므로 최 과장의 의견은 적절하다.

답 ⑤

017

다음은 국민연금공단의 연금보험료 지원사업의 공고문이다. 공고문을 본 A ~ E의 반응으로 적절하지 않은 것은?

구분	내용
지원대상	□ 국민연금 가입 기간이 10년 미만인 가입자 중 아래의 조건을 충족시키는 자 O 저소득자 : 기준 중위소득 80% 이하인 자 ☞ 확인방법 건강보험료 납부확인서, 소득금액증명(국세청) 등으로 확인되는 신청 직전 연도의 월평균소득 또는 월평균 건강보험료 납부액이 아래 표에 표기된 금액 이하인 자 O 연금수급 연령에 도달한 자 중 대부를 통해 연금수급이 가능한 자
지원금액	□ 1인당 300만 원 이내
상환조건	□ 대부조건 : 무담보, 무보증, 무이자 □ 상환조건 : 연금수급 개시 월부터 5년 이내 원금균등분할상환
지원절차	□ 신청접수 → 대출심사 → 대출실행(약정 및 연금보험료 납부 → 연금 청구 및 상환
접수기간	□ 수시접수 : ~ 자금 소진 시 마감
구비서류	□ 제출서류 – 지원신청서 1부(신나는 조합 홈페이지 내 양식, 첨부파일 참조) – 개인정보 조회동의서 1부(신나는 조합 홈페이지 내 양식, 첨부파일 참조) – 약정서 1부(신나는 조합 홈페이지 내 양식, 첨부파일 참조) – CMS출금이체 동의서 1부(신나는 조합 홈페이지 내 양식, 첨부파일 참조) – 연금산정용 가입내역확인서 1부(국민연금공단 지사 방문하여 발급) – 주민등록등본 1부 – 소득금액 증빙서류 1부(건강보험 납부확인서, 소득금액증명서 중 택1)
접수방법	□ 우편접수 – 신나는 조합 홈페이지(http://www.joyfulunion.or.kr) 알림마당 내 공지사항 신청 양식 다운로드 및 작성, 구비서류와 함께 등기우편으로 제출 – 접수처 : 서울 OO구 OO로 107-39 희망든든사업 담당자 앞
문의사항	□ 신나는 조합 희망든든 연금보험 지원사업 담당자 ☎ OO-OOO-OOOO □ 국민연금공단 지사

지원대상 표:

구분		1인 가구	2인 가구	3인 가구	4인 가구	5인 이상
기준중위소득 80%		1,366,000원	2,325,000원	3,008,000원	3,691,000원	4,374,000원
건강 보험료	직장가입자	44,120원	75,600원	97,680원	120,060원	142,720원
	지역가입자	15,550원	40,670원	82,340원	113,530원	142,330원

① A : 연금보험료는 무이자, 무담보로 지원되며 국민연금 수령 후에 연금으로 분할 상환하는 사업이다.

② B : 2인 가구의 경우 중위소득이 2,350,000원이라면 지원대상자에 해당되지 않는다.

③ C : 지원을 받고자 하는 사람은 개인정보 조회동의서를 제출해야 한다.

④ D : 1인당 300만 원 이내로 지원되며 지원사업 공고일로부터 연말까지 접수받는다.

⑤ E : 연금수금 개시 월부터 3년간 원금균등분할상환이 가능하다.

NCS 직업기초능력평가의 유형

① 모듈형 : NCS 직업기초능력평가 홈페이지에서 제공하고 있는 10가지 분야에 대한 모듈을 기반으로 한 문제 유형

② 휴노형(PSAT형) : 국가공무원 선발을 위해 시행하는 공직적격성평가와 유사한 유형의 문제유형

③ 혼합형 : PSAT형 + 모듈형, 최근 공사, 공단 등 공기업에서 새롭게 출제하고 있는 유형으로 두 가지 유형을 혼합하는 형태이며, 모듈형의 경우 지문을 길게 변형하여 출제하는 경우도 다수

모듈형

문제출제유형 자료 내용의 이해 및 평가

| 정답해설 |

국민연금공단의 희망든든 연금보험료 지원사업은 무이자, 무담보, 무보증으로 연금보험료를 지원하고 국민연금 수령 후 연금으로 분할 상환할 수 있는 사업이다. 1인당 300만 원 이내로 지원되며 접수 기간은 수시접수로 자금 소진 시 마감 되므로 D의 평가는 적절하지 않다.

| 오답풀이 |

① A는 희망든든 연금보험료 지원사업의 공고문의 내용을 바르게 이해하였다.

② 지원대상은 저소득자(기준 중위소득 80% 이하인 자)로 2인 가구의 기준 중위소득 80%는 2,325,000원이므로 B의 평가는 적절 하다.

③ 제출 서류는 지원신청서, 개인정보 조회동의서, 약정서 등으로 안내되어 있으므로 C의 평가는 적절하다.

⑤ 상환조건은 연금수급 개시 월부터 5년 이내로 3년도 포함되므로 E의 평가는 적절하다.

답 ④

018

다음은 한국가스공사의 '열효율개선사업' 지원 공고문이다. 공고문의 내용을 잘못 이해한 사람은?

1. 사업개요
   가. 사 업 명 : 도망가는 에너지를 잡아라! 2000한국가스공사 온(溫)누리 열효율개선사업
   나. 대상지역 : 강원도, 경기도, 경상북도, 대구광역시, 서울특별시, 충청북도, 제주특별자치도
   다. 신청기간 : 2000. 00. 00.까지 (우편소인 도착분 인정)
   라. 지원대상 : 취약계층 이용·거주시설(경로당 포함) 및 저소득가구
   마. 주관 : OO협회
   바. 후원 : 한국가스공사

2. 지원내용

모집지역		강원도, 경기도, 경상북도, 대구광역시, 서울특별시, 충청북도, 제주특별자치도
신청방법		[사회복지시설] – 사회복지시설이 직접 신청(단, 경로당의 경우 해당 지역 주민센터에서 신청 가능) [저소득가구] – 사회복지시설 및 지자체가 해당하는 가구를 추천 및 신청
지원대상	지원 대상	취약계층이 이용하는 생활 사회복지시설 (노인복지시설 – '경로당' 포함)
		저소득가구 (기초생활수급자, 차상위계층 및 추천시설에서 인정하는 저소득가정)
	지원 불가	[사회복지시설] – 미신고시설 – 시설설립 후 1년이 지나지 않은 시설 (사업공고일 기준) – 2008년 7월 1일 이후 개인이 설치·신고한 노인장기요양기관 – 5년 이내의 신축건물 – 기타 배분 규정에 따라 배분 제외 대상인 시설 [저소득가구] – 국가 및 지방자치단체, 정부공공기관 소유임대 가구 – 무허가주택 거주 가구 – 기타 배분 규정에 따라 배분 제외 대상인 가구
	기타	– 2년 이내(사업공고일 기준)에 지방자치단체 및 민간단체로부터 에너지효율 개선사업 관련 내용에 대한 지원을 받은 대상의 경우 신청은 가능하나 심사과정에서 선정 우선순위에서 차순위로 밀려날 수 있음
지원내용		– 보일러 및 바닥, 단열, LED 등, 창호교체 기타 에너지 열효율개선을 위한 보수 공사 (에너지효율 개선을 위한 도배, 장판 포함 – 단순 도배·장판의 경우 지원 불가) ※ 지원제외 : LNG 도시가스 인입, 대체에너지(태양열, 지열 등), 지붕 공사, 단순 도배·장판, 미관을 목적으로 하는 인테리어 공사, 기타 에너지 효율화와 관련이 없는 개·보수
지원한도		가구별 최대 430만 원 내외 지원 시설별 최대 2,000만 원 내외 지원 * 건축물 면적, 이용 및 생활인원 수, 현장실사결과 등에 따른 차등 지원
시공		사회적 기업 시공업체 등 〈일부 지역 예외〉

① 갑 : 열효율개선사업은 전국을 대상으로 하지 않는 것 같군.

② 을 : 온라인으로는 신청이 안 되고 우편으로 신청을 해야 하는가 보군.

③ 병 : 사회복지시설 및 지자체가 추천한 업체가 시공을 담당하겠군.

④ 정 : 저소득가구가 2년 이내 관련 지원을 받은 경우 신청이 불가능한 것은 아니군.

⑤ 무 : 가구별 지원 한도와 시설별 지원 한도는 최대 2배 이상 차이가 나는군.

국가직무능력표준 분류

직업기초능력 영역	하위능력
의사소통능력	문서이해능력, 문서작성능력, 경청능력, 의사표현능력, 기초외국어능력
수리능력	기초연산능력, 기초통계능력, 도표분석능력, 도표작성능력
문제해결능력	사고력, 문제처리능력
자기개발능력	자아인식능력, 자기관리능력, 경력개발능력
자원관리능력	시간관리능력, 예산관리능력, 물적자원관리능력, 인적자원관리능력
대인관계능력	팀워크능력, 리더십능력, 갈등관리능력, 협상능력, 고객서비스능력
정보능력	컴퓨터활용능력, 정보처리능력
기술능력	기술이해능력, 기술선택능력, 기술적응능력
조직이해능력	국제감각, 조직체제이해능력, 경영이해능력, 업무이해능력
직업윤리	근로윤리, 공동체윤리

018

문제출제유형 공고문의 진위 파악

| 정답해설 |

한국가스공사의 '열효율개선사업'은 취약계층 이용·거주 시설 및 저소득가구를 대상으로 보일러 및 바닥 등 열효율개선을 위한 보수 공사를 지원하는 사업이다. 병은 "사회복지시설 및 지자체가 추천한 업체가 시공을 담당"할 것으로 보는데, 공고문에는 그 대상이 '사회적 기업 시공업체 등'으로 명시되어 있으므로 잘못 이해하였다.

| 오답풀이 |

① 열효율개선사업은 전국이 아닌 강원도, 경기도, 경상북도, 대구광역시, 서울특별시, 충청북도, 제주특별자치도를 대상으로 한다.

② 신청기간까지 우편소인 도착분을 인정한다고 공고하였으므로 온라인이 아닌 우편신청을 전제하고 있다.

④ 2년 이내 관련 지원을 받은 대상의 경우 신청은 가능하나 심사과정에서 선정 우선순위에서 차순위로 밀려날 수 있다.

⑤ 가구별 최대 지원 한도는 430만 원 이내이고, 시설은 최대 2,000만 원 이내로 2배 이상 차이가 난다.

답 ③

① 프레임(frame)은 영화와 사진 등의 시각 매체에서 화면 영역과 화면 밖의 영역을 구분하는 경계로 서의 틀을 말한다. 카메라로 대상을 포착하는 행위는 현실의 특정한 부분만을 떼어 내 프레임에 담는 것으로, 찍는 사람의 의도와 메시지를 내포한다. 그런데 문, 창, 기둥, 거울 등 주로 사각형이 나 원형의 형태를 갖는 물체를 이용하여 프레임 안에 또 다른 프레임을 만드는 경우가 있다. 이런 기법을 '이중 프레이밍', 그리고 안에 있는 프레임을 '이차 프레임'이라 칭한다.

② 이차 프레임의 일반적인 기능은 크게 세 가지로 구분할 수 있다. 먼저, 화면 안의 인물이나 물체 에 대한 시선 유도 기능이다. 대상을 틀로 에워싸기 때문에 시각적으로 강조하는 효과가 있으며, 대상이 작거나 구도의 중심에서 벗어나 있을 때도 존재감을 부각하기가 용이하다. 또한, 프레임 내 프레임이 많을수록 화면이 다층적으로 되어, 자칫 밋밋해질 수 있는 화면에 깊이감과 입체감이 부여된다. 광고의 경우, 설득력을 높이기 위해 이차 프레임 안에 상품을 위치시켜 주목을 받게 하 는 사례들이 있다.

③ 다음으로, 이차 프레임은 작품의 주제나 내용을 암시하기도 한다. 이차 프레임은 시각적으로 내부 의 대상을 외부와 분리하는데, 이는 곧잘 심리적 단절로 이어져 구속, 소외, 고립 따위를 환기한 다. 그리고 이차 프레임 내부의 대상과 외부의 대상 사이에는 정서적 거리감이 조성되기도 한다. 어떤 영화들은 작중 인물을 문이나 창을 통해 반복적으로 보여 주면서, 그가 세상으로부터 격리된 상황을 암시하거나 불안감, 소외감 같은 인물의 내면을 시각화하기도 한다.

④ 마지막으로, 이차 프레임은 '이야기 속 이야기'인 액자형 서사 구조를 지시하는 기능을 하기도 한 다. 일례로, 어떤 영화는 작중 인물의 현실 이야기와 그의 상상에 따른 이야기로 구성되는데, 카 메라는 이차 프레임으로 사용된 창을 비추어 한 이야기의 공간에서 다른 이야기의 공간으로 들어 가거나 빠져나온다.

⑤ 그런데 현대에 이를수록 시각 매체의 작가들은 ⊙이차 프레임의 범례에서 벗어나는 시도들로 다양 한 효과를 끌어내기도 한다. 가령 이차 프레임 내부 이미지의 형체를 식별하기 어렵게 함으로써 관객의 지각 행위를 방해하여, 강조의 기능을 무력한 것으로 만들거나 서사적 긴장을 유발하기도 한다. 또 문이나 창을 봉쇄함으로써 이차 프레임으로서의 기능을 상실시켜 공간이나 인물의 폐쇄 성을 드러내기도 한다. 혹은 이차 프레임 내의 대상이 그 경계를 넘거나 파괴하도록 하여 호기심 을 자극하고 대상의 운동성을 강조하는 효과를 낳는 사례도 있다.

019

혼합형 ★★★☆☆

워크숍에서 아래 〈보기〉의 자료를 추가로 보여주었다. 이에 대한 사원들의 평가로 가장 적절한 것은?

〈보기〉

1950년대 어느 도시의 거리를 담은 이 사진은 자동차의 열린 뒷문의 창이 우연히 한 인물을 테두리 지어 작품의 묘리를 더하는데, 이는 이중 프레임의 전형적인 사례이다.

① 김 사원 : ㉮로 인해 화면이 평면적으로 느껴지는군.
② 이 사원 : ㉮가 없다면 사진 속 공간의 폐쇄성이 강조되겠군.
③ 박 사원 : ㉮로 인해 창 테두리 외부의 풍경에 시선이 유도되는군.
④ 한 사원 : ㉮ 안의 인물은 멀리 있어서 ㉮가 없더라도 작품 내 존재감이 비슷하겠군.
⑤ 채 사원 : ㉮가 행인이 들고 있는 원형의 빈 액자 틀로 바뀌더라도 이차 프레임이 만들어지겠군.

문제출제유형 사례의 이해

| 정답해설 |

〈보기〉는 이차 프레임을 만드는 물체를 언급하고 있다. 1 문단의 "문, 창, 기둥, 거울 등 주로 사각형이나 원형의 형태를 갖는 물체를 이용"한다는 내용과 관련된다. 이는 원형의 형태를 갖는 물체가 이차 프레임을 형성한다는 의미를 나타낸다. 따라서 채 사원이 말한 "행인이 들고 있는 원형의 빈 액자 틀로 바뀌더라도 이차 프레임이 만들어진다"는 평가가 가장 적절하다.

| 오답풀이 |

① 2 문단에서는 이차 프레임이 대상에 깊이감과 입체감을 부여한다고 했으므로 김 사원의 평가는 적절하지 않다.

② 5 문단에서는 이차 프레임을 만드는 문이나 창을 없애는 것이 아니라 막아버림(봉쇄함)으로써 인물이나 공간의 폐쇄성을 드러낸다고 하였다.

③ 2 문단에서는 화면 안의 인물이나 물체에 대한 시선 유도 기능이 있다고 설명하고 있으므로 박 사원의 평가는 적절하지 않다.

④ 4 문단에서는 이차 프레임은 대상이 작더라도 존재감을 부각한다고 설명하고 있으므로 한 사원의 평가는 적절하지 않다.

답 ⑤

020

워크숍에서 ㉠의 사례를 발표한 것으로 가장 적절하지 않은 것은?

① 김 사원 : 한 그림에서 화면 안의 직사각형 틀이 인물을 가두고 있는데, 팔과 다리는 틀을 빠져나와 있어 역동적인 느낌을 준다.

② 이 사원 : 한 영화에서 주인공이 속한 공간의 문이나 창은 항상 닫혀 있는데, 이는 주인공의 폐쇄적인 내면을 상징적으로 보여준다.

③ 박 사원 : 한 그림에서 문이라는 이차 프레임을 이용해 관객의 시선을 유도한 뒤, 정작 그 안은 실체가 불분명한 물체의 이미지로 처리하여 관객에게 혼란을 준다.

④ 한 사원 : 한 영화에서 주인공이 앞집의 반쯤 열린 창틈으로 가족의 화목한 모습을 목격하고 계속 지켜보는데, 이차 프레임으로 사용된 창틈이 한 가정의 행복을 드러내는 기능을 한다.

⑤ 채 사원 : 한 영화는 자동차 여행 장면들에서 이차 프레임인 차창을 안개로 줄곧 뿌옇게 보이게 하여, 외부 풍경을 보여 주며 환경과 인간의 교감을 묘사하는 로드 무비의 관습을 비튼다.

문제출제유형 사례의 적용

| 정답해설 |

> ㉠의 이차 프레임의 범례에서 벗어나는 시도는 세 가지가 제시되어 있다. 첫째, 내부 이미지의 형체를 식별하게 어렵게 하는 것. 둘째, 이차 프레임인 창이나 문을 봉쇄해 버리는 것, 셋째, 이차 프레임 내의 대상이 이차 프레임의 경계를 넘거나 파괴하는 것이다.
>
> 한 사원은 "창틈이 한 가정의 행복을 드러내는 기능을 한다."고 발표했는데, 이는 이차 프레임이 가진 기존의 기능에서 벗어난 사례가 아니라 ❸ 문단에서 설명한 '이차 프레임이 주제나 내용을 드러내는 기능을 지닌다'는 사례에 해당한다.

| 오답풀이 |

① 김 사원은 '팔과 다리는 틀을 빠져나와 있다'고 발표했다. 팔과 다리가 이차 프레임에 해당하는 직사각형 틀 밖으로 나온 것이므로, 이는 이차 프레임의 경계를 넘는 것에 해당한다.

② 이 사원은 '문이나 창이 항상 닫혀 있는데, 이는 주인공의 폐쇄적인 내면을 상징한다'고 발표했다. 여기서 문이나 창이 항상 닫혀 있는 것은 이차 프레임인 문이나 창을 봉쇄해버리는 것에 해당한다.

③ 박 사원은 "그 안은 실체가 불분명한 물체의 이미지"라고 발표했는데, ❺ 문단은 이차 프레임 내부 이미지의 형체를 식별하기 어렵게 만들어 관객의 지각 행위를 방해한다고 설명하고 있다. 관객에게 혼란을 준다는 것은 관객의 지각을 방해하는 행위로 볼 수 있다.

⑤ 채 사원은 "이차 프레임인 차창을 안개로 줄곧 뿌옇게 보이게 하여 외부 풍경을 보여 준다"고 발표했다. 이는 이차 프레임 내부 이미지의 형체를 식별하기 어렵게 만드는 것에 해당한다.

답 ④

[21~22] 귀하는 서울시가 추진하는 '공간정보 플랫폼 고도화 구축 사업' 수행사의 홍보담당자이다. 다음의 회의록을 읽고 물음에 답하시오.

서울시	회의록		회의일자	2020. 11. 7.
	사업명	2020년 서울특별시 공간정보 플랫폼 고도화 구축 사업	문서번호	회의록_1107_01

회의명	온라인 시민참여단 오프라인 간담회	장소	서울시 소서문별관 1관 3층 회의실
작성자	김OO	회의시간	19:00~21:00
참석자	서울시 : 송OO 팀장, 이OO 주무관 온라인 시민참여단 : 유미O, 김미O, 박강O, 김미O, 이O, 김치O, 김누O, 심준O, 류영O, 김의O 수행사 : 김OO(홍보담당자)		

회의안건

—공간정보 플랫폼 설명 및 온라인 시민참여단 활동 방안
—공간정보 플랫폼 운영을 위한 간담회 : 추천 테마 / 홍보 / 개선사항 등

회의내용

1. 서울형 지도태깅 공유마당의 목적 및 방향성

[이　O] 서울형 지도태깅 공유마당의 목적이 불분명함.

[수행사] 목적은 '지도를 통한 소통'을 하는 것이었음. 현재 '보는 지도 또는 만드는 지도'에 대한 방향성을 지속적으로 고민 중임.

[이　O] 보는 지도의 경우 사기업에서 이미 하고 있기 때문에 지도를 만드는 것으로 목적을 잡는 게 좋을 것 같음.

[유미O] 만드는 지도, 보는 지도의 구분이 모호함. 만드는 지도라고 해도 '검색 등 보는 사람 위주의 인터페이스가 필요함.

[수행사] 2021년 공간정보 플랫폼의 방향성에 대해 분석하고 기획하는 사업계획이 잡혀 있기 때문에, 2021년에는 공간정보 플랫폼의 목적 및 방향성이 명확하게 될 것으로 생각됨.

2. 서울형 지도태깅 공유마당 개선 방향

　1) 사용 가이드 강화

[이　O] 가이드가 없어 사용하기 어려움. 기능은 많은 것 같지만 이용하기 어려워 해당 기능을 사용할 수 없음. 특히 테마나 콘텐츠를 등록하기 위해서는 로그인, 시민테마 이동 등을 해야 하는데 그러한 가이드가 없어 자신만의 정보를 등록할 수 있다는 것을 알기 어려움.

[김미O] 가이드가 제공되고 있으나 숨어 있는 느낌임. 사용자가 쉽게 찾을 수 있도록 제공하는 것이 중요함.

[심준O] 처음 방문객을 위해 쉽게 사용할 수 있도록 '앱의 따라하기'와 같은 가이드가 필요함.

[수행사] 도시생활지도 가이드를 시작으로 체계적인 가이드를 제작하여 배포하도록 하겠음.

2) 공유마당 개선 사항

[박강O] 작은 시스템적인 오류가 있음(이미지 중복 등록 / 폴리라인 끊김 등). 콘텐츠를 등록할 때 기등록되어 있는 다른 테마의 정보를 가져와 등록할 수 있는 기능이 있으면 편리할 것 같음. 지도 레퍼런싱을 하는 데 어려움이 있음. 이미지 지도를 레퍼런싱할 수 있는 기능이 강화되었으면 좋겠음. 시민 테마는 서브 카테고리를 추가할 수 없는데 이 부분이 개선되었으면 좋겠음.

[수행사] 지도 레퍼런싱의 경우 올해 일반 사용자도 이미지 지도를 타일로 만들 수 있는 기능을 제공할 예정이었지만 전문가와 비전문가의 활용도를 구분할 필요가 있는 부분이 어려움. 올해 시민테마도 서브 카테고리를 등록할 수 있는 기능 구현 예정.

[이 O] 전공자 중심의 맵핑과 일반 사용자 중심의 맵핑으로 구분되면 좋을 것 같음.

[김미O] 배경지도를 네이버 외 다음지도, 구글지도 등을 선택할 수 있으면 좋을 것 같음.

[수행사] 다음지도, 구글지도 등은 좌표 체계가 다르기 때문에 배경지도로 적용하기에는 어려움이 있음.

[박강O] 길 정보에서 선의 방향성에 대한 표출이 있었으면 좋겠음.

[수행사] 지도의 시각화가 지속적으로 개발할 예정이며, 선의 방향성은 2021년 적용 예정임.

3) 공유마당 UI / UX

[심준O] 좌측 테마 선택창의 아이콘이 너무 많아 원하는 정보를 찾기 어려움. 검색을 통해 쉽게 테마에 접근할 수 있는 구성이 필요함.

[이 O] 정보 배열 등의 기능 정리가 필요함.

[류영O] 시민이 가입할 때 관심 분야를 설정할 수 있으면 자신이 원하는 정보를 얻을 수 있어 테마에 대한 접근성이 높아질 것 같음.

[수행사] 현재 운영되는 테마가 너무 많다 보니 테마를 보기 어려운 것이 사실이며, 이를 보완하기 위해 서비스하는 것이 '테마 갤러리'임. 2021년에는 방향성 설정을 통해 접근성을 향상시키는 방안을 모색할 예정임.

[이 O] 등록 버튼만 첫 화면에 나와 있어도 시민이 직접 지도를 만들 수 있다는 점이 보여 좋을 것 같음.

[박강O] 지도 만들기 버튼이 밖으로 나왔으면 좋겠음.

3. 홍보

[김치O] 꾸준히 알리는 것이 중요할 것 같음.

[김누O] 시민이 참여할 수 있다는 의도가 무척 좋은데 접근성이 약해 홍보가 되지 않는 것 같음. 포탈 검색 등을 이용하여 접근성이 조금 더 좋아졌으면 좋겠음.

[박강O] 네이버나 다음의 연계 검색 홍보가 좋지 않을까?

[수행사] 네이버나 다음의 경우 대표 URL(seoul.go.kr)로 검색되어 현실적으로 어려움.

[유미O] 시민참여단 전용 페이스북이나 블로그를 운영하면 좋을 듯함.

[수행사] 블로그는 현실적으로 운영이 어렵고 페이스북을 운영할 예정임.

핵심내용 진행 예정사항
1. 사용 가이드의 강화
1) 도시생활지도 가이드 제작 및 배포 : 2020년 12월
2) 사이트 내 가이드 강화 : 2020년 12월
2. 기능 개선
1) 지도 레퍼런싱 : 2020년 12월 이미지 지도 타일화 기능 제공(단, 일반 시민은 신청을 통해 사용 가능)
2) 시민 테마 서브 카테고리 적용 : 2020년 12월 적용 및 서비스 예정
3) 테마 표출 형식 변경 : 2021년 방향성 설정 후 개선 예정
4) 등록 버튼 메인 표출 : 등록 프로세스 변경이 이루어져야 하기 때문에 2021년 적용 예정
3. 홍보
1) 도시생활지도 가이드북을 시작으로 지속적인 가이드 및 홍보 예정
2) 공간정보 플랫폼 페이스북 운영을 통한 SNS 홍보 예정

021

홍보담당자는 회의록의 내용으로 수행사 내부 직원들과 회의를 진행하고 있다. 잘못 이해한 사람은?

① P 사원 : 만드는 지도와 보는 지도의 구분이 모호하고 보는 지도는 참신함이 없다.

② L 사원 : 가이드가 필요해 보이며 도시생활지도 가이드가 제일 먼저 나올 것이다.

③ K 팀장 : 길 정보에서 선에 대한 방향성이 표출되는 기능은 현재 없다.

④ H 대리 : 가입자의 관심 분야를 설정할 수 있는 점에서 접근성이 높다.

⑤ Y 주임 : 시민참여단 전용 페이스북이 운영될 예정이다.

[문제출제유형] 회의록 내용의 일치, 불일치

| 정답해설 |

> 개선 방향의 공유마당 UI/UX를 보면 "시민이 가입할 때 관심분야를 설정할 수 있으면 자신이 원하는 정보를 얻을 수 있어 테마에 대한 접근성이 높아질 것 같다"고 발언하였고, 수행사는 2021년 접근성을 향상할 방안을 모색할 예정이라고 하였으며 H 대리는 회의록을 잘못 이해하였다.

| 오답풀이 |

① 회의록 초반인 목적 및 방향성에서 만드는 지도와 보는 지도의 구분이 모호하며 보는 지도는 이미 사기업에서 하고 있다고 언급되어 있다.

② 개선 방향에서 사용 가이드 강화 부분에는 가이드가 제공되고 있으나 사용자가 쉽게 찾을 수 없다는 지적이 있고 수행사는 도시생활지도 가이드를 시작으로 체계적인 가이드를 제작하여 배포하겠다고 밝혔다.

③ 공유 마당 개선 사항에서 길 정보에서 선에 방향성에 대한 표출이 있었으면 좋겠다는 의견이 있었고 2021년 적용한다고 하였으므로 K 팀장은 바르게 이해하였다.

⑤ 시민참여단 전용 페이스북이나 블로그를 운영하면 좋겠다는 의견에 대하여 블로그는 현실적으로 운영이 어렵고 페이스북 운영 예정이라고 답변하였으므로 Y 주임은 바르게 이해하였다.

답 ④

022

모듈형 ★☆☆☆☆

홍보담당자로서 서울시와의 다음 회의에 준비해야 할 것으로 옳지 않은 것은?

① 도시생활지도 가이드 시안 준비
② 이미지 지도 타일화 기능 시연
③ 구글지도 선택기능 개발
④ 등록 프로세스 변경 계획(안)
⑤ 시민 테마 서브 카테고리 준비

NCS 직업기초능력평가 및 직무수행능력평가

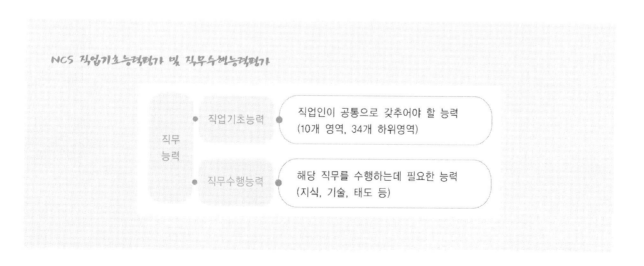

[문제출제유형] 회의록 내용의 분석 ──────────────────────────────────────

| 정답해설 |

> 공유마당 개선사항에서 배경지도를 네이버 외 다음지도, 구글지도 등을 선택할 수 있으면 좋겠다는 의견이 있었다. 수행사는 다음지도, 구글지도와 좌표 체계가 다르기 때문에 배경지도로 적용하기에 어렵다고 하였으므로 구글지도 선택기능 개발은 회의록과 맞지 않는다.

| 오답풀이 |

① 핵심내용 진행 예정 사항으로 도시생활지도 가이드 제작 및 배포가 2020년 12월 예정되어 있으므로 다음 회의 때 시안을 준비해야 한다.

② 2020년 12월에 이미지 지도 타일화 기능 제공이 예정되어 있으므로 다음 회의인 2020년 11월에는 해당 기능 시연을 해야 한다.

④ 2021년 등록 버튼 메인 표출을 하기 위해서는 먼저 등록 프로세스 변경이 이루어져야 하므로 이에 대한 절차를 진행해야 한다.

⑤ 2020년 12월 시민 테마 서브 카테고리를 적용해야 하므로 사전에 준비해야 한다.

정답 ③

[23~24] 한국산업인력공단의 기획조정실에서 근무하는 H 주임은 '국민이 참여하는 혁신제안 공모전'을 담당하고 있다. 아래의 자료를 읽고 물음에 답하시오.

한국산업인력공단에서는 혁신성장을 위한 공공서비스를 제공하고자 '국민이 참여하는 혁신제안 공모전'을 실시하오니, 여러분의 많은 관심과 참여 부탁드립니다.

1. 응모대상 : 공단 사업에 관심 있는 국민 누구나
2. 공모주제 : 공단 사업 혁신 또는 사업 관련 동반성장 아이디어
   • (아이디어 예시) 신규 사업 발굴, 지역사회 공헌, 중소기업 등 동반성장
3. 접수기간 : 2020. OO. OO.(월) ~ 2020. OO. OO.(금)
4. 접수방법 : E-Mail 제출 (OOOO@hrdkorea.or.kr)
5. 제출서류 : 요약서, 아이디어 제안서, 개인정보 활용 동의서 각 1부
6. 심사 및 포상
   • (심사방법) 제출된 자료에 대해 서면심사 진행
   • (포상) 최우수(1점, 100만 원) 우수(2점, 50만 원) 장려(5점, 30만 원)
7. 결과발표
   • 11월 초 (수상자 개별 연락)
8. 유의사항
   • 입상 작품에 대한 소유권은 한국산업인력공단에 있음
   • 필요한 경우 개인정보 제공에 동의하여야 함
   • 타 공모전 입상작, 다른 작품과 유사·모방성이 인정되는 작품은 심사대상에서 제외되며, 사후 판명 시 입상을 취소할 수 있음
9. 문의
   • 한국산업인력공단 혁신기획부 (OOO-OOO-OOO)

〈아이디어 제출 유형 및 작성방향〉

구분		작성방향
사업혁신	신규 사업 발굴	공단에서 실시하고 있는 사업 외의 신규 사업 발굴 예 기업 자율형 일학습병행
	사업 수행 혁신	공단에서 실시하고 있는 사업수행 관련 혁신 예 중소기업에서의 산업현장교수 활용 방안
동반성장	지역사회	공단의 지역사회 공헌 관련 아이디어 예 산업현장교수의 지역사회를 위한 재능기부
	중소기업·소상공인 등	중소기업 일자리창출 등 동반성장 예 외국인 근로자를 도입한 영세사업자를 위한 노무관리 지원

〈평가기준〉

구분	평가내용
고객 효용성	제안의 효과가 내·외부 고객의 효용 향상에 미치는 정도
실시 가능성	제안의 실시 가능성 정도
창의성	독창성, 창의성의 정도
효과성	업무개선과 비용이 감소하는 등 정성·정량적 효과가 발생하는 정도

〈작성요령〉

1. 제목 : 아이디어의 핵심내용이 드러나게 구체적으로 작성

   * 예 중소기업 관련 일자리 창출 (×)

   * 예 퇴직한 고숙련 기술인력을 활용한 중소기업 현장 컨설팅 (O)

2. 제안자 : 제안자 이름 명시, 2명 이상 제안일 경우 모두 명시

   * 예 홍길동(1명일 경우), 홍길동, 김철수 (2명일 경우)

3. 전화번호 : 휴대폰, 사무실 전화번호

   * 제안자 2명 이상일 경우 대표 제안자만 명시

4. 아이디어 제출 분야 : 작성 과제가 공단혁신 관련인지 동반성장 관련인지

5. 타 공모전 아이디어 제출 여부 : 동일 사례로 타 공모전에 아이디어 제출한 사실 및 내역 기재

   * 타 대회 수상작 및 국내외 논문 발표작은 제출 불가하며, 추후 모방 또는 차용한 사실 적발 시 입상 취소, 상금회수 등 불이

     익이 있음

   * 제출된 아이디어의 저작권, 초상권 등과 관련된 분쟁 발생 시 모든 책임은 참가자에 있음

   * 예 제출 있는 경우 : 대국민 일자리 아이디어 공모 (2000. 12.) 등

6. 배경 : 아이디어 제안 배경, 문제점, 추진해야 하는 이유 등 설명

7. 세부시행방안 : 제안의 구체적인 내용 기술, 추진전략 및 실행방법, 시민사회의 참여방안, 민관협업

   방안 등을 세부적 기술

8. 기대효과 : 아이디어 시행에 따른 경제적, 사회적 효과를 기술하고

   아이디어 추진 이전(As-Is)과 이후(To-Be)의 모습이 대비되게 작성

9. 서식 : 기본 글꼴(휴먼명조 15p), 줄간격 140% 준수

10. 분량 : A4 3페이지 이내로 작성하고 관련 참고자료는 별첨

    * 참고자료는 제출서식에 붙여 제출하되, 별도 형식(ppt, pdf 등)의 경우

      파일제목에 사례제목과 제안자 명시 (예 OOO 지원사례_홍길동)

11. 용량 : 용량이 큰 사진 등은 반드시 파일 용량을 작게 하여 제출

023

자료의 내용과 일치하는 것은?

① 갑 : 유관기관 근무자는 공모전에 참여할 수 없으나 관련 경력을 보유했을 경우 참여 가능하다.

② 을 : 최우수상은 100만 원이 포상으로 주어지며 발표 평가를 통해 11월 초에 결정된다.

③ 병 : 수상자는 홈페이지 게시판을 통해 공지되며 타 공모전 입상이 판명될 경우 입상이 취소될 수 있다.

④ 정 : 영세사업자와의 동반성장을 주제로 A와 B가 공동으로 제안할 경우 제출 서류에 A, B 이름을 모두 명시한다.

⑤ 무 : 업무개선과 비용 감소 등 정성·정량적 효과가 발생하는 정도는 고객 효용성에서 평가된다.

도저히 손댈 수가 없는 곤란에 부딪혔다면
과감하게 그 속으로 뛰어들라.
그리하면 불가능하다고 생각했던 일이 가능해진다.
용기 있는 자로 살아라.
운이 따라 주지 않는다면
용기 있는 가슴으로 불행에 맞서라.

Marcus Tullius Cicero

[문제출제유형] 내용의 일치, 불일치 추론

| 정답해설 |

'국민이 참여하는 혁신 제안 공모전'에는 공단 사업 혁신 또는 사업관련 동반성장 아이디어를 주제로 참여를 받는다. 이때, 두 명 이상이 제안할 경우 두 명 이름을 모두 명시한다.

| 오답풀이 |

① 공단 사업에 관심 있는 국민 누구나 참여할 수 있으므로 관련 경력 보유 여부 및 유관기관 근무 여부를 묻지 않는다.

② 최우수상은 100만 원이 포상이 주어지며 11월 초에 결정되지만 발표 평가가 아닌 서면심사로 평가한다.

③ 타 공모전 입상이 판명될 경우 입상이 취소될 수 있으나 수상자는 홈페이지 게시판이 아닌 개별 연락한다.

⑤ 업무개선과 비용이 감소하는 등 정성·정량적 효과가 발생하는 정도는 고객 효용성이 아닌 효과성에서 평가된다.

답 ④

024

담당자에게 공모전 문의가 오고 있다. 답변으로 부적절한 것은?

① 문의 : 제안서를 작성하려는데 분량 제한은 없는 건가요?

　답변 : A4 3페이지 이내로 작성하면 됩니다. 참고자료가 있을 경우 별도 첨부해주세요.

② 문의 : 제안서를 쓰다 보니 사진이 많이 들어갑니다. 용량은 몇 메가까지 가능할까요?

　답변 : 용량 제한은 별도로 명시하지 않았으나, 파일 용량을 작게 하여 첨부해주세요.

③ 문의 : 2명 이상이 제안서를 작성했는데 이름은 두 명 모두 기재하였습니다. 그런데 핸드폰 번호는 한 명만 기재하였습니다.

　답변 : 전화번호는 제안자가 2명 이상일 경우 대표 제안자만 명시하면 됩니다.

④ 문의 : 아이디어가 있어서 제안서를 쓰려고 하는데요, 도입 후의 효과를 중심으로 쓰면 되는 건지 문의드립니다.

　답변 : 아이디어 추진 이전과 이후의 모습이 대비되게 작성해야 합니다.

⑤ 문의 : 일학습병행의 효과성 분석으로 박사논문을 받았습니다. 사업 수행 혁신 분야로 제안하면 될까요?

　답변 : 일학습병행의 효과성 분석은 사업 수행 혁신 분야보다는 신규 사업 발굴 분야에 가깝습니다.

문제출제유형 지문의 핵심내용 분석

| 정답해설 |

'국민이 참여하는 혁신 제안 공모전'의 작성요령 '5.'에는 "국내외 논문 발표작은 제출 불가하다"고 명시되어 있다. 따라서 박사논문을 받은 주제로 제안할 경우에는 제안 분야를 검토하기보다는 제출가능 여부를 검토하여 제출이 불가능함을 답변해야 한다.

| 오답풀이 |

① 제안서는 A4 3페이지 이내로 작성하되 참고자료는 별첨으로 명시했으므로 적절히 답변하였다.

② 용량의 크기는 명시하지 않았고 용량을 작게 할 것으로 명시하였으므로 적절히 답변하였다.

③ 2명 이상이 제안서를 작성할 경우 이름은 모두 기재하되, 핸드폰 번호는 대표 제안자 한 명을 명시하면 되므로 적절히 답변하였다.

④ 제안서에는 아이디어 추진 이전과 이후의 모습이 대비되게 작성해야 한다고 명시하였으므로 적절히 답변하였다.

답 ⑤

[25~26] 다음은 국민건강보험공단의 '공·사 의료보험' 연계 방안에 관한 연구결과 보고서의 일부이다. 글을 읽고 물음에 답하시오.

국민건강보험과 민간의료보험을 함께 분석할 수 있도록 공·사 의료보험을 연계하고 실태조사 체계를 마련하는 연구가 진행됐다.

양 보험을 단계별로 자료를 연계해 건강보험과 민간보험이 서로 미치는 영향을 효과적으로 파악하고 활용하는 것이 그 목적이다.

국민건강보험공단은 서울대학교 산학협력단에 '공·사 의료보험 실태조사 체계마련 및 운영방안 연구'를 의뢰해 진행하고 그 결과를 지난 17일 공개했다.

보고서는 공·사 의료보험의 관리기관과 소관 부처가 상이해 연계가 부족하며 국민건강보험과 민간의료보험의 보장영역에 대한 포괄적 검토 기전과 비급여 관리 체계가 부재한 점을 지적했다.

건강보험의 적정 보장률 도출을 위해서는 상호작용하는 민간보험의 자료가 (㉠)돼야 하나 연계된 자료를 (㉡)할 수 있는 통로는 한국의료패널뿐인 상황이다.

아울러 민간의료보험 청구와 지급에 대한 전산 자료 구축이 어려운 점을 지적했다. 민간의료보험의 경우 건강보험과 달리 피보험자가 요양기관에 진료비를 먼저 수납하고, 사후에 피보험자의 수작업 청구에 따라 민간의료보험이 피보험자에게 보험금을 지급하는 방식으로, 수작업으로 일부 DB만 구축되고 있기 때문이다.

보고서는 민간의료보험의 자료를 모으는 방법으로 ▲민간의료보험 자료 축적의 상설화 ▲신용정보원 자료 수집 ▲보험개발원 자료 수집 ▲한국의료패널 설문에 민간의료보험 관련 자료 수집 등을 제시했다.

공·사 의료보험 자료 간 연계를 위해서는 4가지 단계적 추진 방안이 필요하다고 설명했다. ▲공·사 의료보험 자료 간 연계 전 단계 ▲민간의료보험 가입자 정보 연계 ▲민간의료보험 지급 건 연계 ▲민간의료보험 자료의 전산화 후 자료의 연계 등이다.

먼저 연계 전 국민건강보험공단이 보유하고 있는 건강보험 청구 자료와 건강보험환자 진료비 실태조사 통계 자료, 보험개발원의 민간의료보험 지급보험금 총액 자료 및 민간의료보험 가입자 통계 자료를 연계 없이 각각 수집해 활용하는 것이 첫 단계라고 설명했다.

두 번째로 보험개발원 또는 신용정보원이 국민건강보험공단에 민간의료보험 가입자 정보를 제공하고, 건강보험공단에서는 이를 건강보험/의료급여 자격 자료와 연계한다.

세 번째로 민간의료보험 지급 건을 연계한 뒤 마지막으로 민간의료보험 청구 및 지급 건을 전산화하고 이를 건강보험 자료와 연계하는 방안이다.

마지막 단계에서는 민간의료보험에 대한 청구를 요양기관이 대신하고 제3의 청구대행기관을 활용함으로써 하나의 민간의료보험 DB를 구축하는 형태가 된다.

보고서는 이를 위한 시스템을 구축하기 위해서는 타 기관과 충분한 협의를 거친 뒤 연계 가능한 정보 범위를 정하고, 연계정보의 레이아웃을 확정하며 어떤 형태로 연계정보를 제공받을 수 있는지 등 연계기반 조건에 대한 충분한 검토가 필요하다고 설명했다.

고려할 요인으로는 상호호환성 및 표준화와 관련한 기술적 요인, 주관기관 및 유관기관 권한 관계에 대한 조직 및 관리적 요인, 법적 틀이 제대로 갖춰져 있는지에 대한 법 제도 및 정치적 요인이 꼽혔다.

이러한 단계를 거쳐 공·사 의료보험의 연계가 진행될 시 보건복지부와 금융위원회가 자료를 다방면으로 활용할 수 있을 것으로 예상된다.

보고서는 연구를 통해 네 가지 정책 제언을 도출했다고 밝혔다. ▲비급여 항목 및 비용 관리를 위한 기반 마련 ▲요양기관에서 민간의료보험회사에 전자적 형태로 진료비 계산서 등의 서류를 전송하고 전문중계기관을 통해 해당 전송 업무를 위탁하는 방안 장기적 검토 ▲정부가 민간의료보험과 관련된 인센티브를 제공하고, 관련 자료를 보건부가 (㉢)하여 이를 활용하는 호주의 사례 참고 ▲공·사 의료보험 연계 및 실태조사 방안에 지불제도 개편 등의 영향을 반영

025

모듈형 ★★☆☆☆

보고서를 바탕으로 공단 직원은 회의를 진행하였다. 가장 적절하지 않은 발언을 한 사람은?

① 박 대리 : 국민건강보험공단과 보험개발원, 신용정보원의 업무를 전산시스템으로 통합하여 관리하는 방안이 필요하다.
② 김 주임 : 보험금 청구와 지급에 대한 전산화 작업은 건강보험보다는 민간의료보험이 더 시급하다.
③ 남 과장 : 공·사 의료보험 자료 간 연계의 최종 단계는 민간의료보험에 대한 청구를 건강보험공단이 수행하는 것이다.
④ 이 팀장 : 주관기관 간에 합의가 이루어져도 관련 법에서 연계기반을 제약하는 조건이 있는지 살펴봐야 한다.
⑤ 안 대리 : 정부가 민간의료보험과 관련된 인센티브를 제공하는 호주의 사례를 분석해볼 필요가 있다.

025

모듈형

(문제출제유형) 보고서 지문의 이해

| 정답해설 |

보고서는 공·사 의료보험 자료 간 연계를 위해서는 4가지 단계적 추진 방안이 필요하다고 설명한다. 최종 단계는 민간 의료보험에 대한 청구를 요양기관이 대신하고 제3의 청구대행기관을 활용함으로써 하나의 민간의료보험 DB를 구축하는 형태가 된다. 남 과장은 공·사 의료보험 자료 간 연계의 최종 단계를 '민간의료보험에 대한 청구를 건강보험공단이 수행하는 것'이라고 보았으므로 적절하지 않게 발언하였다.

| 오답풀이 |

① 보고서는 공·사 의료보험의 관리기관과 소관부처가 상이해 연계가 부족하며 국민건강보험과 민간의료보험의 보장영역에 대한 포괄적 검토 기전과 비급여 관리 체계가 부재한 점을 지적한다.

② 보고서에서는 민간의료보험의 경우 건강보험과 달리 피보험자가 요양기관에 진료비를 먼저 수납하고, 사후에 피보험자의 수작업 청구에 따라 민간의료보험이 피보험자에게 보험금을 지급하는 방식을 지적하고 있다.

④ 보고서에서는 시스템 구축 및 연계 시 고려할 요인으로 법적 틀이 제대로 갖춰져 있는지에 대한 법 제도 및 정치적 요인을 제시하고 있다.

⑤ 보도자료의 제일 마지막에는 정부가 민간의료보험과 관련된 인센티브를 제공하고 이를 활용하는 호주의 사례가 언급되어 있다.

답 ③

026

㉠, ㉡, ㉢에 공통으로 들어갈 말과 같은 의미로 쓰인 문장은?

① 쾌적한 주거환경을 유지하기 위해서는 집안을 <u>정리</u>하는 습관을 들여야 한다.

② 4차 산업 혁명 시대를 이끌어갈 역량으로 인문학적 사고가 <u>제시</u>되고 있다.

③ 1개월간의 <u>누적</u> 데이터 사용량을 분석해 본 결과 전월보다 10% 더 증가하였다.

④ 예산 확보 문제를 해결하기 위해서는 성과에 대한 증빙이 <u>전제</u>되어야 한다.

⑤ 정보화 사회에서는 새로운 정보의 <u>확보</u>가 중요하다.

NCS 필기전형 준비방법

채용공고에 제시된 필기과목을 파악하여 해당 유형을 준비하고, 직무 설명자료에 제시된 직업기초능력과 직무수행능력 등을 면밀히 학습해야 한다. 능력중심채용 사이트에 공개된 직업기초능력 샘플문항 학습자용 교재 등을 활용하면 도움이 될 수 있다. NCS 기반 필기전형은 채용공고 단계의 직무 설명자료에서 제시되는 직무능력을 측정하기 위한 지필 시험이다. 평가는 선다형, 진위형, 단답형, 연결형, 논술형 등의 다양한 형태로 이루어질 수 있으며, 기관은 기존의 인·적성, 직무지식 관련 필기, 논술 등의 유형으로 직무수행능력을 측정하기 위해 종합적으로 고려하여 선택적으로 필기전형을 진행하고 있다.

026

모듈형

[문제출제유형] 문맥 파악 및 공통 어휘 추론

| 정답해설 |

확보는 확실하게 가지고 있다는 '갖춤', '보유'의 의미로 쓰인다. ㉠ 건강보험의 적정 보장률을 도출하기 위해 민간보험의 자료가 확보되어야 하며, ㉡ 연계된 자료를 확보할 수 있는 통로는 한국의료패널 뿐인 상황이다. ㉢ 관련 자료를 보건부가 확보하여 활용하는 호주의 사례를 참고할 수 있다.

답 ⑤

사소한 일이
우리를 위로한다.

사소한 일이
우리를 괴롭히기 때문에

Pascal

다음은 LH(토지주택공사)의 ○○년도 '기존주택 전세임대 입주자 모집'의 Q&A 자료이다. 이를 읽고 물음에 답하시오.

□ 입주 신청

Q1. 전세임대 신청 시 현재 거주하고 있는 지역에서만 신청 가능한가요?

- 입주신청은 입주자모집 공고일 현재 신청자의 주민등록이 등재되어 있는 주소지 관할 주민센터(읍·면·동사무소)에서만 신청 가능합니다.

  다만, 입주자 선정 후 전세주택 물색은 특별시 및 광역시에서 입주대상자로 선정된 경우 해당 특별시 또는 광역시 내에서, 특별시 또는 광역시를 제외한 지역에서 입주대상자로 선정된 자는 해당 도(道)내 사업대상지역에서 가능합니다.

  ※ 주택물색 가능 지역 예시

서울 강남구 거주자	서울 강동구 소재 주택 지원 가능
	경기 성남시 소재 주택 지원 불가
대전 대덕구 거주자	대전 유성구 소재 주택 지원 가능
	충남 천안시 소재 주택 지원 불가
충북 청주시 거주자	충북 충주시 소재 주택 지원 가능
	충북 괴산군 소재 주택 지원 불가(사업대상지역 아님)

Q2. 입주자 모집공고 당일에 사업대상 시·군·자치구에 전입한 경우도 지원 가능한가요?

- 입주자 모집공고 당일 사업대상 시·군·자치구에 주민등록 전입되어 거주하는 경우도 입주신청 자격이 부여됩니다.

Q3. 입주신청은 언제 어디에서 할 수 있나요?

- 입주자 모집은 주요 일간지 및 공사 홈페이지를 통해 공고하며, 모집기간 내 신청자의 주민등록이 등재되어 있는 주소지 관할 주민센터(읍·면·동사무소)에 가셔서 신청하시면 됩니다.

Q4. 입주신청을 위해선 반드시 무주택세대구성원이어야 하나요?

- 전세임대 입주대상자는 입주자모집 공고일 현재 관할 사업대상지역에 거주하는 무주택세대구성원을 대상으로 선정하나, 한부모가족의 경우에는 세대구성원 요건과 무관하게 신청 가능합니다.

Q5. 신용불량자도 전세임대주택 신청이 가능한가요?

- 전세임대주택 지원은 입주대상자의 개인 신용과는 무관하므로 신용불량자라고 하더라도 전세임대주택 신청 및 입주가 가능합니다.

Q6. 전세임대 신청 시 청약통장은 반드시 있어야 하나요?

- 전세임대 신청 시 청약통장이 반드시 필요한 것은 아니나, 동일순위 입주희망자 간 경합이 있는 경우 청약저축 등 납입 횟수에 따라 가점을 부여하고 있어 통장 보유 시 유리할 수 있습니다.
- 단, 청약통장은 신청자 명의의 통장만 인정합니다.

Q7. 전세임대 입주자 모집공고 이후 전세임대 신청 전에 다른 지역으로 이사를 하였다면 어디에서 접수신청을 해야 하나요?

- 접수신청은 모집공고일 현재 거주지에서 하도록 되어 있어 공고 이후 전세임대 신청 전에 다른 지역으로 이사를 하였다면 모집공고 당시 거주지에서 신청하여야 합니다.

Q8. 기존주택 전세임대를 신청하고 계약 전에 다른 지역으로 이사를 하였다면 계약체결을 할 수 없나요?

- 신청 후 다른 지역으로 이사를 하였더라도 전세임대주택 지원은 가능합니다. 다만, 전세주택을 지원받을 경우에는 당초 신청지역(공고일 현재 주소지)에 따라 전세주택 지원이 가능합니다.
  예 서울 강남구 신청자 → 신청 후 경기 성남시로 이전 시 서울에서 전세주택 지원 가능

Q9. 아들(딸)이 대학생 전세임대주택 지원을 받고 있어도 전세임대주택 신청이 가능한가요?

- 자녀 중 일부가 대학생 전세임대주택 지원을 받고 있더라도 전세임대 신청은 할 수 있습니다. 다만, 대학생 전세임대 계약자인 자녀는 반드시 대학생 전세임대 지원받은 주택으로 전입신고 되어야 하며, 대학생 자녀가 대학생 전세임대주택 지원을 받고 있는 지역에서는 지원이 불가합니다.

자격 조회

Q10. 입주대상자의 자격 검색은 어떻게 하나요?

- 전세임대 입주대상자 선정 시 기초생활수급자, 보호대상 한부모가족 여부 및 해당 세대의 소득 등은 보건복지부의 '사회보장정보시스템'을 이용하여 파악하므로, 입주대상자가 직접 서류를 준비할 필요가 없어 임대주택 신청이 간편합니다.

Q11. 금융정보제공동의서 등 추가제출 서류는 무엇인가요?

- 국토부 훈령 개정에 따라 입주대상자(세대원 포함) 전원의 금융자산 조회가 필요하며 이에 따라 필요한 법정양식인 '금융정보제공동의서' 및 '자산보유사실확인서'를 별도로 제출하여야 합니다.

Q12. 자격조회 범위(대상)는 어디까지인가요?

- 소득산정 및 토지, 자동차 소유 확인은 무주택세대구성원을 대상으로 합니다.

Q13. 소득 산정 시 어떤 소득이 포함되나요?

- 해당 세대의 소득은 입주자모집공고문을 참고하시기 바라며, 소득항목별 소득자료 제공기관에 별도 문의하여 확인할 수 있습니다.

③ 동일순위 경합 시 가점 부여

Q14. 전세임대 동일순위 경합 시 입주자 선정을 위한 가점 항목 중 "당해 사업대상 지역에서의 연속 거주 기간"은 어떻게 산정하나요?
- 신청인이 당해 시(특별시, 광역시 포함)·군 지역에서 연속 거주한 기간으로 산정합니다. 즉, '서울'의 경우 해당 '서울특별시'에 거주한 기간이, '부산'의 경우 '부산광역시'에 거주한 기간이, '성남'의 경우 '성남시'에 거주한 기간이 가점대상이 됩니다.

Q15. '부양가족의 수' 가점 중 '중증장애인'은 어떤 경우를 말하나요?
- 중증장애인은 「장애인 고용촉진 및 직업재활법 시행령」 제4조에 따라, 「장애인복지법 시행규칙」 별표 1에 따른 제2급의 장애인, 제3급 장애인으로서 뇌병변장애인·시각장애인·지적장애인·자폐성장애인·정신장애인·심장장애인·호흡기장애인·간질장애인 및 팔에 장애가 있는 지체장애인, 「국가유공자 등 예우 및 지원에 관한 법률 시행령」에 따른 3급 이상의 상이등급에 해당하는 경우를 말합니다.

Q16. 부양가족의 범위는 어떻게 되나요?
- 부양가족의 범위는 '공공주택 업무처리지침'에 따라 세대주를 제외한 무주택세대구성원으로 합니다.

Q17. 소득산정 시 기준 가구원수 및 자녀의 수 산정 시 태아도 포함하나요?
- 소득산정 시 기준 가구원수 및 자녀의 수 산정 시 태아도 포함(태아 수 감안)하며, 병원 직인이 날인된 임신진단서 또는 임신확인서를 제출하여야 합니다.

④ 계약 및 입주

Q18. 계약체결 시까지 무주택세대구성원의 요건을 충족해야 하나요?
- 입주대상자로 선정된 자는 계약 시까지 입주자격을 유지하여야 하므로, 무주택세대구성원으로 전세임대주택을 신청하였더라도 계약 이전에 주택을 소유하고 있다면 계약체결이 불가합니다.

Q19. 기초생활수급자로 기존주택 전세임대주택을 신청하였는데, 계약 전에 기초생활수급자에서 탈락된다면 계약이 불가능한가요?
- 계약 전에 기초생활수급자에서 탈락하더라도 기존주택 전세임대 입주자격(보호대상 한부모가족, 주거지원 시급가구, 월평균 소득 70% 이하 장애인) 중 하나를 만족한다면 계약체결이 가능합니다.

Q20. 기존주택 전세임대로 입주하게 되면 20년간 거주가 보장되는 건가요?
- 기존주택 전세임대는 최초 임대기간이 2년으로 재계약은 9회까지 가능합니다. 따라서 전세기간 2년을 전부 채운 경우 최장 20년까지 거주가 가능하지만 반드시 거주기간 20년을 보장하는 것은 아닙니다.

Q21. 친척 소유의 주택을 전세임대주택으로 지원받을 수 있나요?
- 본인과 배우자의 직계 존·비속 소유의 주택은 전세임대주택으로 지원받을 수 없으며, 가족관계 증명서로 주택소유자를 확인합니다.

Q22. 전세임대주택 입주 시 도배·장판은 어떤 경우에 시공해주나요?
- 도배·장판은 지역 관행에 따라 전세계약 체결 시 주택소유자가 시공하는 경우에는 지원대상에서 제외되며, 입주자가 도배·장판을 시공해야 하는 지역 중 도배·장판이 훼손되어 재시공이 필요한 경우 전세지원 기간 중 1회에 한 해 시공비용의 일부(현재 60만 원 한도)를 지원하고 있으므로, 지원과 관련하여 해당 지역본부에 신청하여 지원절차를 밟아야 합니다.

Q23. 전세임대주택 지원 시 전세지원금 외에 지원해주는 비용은 없나요?
- 전세임대주택 지원 시 지원한도액에 따른 중개수수료와 전세임대주택 신용보험료 및 지역 관행에 따라 입주자가 도배·장판을 시행하는 경우 도배·장판 시공비의 일부를 지원하고 있으며, 기타 제반 소요비용은 입주자가 부담합니다.

027

모듈형 ★★☆☆☆

자료의 내용 중 옳지 않은 것은?

① A는 □□ 지역에 실제 거주하고 있고 주민등록은 OO지역으로 되어 있다면, □□ 지역이 아닌 OO지역 관할 주민 센터에서만 신청 가능하다.
② 한부모가족이 아니라면 전세임대 입주대상자는 무주택구성원이어야 신청할 수 있다.
③ 대학생 자녀 C를 둔 D는 대학생 C가 전세임대주택 지원을 받은 △△ 지역에서 전세임대주택 신청이 가능하다.
④ 신용불량자인 B는 청약통장이 없어도 전세임대 신청이 가능하다.
⑤ 부양가족의 범위에 세대주는 제외되며 소득산정 시 태아는 병원 직인이 날인된 확인서를 제출하여 포함시킬 수 있다.

문제출제유형 자료의 일치, 불일치

| 정답해설 |

LH의 기존주택 전세임대 입주자 모집의 주요 문의사항 답변 자료에 따르면 대학생 자녀 C를 둔 D는 대학생 C가 전세임대주택 지원을 받은 △△ 지역에서 전세 임대 주택 신청이 불가능하다. 'Q9.'의 답변으로 "대학생 전세임대 계약자인 자녀는 반드시 대학생 전세임대 지원받은 주택으로 전입신고 되어야 하며, 대학생 자녀가 대학생 전세임대주택 지원을 받고 있는 지역에서는 지원이 불가합니다."라고 명시되어 있다.

| 오답풀이 |

① 'Q1.'과 'Q7.'에 따라 "입주신청은 입주자모집 공고일 현재 신청자의 주민등록이 등재되어 있는 주소지 관할 주민센터에서만 신청 가능"하다.
② 'Q4.'에 따라 "전세임대 입주대상자는 입주자모집 공고일 현재 관할 사업대상지역에 거주하는 무주택세대구성원을 대상으로 선정하나, 한부모가족의 경우에는 세대구성원 요건과 무관하게 신청 가능"하다.
④ 'Q5.'와 'Q6.'에 따라 신용불량자도 전세임대주택 신청이 가능하며 신청 시 청약통장은 필수가 아니다.
⑤ 'Q17.'에 따라 "소득산정 시 기준 가구원수 및 자녀의 수 산정 시 태아도 포함(태아 수 감안)하며, 병원 직인이 날인된 임신진단서 또는 임신확인서를 제출"해야 한다.

 ③

028

아래와 같은 민원이 들어왔을 때 위 자료에 근거하여 가장 적절히 답변한 사람은?

> 안녕하세요. 저는 기초생활수급자로 2000. 9. 23.에 기존주택 전세임대주택을 신청하였습니다. 계약일은 2000. 11. 5.로 예정되어 있는데요, 2000. 10. 20.에 기초생활수급자에서 탈락되었습니다. 계약이 가능한지 질문드립니다. 만약 계약이 가능하다면 언제까지 거주가 보장되는 건가요?

① A : 계약은 불가능하지만 친척 소유의 주택을 전세 임대주택으로 지원받는 방안을 고려해보세요.

② B : 중개수수료와 전세임대주택 신용보험료, 도배 · 장판을 시행하는 것으로 조건으로 2년간 거주할 수 있습니다.

③ C : 질문자는 기초생활수급자에서 탈락되었으므로 어떤 방법으로도 계약체결이 불가능합니다.

④ D : 기존 임대주택에서 거주 기간이 20년 미만이라면 계약체결 없이도 20년까지는 거주 기간이 보장됩니다.

⑤ E : 월평균 소득 70% 이하의 장애인이라면 기초생활수급자에서 탈락하더라도 계약체결 가능합니다.

문제출제유형 자료에 근거하여 판단 제시

| 정답해설 |

민원의 핵심은 기초생활수급자로 기존주택 전세임대주택을 신청하였는데, 계약일 전에 기초생활수급자에서 탈락이 되었다는 것과 계약이 가능할 경우 거주가 보장되는 기간이다. 이는 'Q19.', 'Q20.'에 설명되어 있다. 'Q19.'에는 "계약 전에 기초생활수급자에서 탈락하더라도 기존주택 전세임대 입주자격(보호대상 한부모가족, 주거지원 시급가구, 월평균 소득 70% 이하 장애인) 중 하나를 만족한다면 계약체결이 가능하다"고 되어 있다. 'Q 20.'에는 "기존주택 전세임대는 최초 임대기간이 2년으로 재계약은 9회까지 가능합니다. 따라서 전세기간 2년을 전부 채운 경우 최장 20년까지 거주가 가능하지만 반드시 거주기간 20년을 보장하는 것은 아닙니다."라고 명시되어 있다. 이를 가장 적절히 답변한 사람은 E다.

| 오답풀이 |

① 'Q21.'에는 친척 소유의 주택을 전세임대주택으로 지원받을 수 없다고 설명되어 있다.

② 'Q22.', 'Q23.'에는 도배·장판 등의 설명이 있으나 민원과는 무관하다.

③ 기초생활수급자에서 탈락되었더라도 'Q19.'에 따라 계약체결이 가능할 수 있다.

④ 'Q20.'에는 전세 기간 2년을 전부 채운 경우 최장 20년까지 거주할 수 있지만 20년을 보장하는 것은 아니라고 명시하고 있다.

답 ⑤

029

다음은 한국수자원공사와 서울물연구원의 물산업 스타트업 육성 협력에 관한 보도자료이다. 이 글을 읽은 한국수자원공사 직원 A ~ E의 반응으로 가장 적절하지 않은 것은?

I·SEOUL·U

보도자료

담당부서 : 상수도사업본부 서울물연구원 수도연구부	담 당 자	○○○	1111-○○○○
	관련 홈페이지		http://arisu.seoul.go.kr

서울물연구원-한국수자원공사, 물산업 스타트업 육성 협력

- 5일(금) 서울물연구원-한국수자원공사, 물산업 스타트업 육성 협력 MOU 체결
- 유망 물산업 혁신 스타트업 발굴, 기술 컨설팅 지원 등 스타트업 육성 협력체계 구축
- 양 기관 간 긴밀한 협력을 통해 물산업 유망 스타트업을 발굴하고, 해당 기업에 대한 기술 지원 및 테스트베드 제공 등 시너지 효과 기대

□ 서울특별시와 한국수자원공사가, 물산업 스타트업 육성 협업을 위해 서울시 서울물연구원과 한국수자원공사 물산업 플랫폼센터가 서로 손잡고 유망 스타트업 발굴 및 기술 컨설팅 지원 등을 위한 협력체계 구축에 나선다.

□ 서울물연구원은 한국수자원공사 물산업 플랫폼센터와 오는 4월 5일(금) 오전 11시 서울물연구원 회의실에서 '물산업 스타트업 육성을 위한 업무협약'을 체결하고, 물산업 유망 스타트업을 발굴하고 해당 기업에 대한 기술지원 체계 구축을 통해 물산업 스타트업 육성에 대해 상호협력을 강화해 나갈 계획이다.

□ 이번 협약은 ▲유망 스타트업 발굴 및 기술 컨설팅 지원 ▲스타트업 육성 프로그램 참여 및 협력 ▲혁신 기술에 대한 테스트베드 제공 등 상용화 지원 ▲물산업 혁신성장 활성화를 위한 세미나 및 워크숍 공동 개최 ▲성과 및 활용에 관한 정보 공유, 필요시 공동연구 수행 등을 주요 내용으로 담고 있다.

□ 연구원은 이번 협약을 통해 서울시 신년시정운영전략인 경제 성장, 도심 산업의 활성화, 혁신 창업과 혁신 기술 생태계 조성에 기여할 수 있는 기반을 마련하고, 혁신 스타트업 창업 지원 및 신기술 도입을 통해 깨끗하고 안전한 물 생산 공급에 도움이 될 것으로 기대하고 있다.

□ ○○○ 서울물연구원장은 "이번 협약이 경기 활성화와 물산업 육성에 기여할 것으로 기대하며, 대내외 기관 간 협업 활성화의 좋은 사례가 될 것으로 기대한다."고 말했다.

① A : 탄산수를 신규 개발하여 전국에 유통망을 갖추고 납품 중에 ○○ 기업이 테스트베드 지원을 받으면 좋을 것 같아요.

② B : 물산업과 관련된 아이디어를 찾아서 연구하고 싶습니다. 세미나 혹은 워크숍이 개최되면 참석할 예정입니다.

③ C : 많은 예비 창업자들이 기술 컨설팅을 받아 창업에 성공했으면 좋겠습니다.

④ D : 스타트업 육성을 위한 프로그램은 어떤 내용으로 구성되어 있을지 궁금합니다.

⑤ E : 깨끗하고 안전한 물 생산 공급에 성공한 유망 기업들이 기술 생태계 조성을 위한 협업에 동참할 것 같습니다.

문제출제유형 자료에 대한 진위 판별

| 정답해설 |

테스트베드란 '시험무대', '시험장', '시험공간', '시험시스템'이라는 뜻을 가진 용어이다. 일반적으로 과학 이론의 타당성과 적용 가능성을 증명하거나, 기업이나 연구소에서 개발한 각종 신기술 및 시제품의 성능, 효과, 안정성, 양산 가능성, 편의성 등을 시험하기 위한 환경, 공간, 시스템, 설비(시설) 등을 의미한다. 따라서 이미 제품을 신규 개발하여 전국에 유통망을 갖추고 납품하고 있다면 테스트베드 지원을 받기에는 거리가 있다.

| 오답풀이 |

② 물산업 혁신성장 활성화를 위한 세미나 및 워크숍 공동 개최가 협약에 포함되어 있으므로 B의 반응은 적절하다.

③ 협약에는 유망 스타트업 발굴 및 기술 컨설팅 지원, 혁신 기술에 대한 상용화 지원이 포함되어 있으므로 C의 반응은 적절하다.

④ 협약에는 스타트업 육성 프로그램 참여 및 협력의 의미가 담겨 있으므로 D의 반응은 적절하다.

⑤ 보도자료의 마지막 부분에는 대내외 기관 간 협업 활성화의 좋은 사례가 될 것으로 기대한다고 하였으므로 E의 반응은 적절하다.

답 ①

030

준정부기관에 근무하는 김 대리는 신입사원을 대상으로 공문서 작성법을 교육할 예정이다. ㉠~㉤ 중 공문서 작성 원칙에 맞지 않는 것은?

문서의 작성 기준 : 정확성(바른 글), 용이성(쉬운 글), 성실성(호감 가는 글), 경제성(효율적으로 작성하는 글)

■ 항목의 표시 : 문서의 내용을 둘 이상의 항목으로 구분할 필요가 있으면 다음 구분에 따라 그 항목을 순서대로 표시하되, 필요한 경우 ㅁ, ㅇ, -, • 등과 같은 특수한 기호로 표시 가능

구분	항목 기호	비고
첫째 항목	1., 2., 3., 4., …	둘째, 넷째, 여섯째, 여덟째 항목의 경우,
둘째 항목	가., 나., 다., 라., …	하., 하), (하), ㉠ 이상
셋째 항목	1), 2), 3), 4), …	계속되는 때에는
넷째 항목	가), 나), 다), 라), …	거., 거), (거), ㉠,
다섯째 항목	(1), (2), (3), (4), …	너., 너), (너), ㉤… 로 표시
여섯째 항목	(가), (나), (다), (라), …	
일곱째 항목	①, ②, ③, ④, …	
여덟째 항목	㉮, ㉯, ㉰, ㉱, …	

■ 표시 위치 및 띄우기
1) 첫째 항목 기호는 왼쪽 처음부터 띄어쓰기 없이 시작
2) 둘째 항목부터는 상위 항목 위치에서 오른쪽으로 2타씩 옮겨 시작
3) 항목 기호와 그 항목의 내용 사이에는 1타를 띄운다.
4) 하나의 항목만 있는 경우에는 항목 기호를 부여하지 아니한다.
  ※ 2타(∨∨표시)는 한글 1자, 영문·숫자 2자에 해당

■ 본문의 "끝" 표시 : 본문 내용의 마지막 글자에서 한 글자(2타) 띄우고 "끝" 표시
1) 본문이 표의 마지막 칸까지 작성되는 경우 : 표 아래 왼쪽 한계선에서 한 글자 띄우고 "끝" 표시

응시번호	성명	생년월일	주소
10	김○○	1980. 3. 8.	서울시 종로구 ○○로 12
21	박○○	1982. 5. 1.	부산시 서구 ○○로 5

 ∨∨끝.

2) 본문이 표의 마지막 칸까지 작성되는 경우 : 표의 중간에서 기재사항이 끝나는 경우 : "끝" 표시를 하지 않고 마지막으로 작성된 칸의 다음 칸에 "이하 빈칸" 표시

응시번호	성명	생년월일	주소
10	김○○	1980. 3. 8.	서울시 종로구 ○○로 12
이하 빈칸			

3) 붙임∨∨ 1.∨○○○계획서 1부.
     2.∨○○○서류 1부.∨∨끝.

행정〇〇부

수신자 ㉠ 수신자 참조

(경유)

제목　㉡ 행정업무운영 법령 개정내용 설명회 개최 통보

1. ㉢ 관련 근거 : 〇〇〇부 〇〇과-1645(20××. 12. 10)

2. 위 호와 관현하여 행정업무 운영 법령의 전부 개정에 따라 각급 행정기관의 교육수요에 대비하기 위하여 개정내용에 대한 설명회를 아래와 같이 개최합니다.

　　가. ㉣ 일시/장소 : 〇〇대학교 413호/10:00～12:00

　　나. 교육진행 : 〇〇교수

　　다. 교육내용 : 기록물관리, 전자문서시스템 활용방법

3. ㉤ 동 설명회에 관련업무에 대해 설명할 공무원을 선정하여 설명준비와 참석에 차질이 없도록 준비하여 주시기 바랍니다.　끝.

붙임　1. 〇〇〇계획서 1부.

　　　2. 〇〇서류 1부.　끝.

행정〇〇부장관

수신자 〇〇〇, 〇〇〇, 〇〇〇, 〇〇〇, 〇〇〇

시행		접수	
우			
전화	전송	/	/ 공개

① ㉠　　　　　　　　　　　　　　② ㉡

③ ㉢　　　　　　　　　　　　　　④ ㉣

⑤ ㉤

030

모듈형

문제출제유형 공문서의 작성 및 이해 ──────────

정답해설

문서의 끝 표시는 붙임 문서가 없을 경우는 문서 마지막에 표시한다. 그러나 붙임 문서가 있을 경우는 본문에는 쓰지 않고 붙임 마지막에 끝을 표기한다.

답 ⑤

공문서

① 정의 : 공문은 행정기관 또는 사업장 대내외적으로 공무상 작성되는 모든 문서를 의미한다. 일반 사문서보다는 격식 있는 문서로 문서 규격이나 양식에 맞춰 작성되는 것이 원칙이다.

② 작성원칙
- 정확해야 한다. 육하원칙에 따라 내용을 명확히 전달해야 한다.
- 누구나 읽기 쉽고 이해하기 쉬워야 한다. 어려운 한자말보다는 쉬운 말로 써야 한다.
- 내용이 간결해야 한다. 문장을 너무 길게 작성하지 않아야 하며, 서술하여 나열하기보다는 항목을 구분하여 써야 한다.
- 용지나 서식을 통일하고 공문서를 주고받는 기관 및 기업별로 자주 쓰이는 문장이나 표현이 있으면 익혀두 도록 한다.

031

귀하는 ○○공단의 직원으로 공문서 교육을 담당하게 되었다. 신입사원을 대상으로 아래의 규정을 교육한 후 적절한 평가를 한 사람은?

제○○조(문서의 성립 및 효력발생)

① 문서는 결재권자가 해당 문서에 서명(전자이미지서명, 전자문자서명 및 행정 전자서명을 포함한다.)의 방식으로 결재함으로 성립한다.

② 문서는 수신자에게 도달(전자문서의 경우는 수신자가 지정한 전자적 시스템에 입력되는 것을 말한다.)됨으로써 효력이 발생한다.

③ 제2항에도 불구하고 공고문서는 그 문서에서 효력발생 시기를 구체적으로 밝히고 있지 않으면 그 고시 또는 공고가 있는 날부터 5일이 경과한 때에 효력이 발생한다.

제○○조(문서 작성의 일반원칙)

① 문서는 어문규범에 맞게 한글로 작성하되, 뜻을 정확하게 전달하기 위하여 필요한 경우에는 괄호 안에 한자나 그 밖의 외국어를 함께 적을 수 있으며, 특별한 사유가 없으면 가로로 쓴다.

② 문서의 내용은 간결하고 명확하게 표현하고 일반화되지 않은 약어와 전문용어 등의 사용을 피하여 이해하기 쉽게 작성하여야 한다.

③ 문서에는 음성정보나 영상정보 등을 수록할 수 있고 연계된 바코드 등을 표기할 수 있다.

④ 문서에 쓰는 숫자는 특별한 사유가 없으면 아라비아 숫자를 쓴다.

⑤ 문서에 쓰는 날짜는 숫자를 표기하되, 연·월·일의 글자는 생략하고 그 자리에 온점(.)을 찍어 표기하며, 시·분은 24시각제에 따라 숫자로 표기하되, 시·분의 글자는 생략하고 그 사이에 쌍점(:)을 찍어 구분한다. 다만 특별한 사유가 있으면 다른 방법으로 표시할 수 있다.

---

① 박 사원 : 문서에 '2020년 7월 18일 오후 11시 30분'을 표기해야 할 때 특별한 사유가 없으면 '2020. 7. 18. 23:30'으로 표기한다.

② 채 사원 : 2020년 9월 7일 공고된 문서에 효력발생 시기가 구체적으로 명시되지 않은 경우 그 문서의 효력은 즉시 발생한다.

③ 한 사원 : 전자문서의 경우 해당 수신자가 지정한 전자적 시스템에 도달한 문서를 확인한 때부터 효력이 발생한다.

④ 현 사원 : 문서 작성 시 이해를 쉽게 하기 위해 일반화되지 않은 약어와 전문 용어를 사용하여 작성하여야 한다.

⑤ 윤 사원 : 연계된 바코드는 문서에 함께 표기할 수 없기 때문에 영상 파일로 처리하여 첨부하여야 한다.

031

문제출제유형 규정 확인

정답해설

문서 작성의 일반원칙 제5항에 의거하여 연·월·일의 글자는 생략하고 그 자리에 온점(.)을 찍어 표시한다.
'2020년 7월 18일'은 '2018. 7. 18.'로, 시·분은 24시각제에 따라 쌍점을 찍어 구분하므로 '오후 11시 30분'은
'23:30'으로 표기해야 한다.

오답풀이

② 문서의 성립 및 효력발생 제3항에 의거하여 문서의 효력은 시기를 구체적으로 밝히고 있지 않으면 즉시 효력이 발생하는 것이
아니고 고시 또는 공고가 있는 날부터 5일이 경과한 때에 발생한다.

③ 문서의 성립 및 효력발생 제2항에 의거하여 전자문서의 경우 수신자가 확인하지 않더라도 지정한 전자적 시스템에 입력됨으로
써 효력이 발생한다.

④ 문서 작성의 일반원칙 제2항에 의거하여 문서의 내용은 일반화되지 않은 약어와 전문 용어 등의 사용을 피하여야 한다.

⑤ 문서 작성의 일반원칙 제3항에 의거하여 문서에는 영상정보 등을 수록할 수 있고 연계된 바코드 등을 표기할 수 있다.

정답 ①

다음은 소비자 보호 기관의 보고서이다. 이를 읽고 물음에 답하시오.

① 사회 구성원들이 경제적 이익을 추구하는 과정에서 불법 행위를 감행하기 쉬운 상황일수록 이를 억제하는 데에는 금전적 제재 수단이 효과적이다.

② 현행법상 불법 행위에 대한 금전적 제재 수단에는 민사적 수단인 손해 배상, 형사적 수단인 벌금, 행정적 수단인 과징금이 있으며, 이들은 각각 피해자의 구제, 가해자의 징벌, 법 위반 상태의 시정을 목적으로 한다. 예를 들어 기업들이 담합하여 제품 가격을 인상했다가 적발된 경우, 그 기업들은 피해자에게 손해 배상 소송을 제기당하거나 법원으로부터 벌금형을 선고받을 수 있고 행정기관으로부터 과징금도 부과 받을 수 있다. 이처럼 하나의 불법 행위에 대해 세 가지 금전적 제재가 내려질 수 있지만 제재의 목적이 서로 다르므로 중복 제재는 아니라는 것이 법원의 판단이다.

③ 그런데 우리나라에서는 기업의 불법 행위에 대해 손해 배상 소송이 제기되거나 벌금이 부과되는 사례는 드물어서, 과징금 등 행정적 제재 수단이 억제 기능을 수행하는 경우가 많다. 이런 상황에서는 과징금 등 행정적 제재의 강도를 높임으로써 불법 행위의 억제력을 끌어올릴 수 있다. 그러나 적발 가능성이 매우 낮은 불법 행위의 경우에는 과징금을 올리는 방법만으로는 억제력을 유지하는 데 한계가 있다. 또한, 피해자에게 귀속되는 손해 배상금과는 달리 벌금과 과징금은 국가에 귀속되므로 과징금을 올려도 피해자에게는 ⓐ직접적인 도움이 되지 못한다. 이 때문에 적발 가능성이 매우 낮은 불법 행위에 대해 억제력을 높이면서도 손해 배상을 더욱 충실히 할 방안들이 요구되는데 그 방안 중 하나가 '징벌적 손해 배상 제도'이다.

④ 이 제도는 불법 행위의 피해자가 손해액에 해당하는 배상금에다 가해자에 대한 징벌의 성격이 가미된 배상금을 더하여 배상받을 수 있도록 하는 것을 내용으로 한다. 일반적인 손해 배상 제도에서는 피해자가 손해액을 초과하여 배상받는 것이 불가능하지만 징벌적 손해 배상 제도에서는 ⓑ그것이 가능하다는 점에서 이례적이다. 그런데 ⓒ이 제도는 민사적 수단인 손해 배상 제도이면서도 피해자가 받는 배상금 안에 ⓓ벌금과 비슷한 성격이 가미된 배상금이 포함된다는 점 때문에 중복 제재의 발생과 관련하여 의견이 엇갈리며, 이 제도 자체에 대한 찬반양론으로 이어지고 있다.

⑤ 이 제도의 반대론자들은 징벌적 성격이 가미된 배상금이 피해자에게 부여되는 ⓔ횡재라고 본다. 또한 징벌적 성격이 가미된 배상금이 형사적 제재 수단인 벌금과 함께 부과될 경우에는 가해자에 대한 중복 제재가 된다고 주장한다. 반면에 찬성론자들은 징벌적 성격이 가미된 배상금을 피해자들이 소송을 위해 들인 시간과 노력에 대한 정당한 대가로 본다. 따라서 징벌적 성격이 가미된 배상금도 피해자의 구제를 목적으로 하는 민사적 제재의 성격을 갖는다고 보아야 하므로 징벌적 성격이 가미된 배상금과 벌금이 함께 부과되더라도 중복 제재가 아니라고 주장한다.

032

문맥을 고려할 때 ㉠ ~ ㉤에 대한 설명으로 적절하지 않은 것은?

① ㉠은 피해자가 금전적으로 구제받는 것을 의미한다.

② ㉡은 피해자가 손해액을 초과하여 배상받는 것을 가리킨다.

③ ㉢은 징벌적 손해 배상 제도를 가리킨다.

④ ㉣은 행정적 제재 수단으로서의 성격을 말한다.

⑤ ㉤은 배상금 전체에서 손해액에 해당하는 배상금을 제외한 금액을 의미한다.

고난의 시기에 동요하지 않는 것
이것은 칭찬받을 만한
뛰어난 인물의 증거다.

Ludwig van Beethoven

휴노형

어휘나 어구의 문맥적 의미 찾기

| 정답해설 |

> ② 문단에서는 벌금이 형사적 수단이라고 언급되어 있으므로 행정적 제재 수단으로 규정한 것은 적절하지 않다.

| 오답풀이 |

① ㉠의 의미는 '피해자에게 귀속되는 손해 배상금'에 해당한다. 여기서 손해배상금은 ② 문단에서 설명한 '손해 배상은 피해자의 구제를 목적으로 한다는 점'을 고려할 때 피해자가 금전적으로 구제받는 것을 의미한다.

② ㉡의 맥락은 일반적인 손해 배상 제도에서는 피해자가 손해액을 초과하여 배상받는 것이 불가능하지만 징벌적 손해 배상 제도에서는 피해자가 손해액을 초과하여 배상받는 것이 가능하다는 것을 나타낸다.

③ ㉢의 이 제도는 징벌적 손해 배상 제도를 설명하고 있다.

⑤ ㉤은 ④ 문단 앞부분에 "이 제도는 불법 행위의 피해자가 손해액에 해당하는 배상금에다 가해자에 대한 징벌의 성격이 가미된 배상금을 더하여 배상받을 수 있도록 하는 것을 내용으로 한다"는 내용이 언급되어 있다. 따라서 '횡재'가 의미하는 것은 손해액보다 더 받는 돈에 해당하는 징벌적 성격이 가미된 배상을 의미한다.

답 ④

033

윗글을 바탕으로 〈보기〉를 이해한 내용으로 적절하지 않은 것은?

〈보기〉

우리나라의 법률 중에는 징벌적 손해 배상 제도의 성격을 가진 규정이 「하도급거래 공정화에 관한 법률」 제35조에 포함되어 있다. 이 규정에 따르면 하도급거래 과정에서 자기의 기술자료를 유용당하여 손해를 입은 피해자는 그 손해의 3배까지 가해자로부터 배상받을 수 있다.

① 박 사원 : 이 규정에 따라 피해자가 받게 되는 배상금은 국가에 귀속되겠군.

② 이 주임 : 이 규정의 시행으로, 기술자료를 유용해 타인에게 손해를 끼치는 행위가 억제되는 효과가 생기겠군.

③ 유 대리 : 이 규정에 따라 피해자가 손해의 3배를 배상받을 경우에는 배상금에 징벌적 성격이 가미된 배상금이 포함되겠군.

④ 고 과장 : 일반적인 손해 배상 제도를 이용할 때보다 이 규정을 이용할 때에 피해자가 받을 수 있는 배상금의 최대한도가 더 커지겠군.

⑤ 김 팀장 : 이 규정이 만들어진 것으로 볼 때, 하도급거래 과정에서 발생하는 기술자료 유용은 적발 가능성이 매우 낮은 불법 행위에 해당하겠군.

문제출제유형 지문의 핵심내용을 바탕으로 사례 이해

| 정답해설 |

〈보기〉는 징벌적 손해 배상 제도를 설명하고 있는데, ④ 문단에서는 피해자에게 배상금을 지급한다고 설명되어 있으므로 박 사원의 '배상금을 국가에 귀속'한다는 것은 적절하지 않다.

| 오답풀이 |

② ③ 문단에서는 "적발 가능성이 매우 낮은 불법 행위에 대해 억제력을 높이면서도 손해 배상을 더욱 충실히 할 방안들이 요구되는데 그 방안 중 하나가 징벌적 손해 배상 제도다."라고 되어 있으므로 이 주임은 적절히 이해하였다.

③ 피해자가 받은 배상금은 손해액과 징벌적 성격이 가미된 배상금이므로 유 대리는 적절히 이해하였다.

④ ④ 문단에서는 "일반적인 손해 배상 제도에서는 피해자가 손해액을 초과하여 배상받는 것이 불가능하지만 징벌적 손해 배상 제도에서는 그것이 가능하다."라고 했으므로 고 과장은 적절히 이해하였다.

⑤ ③ 문단에서는 징벌적 손해 배상 제도가 나온 배경으로 "적발 가능성이 매우 낮은 불법 행위에 대해 억제력을 높이면서도 손해 배상을 더욱 충실히 할 방안들이 요구되는데"라고 제시하였으므로 김 팀장은 적절히 이해하였다.

답 ①

[34 ~ 35] 다음은 저작권에 관련된 회의 자료이다. 글을 읽고 물음에 답하시오.

1 문화가 발전하려면 저작자의 권리 보호와 저작물의 공정 이용이 균형을 이루어야 한다. 저작물의 공정 이용이란 저작권자의 권리를 일부 제한하여 저작권자의 허락이 없이도 저작물을 자유롭게 이용하는 것을 말한다. 비영리적인 사적 복제를 허용하는 것이 그 예이다. 우리나라의 저작권법에서는 오래전부터 공정 이용으로 볼 수 있는 저작권 제한 규정을 두었다.

2 그런데 디지털 환경에서 저작물의 공정 이용은 여러 장애에 부딪혔다. 디지털 환경에서는 저작물을 원본과 동일하게 복제할 수 있고 용이하게 개작할 수 있다. 따라서 저작물이 개작되더라도 그것이 원래 창작물인지 이차적 저작물인지 알기 어렵다. 그 결과 디지털화된 저작물의 이용 행위가 공정 이용의 범주에 드는 것인지 가늠하기가 더 어려워졌고 그에 따른 처벌 위험도 커졌다.

3 이러한 문제를 해소하기 위한 시도의 하나로 포괄적으로 적용할 수 있는 '저작물의 공정한 이용' 규정이 저작권법에 별도로 신설되었다. 그리하여 저작권자의 동의가 없어도 저작물을 공정하게 이용할 수 있는 영역이 확장되었다. 그러나 공정 이용 여부에 대한 시비가 자율적으로 해소되지 않으면 예나 지금이나 법적인 절차를 밟아 갈등을 해소해야 한다. 저작물 이용의 영리성과 비영리성, 목적과 종류, 비중, 시장 가치 등이 법적인 판단의 기준이 된다.

4 저작물 이용자들이 처벌에 대해 불안감을 여전히 느낀다는 점에서 저작물의 자유 이용 허락 제도와 같은 '저작물의 공유' 캠페인이 주목을 받고 있다. 이 캠페인은 저작권자들이 자신의 저작물에 일정한 이용 허락 조건을 표시해서 이용자들에게 무료로 개방하는 것을 말한다. 누구의 저작물이든 개별적인 저작권을 인정하지 않고 모두가 공동으로 소유하자고 주장하는 사람들과 달리, 이 캠페인을 펼치는 사람들은 기본적으로 자신과 타인의 저작권을 존중한다. 캠페인 참여자들은 저작권자와 이용자들의 자발적인 참여를 통해 자유롭게 활용할 수 있는 저작물의 양과 범위를 확대하려고 노력한다. 이들은 저작물의 공유가 확산되면 디지털 저작물의 이용이 활성화되고 그 결과 인터넷이 더욱 창의적이고 풍성한 정보 교류의 장이 될 것이라고 본다. 그러나 캠페인에 참여한 저작물을 이용할 때 허용된 범위를 벗어난 경우 법적 책임을 질 수 있다.

5 한편 ㉠다른 시각을 가진 사람들도 있다. 이들은 저작물의 공유 캠페인이 확산되면 저작물을 창조하려는 사람들의 동기가 크게 감소할 것이라고 우려한다. 이들은 결과적으로 활용 가능한 저작물이 줄어들게 되어 이용자들도 피해를 입게 된다고 주장한다. 또 디지털 환경에서는 사용료 지불절차 등이 간단해져서 '저작물의 공정한 이용' 규정을 별도로 신설할 필요가 없었다고 본다. 이들은 저작물의 공유 캠페인과 신설된 공정 이용 규정으로 인해 저작권자들의 정당한 권리가 침해받고 있으므로 이를 시정하는 것이 오히려 공익에 더 도움이 된다고 말한다.

034

㉠의 주장에 가까운 것은?

① 이용 허락 조건을 저작물에 표시하면 창작 활동을 더욱 활성화한다.

② 저작권자의 정당한 권리 보호를 위해 저작물의 공유 캠페인이 확산되어야 한다.

③ 비영리적인 경우 저작권자의 동의가 없어도 복제가 허용되는 영역을 확대해야 한다.

④ 저작권자가 자신들의 노력에 상응하는 대가를 정당하게 받을수록 창작 의욕이 더 커진다.

⑤ 자신의 저작물을 자유롭게 이용하도록 양보하는 것은 다른 저작권자의 저작권 개방을 유도하여 공익을 확장시킨다.

논리적 추론 문제 공략

① 추론 문제는 지문의 내용을 근거로, 새로운 사실을 추론할 수 있는지를 확인하는 문제이다.

② 문제의 유형

• 글의 대상이나 출처를 묻는 문제처럼 지문 전체가 단서인 전체 정보 추론 문제

• 지문 일부를 단서로 하여 특정 세부 사항을 추론하는 세부 정보 추론 문제

③ 지문에 근거하여 답을 찾는 것이 핵심이므로 많은 문제를 풀어보는 것이 중요하다.

034

휴노형

[문제출제유형] 지문의 일부 정보를 바탕으로 논리적 추론

| 정답해설 |

ㄱ의 다른 시각을 가진 사람들의 주장은 저작물의 공유 캠페인은 저작물 창작 의욕을 감소시켜 결과적으로 활용 가능한 저작물이 감소하여 이용자들도 피해를 본다는 것이다. 즉, 저작물의 공정한 이용 규정으로 저작권자들의 정당한 권리가 침해받음을 말하고자 한다. 따라서, 저작권자가 자신들의 노력에 상응하는 대가를 정당하게 받을수록 창작 의욕이 더 커진다는 주장과 관련된다.

| 오답풀이 |

① 이용 허락 조건을 저작물에 표시하는 것은 저작물 공유 캠페인에 해당하므로 ㄱ과는 반대되는 주장이다.

② 저작물의 공유 캠페인이 확산되어야 한다는 것은 ㄱ과는 반대되는 주장이다.

③ 복제가 허용되는 영역을 확대해야 한다는 것은 ㄱ과는 반대되는 주장이다.

⑤ 자신의 저작물을 자유롭게 이용하도록 양보하는 것은 저작물의 공정 이용에 해당하는 것으로 ㄱ의 입장과 반대된다.

답 ④

035

윗글을 바탕으로 〈보기〉를 이해할 때, 적절하지 않은 것은?

〈보기〉

[자료 1]

다음은 저작물 공유 캠페인의 '자유 이용 허락' 조건 표시의 한 예이다.

(i) : 출처를 표시하고 자유롭게 사용 가능함.

(i)(S) : 출처를 표시하고 사용하되 상업적 사용은 안 됨.

[자료 2]

A는 자신의 미술 평론에 항상 (i)표시를 하여 블로그에 올렸다. B는 표시의 조건을 지키며 A의 미술 평론을 이용해 왔다. 최근 A는 조카의 돌잔치 동영상을 만들고 (i) (S)표시를 하여 블로그에 올렸다.

그런데 B는 그 동영상에서 자신의 저작물인 예술 사진이 동의 없이 사용된 것을 발견하였다. B는 A에게 예술 사진에 대한 저작권 사용료를 지불하라고 요구하였다.

① 유 대리 : A는 '자유 이용 허락' 조건 표시를 사용하는 것으로 보아 저작물의 공유 캠페인에 참여하는 사람이겠군.
② 이 주임 : B가 평소 A의 자료를 이용한 것에 대해서 A는 B에게 사용료 지불을 요구할 수 없겠군.
③ 정 사원 : A의 행위가 공정 이용에 해당한다면, A는 B에게 사용료를 지불하지 않아도 되겠군.
④ 한 주임 : B는 공정 이용 규정이 없었다면, A에게 사용료 지불을 요구할 수 없겠군.
⑤ 남 사원 : B가 A의 미술평론의 일부를 편집해 자신의 블로그에 올렸다면, A의 동의를 별도로 받지 않아도 되었겠군.

035

문제출제유형 사례의 분석 및 이해

| 정답해설 |

B는 자신의 예술 사진에 대해서는 저작물 공유 캠페인에 저작자로서는 참여하지 않았다. 그런데 A는 B의 허락 없이 B의 예술 사진을 자신의 동영상에 사용하였다. 이는 ① 문단 및 ③ 문단에서 설명한 저작물의 공정한 이용 규정에 해당한다. 다시 말해 저작물의 공정 이용과 공정 이용 규정이 있기 때문에 저작물을 저작권자의 허락 없이 무료로 사용할 수 있게 되는 것이다. 만일 공정 이용 규정이 없다면 저작권자에게 사용료를 지불해야 한다.

| 오답풀이 |

① A는 자신의 미술 평론에 자유 이용 허락 조건을 표시하여 블로그에 올렸으므로 저작물 공유 캠페인에 참여하는 사람이다.

② A는 자신의 평론을 올릴 때 출처만 표시하면 자유롭게 이용해도 된다는 이용 허락 조건을 달았고, 이는 저작물 공유 캠페인에 참여한 것이므로 A는 B에게 사용료 지불을 요구할 수 없다.

③ A는 B의 예술 사진을 허락받지 않고 사용했지만 이 행위가 공정 이용에 해당한다면 당연히 사용료를 지불하지 않아도 된다.

⑤ B가 A의 미술 평론을 그대로 사용하든 일부를 편집해서 사용하든 관계없이, A의 미술 평론은 출처만 밝힌다면 자유롭게 사용할 수 있다. 즉 A의 동의를 받지 않아도 사용 가능하다.

답 ④

다음은 ○○ 공단 기술팀 최 주임이 작성 중인 자료이다. 이를 읽고 물음에 답하시오.

1 지문은 손가락의 진피로부터 땀샘이 표피로 융기되어 일정한 흐름 모양으로 만들어진 것으로 솟아 오른 부분을 융선, 파인 부분을 골이라고 한다. 지문은 진피 부분이 손상되지 않는 한 평생 변하지 않는다. 이 때문에 홍채, 정맥, 목소리 등과 함께 지문은 신원을 확인하기 위한 중요한 생체 정보로 널리 사용되고 있다.

2 지문 인식 시스템은 등록된 지문과 조회하는 지문이 동일한지 판단함으로써 신원을 확인하는 생체 인식 시스템이다. 지문을 등록하거나 조회하기 위해서는 지문 입력 장치를 통해 지문의 융선과 골이 잘 드러나 있는 지문 영상을 얻어야 한다. 지문 입력 장치는 손가락과의 접촉을 통해 정보를 얻는데, 이때 지문의 융선은 접촉면과 닿게 되고 골은 닿지 않는다. 따라서 지문 입력 장치의 융선과 골에 대응하는 빛의 세기, 전하량, 온도와 같은 물리량에서 차이가 발생한다.

3 ⊙광학식 지문 입력 장치는 조명 장치, 프리즘, 이미지 센서로 구성되어 있다. 프리즘의 반사면에 손가락을 고정시키면 융선 부분에 묻어 있는 습기나 기름이 반사면에 얇은 막을 형성한다. 조면에서 나와 얇은 막에 입사된 빛은 굴절되거나 산란되어 약해진 상태로 이미지 센서에 도달한다. 골 부분은 반사면에 닿아 있지 않으므로 빛이 굴절, 산란되지 않고 반사되어 센서에 도달한다. 이미지 센서는 빛의 세기를 디지털 신호로 변환하여 지문 영상을 만든다. 이 장치는 지문이 있는 부위에 땀이나 기름기가 적은 건성 지문인 경우에는 온전한 지문 영상을 획득하기 어렵다.

4 ⊙정전형 센서식 지문 입력 장치는 미세한 정전형 센서들을 촘촘하게 배치한 판을 사용한다. 이 판에는 전기가 흐르고 각 센서마다 전하가 일정하게 충전되어 있다. 판에 손가락이 닿으면 전하가 방전되어 센서의 전하량이 줄어든다. 이때 융선이 접촉된 센서와 그렇지 않은 센서는 전하량에 차이가 생기는데, 각 센서의 전하량을 변환해 지문 영상을 얻는다.

5 ⊙초전형 센서식 지문 입력 장치는 인체의 온도 변화를 감지하는 여러 개의 작은 초전형 센서를 손가락의 폭에 해당하는 길이만큼 일렬로 배치해서 사용한다. 이 센서는 온도가 변할 때에만 신호가 발생하는 특성이 있다. 센서가 늘어선 방향과 직각 방향으로 손가락을 접촉시킨 채 이동시키면, 접촉면과 지문의 융선 사이에 마찰열이 발생하여 융선과 골에 따라 센서의 온도가 달라진다. 이때 발생하는 미세한 온도 변화를 센서가 감지하고 이에 해당하는 신호를 변환하여 연속적으로 저장해 지문 영상을 얻는다. 이 장치는 다른 지문 입력 장치보다 소형화할 수 있어 스마트폰과 같은 작은 기기에 장착할 수 있다.

6 ⓐ일반적으로 생체 인식 시스템에서는 '생체 정보 수집', '전 처리', '특징 데이터 추출', '정합'의 과정을 거치는데 지문 인식 시스템도 이를 따른다. 생체 정보 수집 단계는 지문 입력 장치를 사용하여 지문 영상을 얻는 과정에 해당한다. 전처리 단계에서는 지문 형태와 무관한 영상 정보를 제거하고 지문 형태의 특징이 부각되도록 지문 영상을 보정한다. 특징 데이터 추출 단계에서는 전처리 단계에서 보정된 영상으로부터 각 지문이 가진 고유한 특징 데이터를 추출한다. 특징 데이터로는 융선의 분포 유형, 융선의 위치와 연결 상태 등이 사용된다. 정합 단계에서는 사전에 등록되어 있는 특징 데이터와 지문 조회를 위해 추출된 특징 데이터를 비교하여 유사도를 계산한다. 이 값이 기준치보다 크면 동일한 사람의 지문으로 판정한다.

036

㉠~㉢을 사용해 정상적인 '지문 영상'을 얻었고 이를 회의 때 발표하였다. 각 센서에 감지되는 물리량에 대한 평가로 가장 적절한 것은?

① 홍 대리 : ㉠에서는, 융선의 위치에서 반사되어 센서에 도달한 빛의 세기가 골의 위치에서 반사되어 센서에 도달한 빛의 세기보다 강하겠군.

② 박 팀장 : ㉡에서는, 융선에 대응하는 센서의 전하량이 골에 대응하는 센서의 전하량과 같겠군.

③ 이 과장 : ㉡에서는, 융선에 대응하는 센서의 전하량이 골에 대응하는 센서의 전하량보다 적겠군.

④ 최 대리 : ㉢에서는, 융선에 대응하는 센서의 온도가 골에 대응하는 센서의 온도와 같겠군.

⑤ 고 대리 : ㉢에서는, 융선에 대응하는 센서의 온도가 골에 대응하는 센서의 온도보다 낮겠군.

문제출제유형 특징과 차이점 추론

| 정답해설 |

구분		⊙ 광학식 지문 입력 장치	ⓛ 정전형 센서식 지문 입력 장치	ⓒ 초전형 센서식 지문 입력 장치
구성		조명 장치, 프리즘, 이미지 센서	미세하고 많은 정전형 센서	손가락 폭의 길이로, 일렬로 배치된 초전형 센서
물리량		빛의 세기	전하량	온도
물리량 변화	융선	약함	줄어듦	높음
	골	그대로(상대적으로 강함)	그대로(상대적으로 많음)	그대로(상대적으로 낮음)

④ 문단에서는 판에 손가락이 닿으면 전하가 방전되어서 센서의 전하량이 줄어듦을 말하고 있다. 여기서 닿는 부분은 '융선' 부분이고 '골' 부분은 닿지 않으니까, '골' 부분의 전하량은 그대로(상대적으로 많음)다. 따라서 전하량은 융선 부분이 골 부분보다 적은 것으로 이과장이 가장 적절하게 설명하였다.

| 오답풀이 |

① ③ 문단에 따르면 융선의 위치에서 반사된 빛은 굴절되거나 산란되면서 약해진 상태로 이미지 센서에 도달한다. 이는 골의 위치에서 반사되어 센서에 도달한 빛의 세기보다 약하다는 것을 나타낸다.

② ④ 문단을 보면 판에 손가락이 닿으면 전하가 방전되어 센서의 전하량이 줄어든다고 제시되어 있다. 여기서 닿는 부분은 융선 부분이고, 골 부분은 닿지 않으므로 각각에 대응하는 센서의 전하량과 같지 않다.

④ ⑤ 문단을 보면 융선이 센서 위에서 이동할 때 접촉면과 지문의 융선 사이에 마찰열이 발생한다고 제시되어 있다. 융선에 대응하는 센서의 온도가 골에 대응하는 센서의 온도보다 높은 것이다.

⑤ ⑤ 문단을 보면 융선이 센서 위에서 이동할 때 접촉면과 지문의 융선 사이에 마찰열이 발생하는 것을 알 수 있다. 융선에 대응하는 센서의 온도가 골에 대응하는 센서의 온도보다 높은 것이다.

정답 ③

037

최 주임이 ⓐ에 따라 〈보기〉의 정보를 활용한 홍채 인식 시스템을 설계한다고 할 때, 단계별 고려 사항으로 적절하지 않은 것은?

〈보기〉

홍채는 각막과 수정체 사이에 있는 근육 막으로, 빛을 통과시키는 구멍인 동공을 둘러싸고 있다. 홍채 근육은 빛의 양을 조절하기 위해 수축하거나 이완하여 동공의 크기를 조절한다. 홍채에는 불규칙한 무늬가 있는데, 두 사람의 홍채 무늬가 같은 확률은 대략 20억 분의 1 정도로 알려져 있다.

---

① [생체 정보 수집] 홍채의 바깥에 각막이 있으므로 홍채 정보를 수집할 때에는 지문 입력 장치와 달리, 홍채 입력 장치와 홍채가 직접 닿지 않게 하는 방식을 고려해야 한다.

② [전 처리] 생체 정보 수집 단계에서 얻은 영상에서 홍채의 불규칙한 무늬가 나타난 부분만을 분리하는 과정이 필요하다.

③ [전 처리] 홍채의 불규칙한 무늬가 선명하게 드러날 수 있도록 생체 정보 수집 단계에서 얻은 영상을 보정해야 한다.

④ [특징 데이터 추출] 홍채 근육에 의해 동공의 크기가 달라진다는 점을 고려하여 홍채에서 동공이 차지하는 비율을 특징 데이터로 추출해야 한다.

⑤ [정합] 등록된 홍채의 특징 데이터와 조회하려는 홍채의 특징 데이터 사이의 유사도를 판정하는 기준치가 정해져 있어야 한다.

문제출제유형 근거를 바탕으로 한 추론 ─────────────────

| 정답해설 |

⊙는 ⑥ 문단 전체 내용을 나타내는 것으로 생체 정보 수집 단계, 진 처리 단계, 특징 데이터 추출 단계, 정합 단계를 설명하고 있다. 〈보기〉는 홍채의 불규칙한 무늬가 고유한 특성을 지니고 있음을 말하고 있다.

④ 홍채에서 동공이 차지하는 비율을 특징 데이터로 추출한다고 했는데, 〈보기〉를 보면 홍채 근육이 동공의 크기를 조절한다고 설명하고 있다. 이는 홍채의 기능에 해당할 뿐이므로 개인의 고유한 특징 데이터를 추출하는 특징 데이터 추출 단계와는 거리가 멀다.

| 오답풀이 |

① 만일 홍채에 직접 닿는다면 각막이 손상되거나 각막을 제거해야만 할 것이므로 적절한 설명이다.

② ⑥ 문단에서 지문의 경우 전 처리 단계에서 지문 형태와 무관한 영상 정보를 제거했듯이, 〈보기〉의 홍채도 마찬가지로 홍채 입력 장치에서 얻은 영상에서 특징 데이터인 홍채의 불규칙한 무늬 이외의 다른 불필요한 부분은 제거하고 불규칙한 무늬만 추출하는 과정이 이루어져야 한다.

③ ⑥ 문단에서 전 처리 단계에서 지문의 형태의 특징이 부각되도록 지문 영상을 보정했듯이, 〈보기〉의 홍채 영상 역시 홍채의 불규칙한 무늬가 선명하게 드러나게 보정을 해야 한다.

⑤ ⑥ 문단에 따르면 지문의 경우 정합 단계에서 등록된 데이터와 추출된 특징 데이터를 비교하여 유사도를 계산하고, 그 값의 기준치에 따라 동일한 사람인지 여부를 결정하므로 적절한 설명이다.

답 ④

[38 ~ 40] 다음은 보험을 취급하는 ○○ 공단의 내부 편람에서 발췌한 자료이다. 자료를 읽고 물음에 답하시오.

1 보험은 같은 위험을 보유한 다수인이 위험 공동체를 형성하여 보험료를 납부하고 보험 사고가 발생하면 보험금을 지급받는 제도이다. 보험 상품을 구입한 사람은 장래의 우연한 사고로 인한 경제적 손실에 ㉠대비할 수 있다. 보험금 지급은 사고 발생이라는 우연적 조건에 따라 결정되는데, 이처럼 보험은 조건의 실현 여부에 따라 받을 수 있는 재화나 서비스가 달라지는 조건부 상품이다.

2 위험 공동체의 구성원이 납부하는 보험료와 지급받는 보험금은 그 위험 공동체의 사고 발생 확률을 근거로 산정된다. 특정 사고가 발생할 확률은 정확히 알 수 없지만 그동안 발생된 사고를 바탕으로 그 확률을 예측한다면 관찰 대상이 많아짐에 따라 실제 사고 발생 확률에 근접 하게 된다. 본래 보험 가입의 목적은 금전적 이득을 취하는 데 있는 것이 아니라 장래의 경제적 손실을 보상받는 데 있으므로 위험 공동체의 구성원은 자신이 속한 위험 공동체의 위험에 상응하는 보험료를 납부하는 것이 공정할 것이다. 따라서 공정한 보험에서는 구성원 각자가 납부하는 보험료와 그가 지급받을 보험금에 대한 기댓값이 일치해야 하며 구성원 전체의 보험료 총액과 보험금 총액이 일치해야 한다. 이때 보험금에 대한 기댓값은 사고가 발생할 확률에 사고 발생 시 수령할 보험금을 곱한 값이다. 보험금에 대한 보험료의 비율(보험료/보험금)을 보험료율이라고 하는데, 보험료율이 사고 발생 확률보다 높으면 구성원 전체의 보험료 총액이 보험금 총액보다 더 많고, 그 반대의 경우에는 구성원 전체의 보험료 총액이 보험금 총액보다 더 적게 된다. 따라서 공정한 보험에서는 보험료율과 사고 발생 확률이 같아야 한다.

3 물론 현실에서 보험사는 영업 활동에 소요되는 비용 등을 보험료에 반영하기 때문에 공정한 보험이 적용되기 어렵지만 기본적으로 위와 같은 원리를 바탕으로 보험료와 보험금을 산정한다. 그런데 보험 가입자들이 자신이 가진 위험의 정도에 대해 진실한 정보를 알려주지 않는 한, 보험사는 보험 가입자 개개인이 가진 위험의 정도를 정확히 ㉡파악하여 거기에 상응하는 보험료를 책정하기 어렵다. 이러한 이유로 사고 발생 확률이 비슷하다고 예상되는 사람들로 구성된 어떤 위험 공동체에 사고 발생 확률이 높은 사람들이 동일한 보험료를 납부하고 진입하게 되면, 그 위험 공동체의 사고 발생 빈도가 높아져 보험사가 지급하는 보험금의 총액이 증가한다.

보험사는 이를 보전하기 위해 구성원이 납부해야 할 보험료를 ㉢인상할 수밖에 없다. 결국, 자신의 위험 정도에 상응하는 보험료보다 더 높은 보험료를 납부하는 사람이 생기게 되는 것이다. 이러한 문제는 정보의 비대칭성에서 비롯하는데 보험 가입자의 위험 정도에 대한 정보는 보험 가입자가 보험사보다 더 많이 갖고 있기 때문이다. 이를 해결하기 위해 보험사는 보험 가입자의 감춰진 특성을 파악할 수 있는 수단이 필요하다.

④ 우리 상법에 규정되어 있는 고지 의무는 이러한 수단이 법적으로 구현된 제도이다. 보험 계약은 보험 가입자의 청약과 보험사의 승낙으로 성립된다. 보험 가입자는 반드시 계약을 체결하기 전에 '중요한 사항'을 알려야 하고, 이를 사실과 다르게 진술해서는 안 된다. 여기서 '중요한 사항'은 보험사가 보험 가입자의 청약에 대한 승낙을 결정하거나 차등적인 보험료를 책정하는 근거가 된다. 따라서 고지 의무는 결과적으로 다수의 사람들이 자신의 위험 정도에 상응하는 보험료보다 더 높은 보험료를 납부해야 하거나, 이를 이유로 아예 보험에 가입할 동기를 상실하게 되는 것을 방지한다.

⑤ 보험 계약 체결 전 보험 가입자가 고의나 중대한 과실로 '중요한 사항'을 보험사에 알리지 않거나 사실과 다르게 알리면 고지 의무를 위반하게 된다. 이러한 경우에 우리 상법은 보험사에 계약 해지권을 부여한다. 보험사는 보험 사고가 발생하기 이전이나 이후에 상관없이 고지 의무 위반을 이유로 계약을 해지할 수 있고, 해지권 행사는 보험사의 일방적인 의사 표시로 가능하다. 해지를 하면 보험사는 보험금을 지급할 책임이 없게 되며, 이미 보험금을 지급했다면 그에 대한 반환을 청구할 수 있다. 일반적으로 법에서 의무를 위반하게 되면 위반한 자에게 그 의무를 이행하도록 강제하거나 손해 배상을 청구할 수 있는 것과 달리, 보험 가입자가 고지 의무를 위반했을 때에는 보험사가 해지권만 행사할 수 있다. 그런데 보험사의 계약 해지권이 제한되는 경우도 있다. 계약 당시에 보험사가 고지 의무 위반에 대한 사실을 알았거나 중대한 과실로 알지 못한 경우에는 보험 가입자가 고지 의무를 위반했어도 보험사의 해지권은 ㉣배제된다. 이는 보험 가입자의 잘못보다 보험사의 잘못에 더 책임을 둔 것이라 할 수 있다. 또 보험사가 해지권을 행사할 수 있는 기간에도 일정한 제한을 두고 있는데, 이는 양자의 법률관계를 신속히 확정함으로써 보험 가입자가 불안정한 법적 상태에 장기간 놓여 있는 것을 방지하려는 것이다. 그러나 고지해야 할 '중요한 사항' 중 고지 의무 위반에 해당되는 사항이 보험 사고와 인과 관계가 없을 때에는 보험사는 보험금을 지급할 책임이 있다. 그렇지만 이때에도 해지권은 행사할 수 있다.

⑥ 보험에서 고지 의무는 보험에 가입하려는 사람의 특성을 검증함으로써 다른 가입자에게 보험료가 부당하게 ㉤전가되는 것을 막는 기능을 한다. 이로써 사고의 위험에 따른 경제적 손실에 대비하고자 하는 보험 본연의 목적이 달성될 수 있다.

038

윗글을 이해한 내용으로 가장 적절한 것은?

① 허 주임 : 보험사가 청약을 하고 보험 가입자가 승낙해야 보험 계약이 해지된다.

② 박 사원 : 구성원 전체의 보험료 총액보다 보험금 총액이 더 많아야 공정한 보험이 된다.

③ 임 대리 : 보험 사고 발생 여부와 관계없이 같은 보험료를 납부한 사람들은 동일한 보험금을 지급받는다.

④ 손 사원 : 보험에 가입하고자 하는 사람이 알린 중요한 사항을 근거로 보험사는 보험 가입을 거절할 수 있다.

⑤ 하 사원 : 우리 상법은 보험 가입자보다 보험사의 잘못을 더 중시하기 때문에 보험사에 계약 해지권을 부여하고 있다.

법령형 문제 왜 출제되는가?

① 법령형 문제는 문항의 지문 대부분이 취준생들에게는 생소한 법률, 규정과 관련된 지문이다. 그러므로 일반 지문에 비해 가독성이 떨어지는 반면, 지문의 길이가 길어 읽는데 시간이 많이 걸린다.

② 문항의 구조는 주로 지문과 선지의 내용 간 일치·불일치 여부를 판단하거나, 간단한 계산을 통해 특정 숫자를 도출하는 형태로 출제된다.

③ 이러한 문항이 출제되는 이유는 NCS 시험을 통해 선발하는 공공기관들의 대부분이 법정기관이기 때문이다. 그러므로 실무에서도 법률 및 각종 규정을 바탕으로 업무를 수행해야 하는 경우가 많기 때문에 이러한 문항을 출제하는 것이다.

④ 취준생들에게 법령형 문제의 지문은 익숙하기 않기 때문에 군이 억지로 꼬아서 문제를 출제하지 않아도 자연스럽게 문항 변별력을 발생시킬 수 있는 장점도 있다.

문제출제유형 내용의 일치, 불일치 파악

| 정답해설 |

> 손 사원은 보험에 가입하고자 하는 사람이 알린 '중요한 사항'을 근거로 보험사는 보험 가입을 거절할 수 있다고 본다. 여기서 중요한 사항은 보험사가 보험 가입자의 청약에 대한 승낙을 결정하거나 차등적인 보험료를 책정하는 근거가 된다. 따라서 손 사원은 적절히 이해하였다.

| 오답풀이 |

① ④ 문단을 보면 "보험 계약은 보험 가입자의 청약과 보험사의 승낙으로 성립된다"고 되어 있다. ⑤ 문단을 보면 "해지권 행사는 보험사의 일방적인 의사 표시로 가능하다"고 되어 있다. 이를 통해 보험사의 청약이나 보험 가입자의 승낙 여부와 상관 없이, 보험사가 보험 계약을 해지할 수 있다.

② ② 문단에서는 공정한 보험과 관련하여 구성원 전체의 보험료 총액과 보험금 총액이 일치해야 한다고 명시하였으므로 박 사원은 잘못 이해하였다.

③ ① 문단에는 "보험금 지급은 사고 발생이라는 우연적 조건에 따라 결정되는데, 이처럼 보험은 조건의 실현 여부에 따라 받을 수 있는 재화나 서비스가 달라지는 조건부 상품이다."라고 명시되어 있으므로 임 대리는 잘못 이해하였다.

⑤ ⑤ 문단에 따르면 "보험 계약 체결 전 보험 가입자가 고의나 중대한 과실로 중요한 사항을 보험사에 알리지 않거나 사실과 다르게 알리면 고지 의무를 위반한 게 된다. 이러한 경우에 우리 상법은 보험사에 계약 해지권을 부여한다"고 설명하고 있다. 여기서 보험사에 계약 해지권을 부여하는 이유는 보험사의 잘못이 아니라 보험 가입자의 잘못인 것이므로 하 사원은 잘못 이해하였다.

정답 ④

039

㉠~㉤을 사용하여 만든 문장으로 적절하지 않은 것은?

① ㉠ : 지난해의 이익과 손실을 <u>대비</u>해 올해 예산을 세웠다.
② ㉡ : 일을 시작하기 전에 상황을 <u>파악</u>하는 것이 중요하다.
③ ㉢ : 임금이 <u>인상</u>되었다는 소식에 많은 사람들이 기뻐했다.
④ ㉣ : 이번 실험이 실패할 가능성을 전혀 <u>배제</u>할 수는 없다.
⑤ ㉤ : 그는 자신의 실수에 대한 책임을 동료에게 <u>전가</u>했다.

그대의 하루하루를
그대의 마지막 날이라고 생각하라.

Flaccus Quintus Horatius

모둘형

문제출제유형 어휘의 의미와 사용 ─────────────────────────────

정답해설

> 대비(對備)는 앞으로 일어날지도 모르는 어떠한 일에 대응하기 위해 미리 준비한다는 뜻이다. '지난해의 이익과 손실을 대비해 올해 예산을 세웠다'의 대비(對比)는 두 가지의 차이를 밝히기 위하여 서로 맞대어 비교한다는 뜻이다.

오답풀이

② 파악(把握)은 어떤 대상의 내용이나 본질을 확실하게 이해하여 안다는 뜻으로 적절히 사용되었다.

③ 인상(引上)은 물건값, 봉급, 요금 따위를 올린다는 뜻으로 적절히 사용되었다.

④ 배제(排除)는 받아들이지 않고 물리쳐 제외한다는 뜻으로 적절히 사용되었다.

⑤ 전가(轉嫁)는 잘못이나 책임을 다른 사람에게 넘겨씌운다는 뜻으로 적절히 사용되었다.

답 ①

040

편람의 ②를 바탕으로 〈보기〉의 상황을 이해한 내용으로 적절한 것은?

〈보기〉

사고 발생 확률이 각각 0.1과 0.2로 고정되어 있는 위험 공동체 A와 B가 있다고 가정한다. A와 B에 모두 공정한 보험이 항상 적용된다고 할 때, 각 구성원이 납부할 보험료와 사고 발생 시 지급받을 보험금을 산정하려고 한다.

※ 단, 동일한 위험 공동체의 구성원끼리는 납부하는 보험료가 같고, 지급받는 보험금이 같다. 보험료는 한꺼번에 모두 납부한다.

① 허 주임 : A에서 보험료를 두 배로 높이면 보험금은 두 배가 되지만 보험금에 대한 기댓값은 변하지 않는다.

② 박 사원 : B에서 보험금을 두 배로 높이면 보험료는 변하지 않지만 보험금에 대한 기댓값은 두 배가 된다.

③ 임 대리 : A에 적용되는 보험료율과 B에 적용되는 보험료율을 서로 같다.

④ 손 사원 : A와 B에서 보험금이 서로 같다면 A에서의 보험료는 B에서의 보험료의 두 배이다.

⑤ 하 사원 : A와 B에서의 보험료가 서로 같다면 A와 B에서의 보험금에 대한 기댓값은 서로 같다.

[문제출제유형] 지문의 핵심 정보 이해

| 정답해설 |

편람 ②를 바탕으로 〈보기〉에 따라 보험료 A를 $P(A)$, 보험료 B를 $P(B)$라 하고, 보험금을 각각 $Q(A)$, $Q(B)$라고 한다면 보험료율, 사고 발생 확률, 보험금에 대한 기댓값을 정리할 수 있다.

구분	A	B
보험료율	$\dfrac{P(A)}{Q(A)}$	$\dfrac{P(B)}{Q(B)}$
사고 발생 확률	0.1	0.2
보험금에 대한 기댓값	$0.1 \times Q(A)$	$0.2 \times Q(B)$

〈보기〉에서는 또한 "모두 공정한 보험이 항상 적용된다"고 명시하고 있으므로 편람 ②의 '보험료=보험금에 대한 기댓값, 보험료율=사고 발생 확률'이라는 내용을 적용할 수 있다. 여기서 보험금에 대한 기댓값은 '사고 발생 확률×보험금'이고, 보험료율은 $\dfrac{보험료}{보험금}$가 된다.

구분	A	B
보험료=보험금에 대한 기댓값	$P(A) = 0.1 \times Q(A)$	$P(B) = 0.2 \times Q(B)$
보험료율=사고 발생 확률	$\dfrac{P(A)}{Q(A)} = 0.1$	$\dfrac{P(B)}{Q(B)} = 0.2$

하 사원은 A와 B에서의 보험료가 서로 같다면 A와 B에서의 보험금에 대한 기댓값은 서로 같다고 적절히 이해하였다. 즉 보험금에 대한 기댓값=보험료이므로 표에서 보듯이 $P(A) = 0.1 \times Q(A)$와 $P(B) = 0.2 \times Q(B)$의 관계가 성립된다. 하 사원은 $P(A)$와 $P(B)$가 같다는 가정을 하였으므로 $0.1 \times Q(A)$와 $0.2 \times Q(B)$은 같아진다.

| 오답풀이 |

① 보험료율=사고 발생 확률이므로 A의 보험료율은 0.1로 정해져 있다. 여기서 $P(A) = 0.1 \times Q(A)$이므로 A에서 보험료를 두 배로 높이면 보험금은 두 배가 된다. 허 주임은 보험금에 대한 기댓값은 변하지 않는다고 했으므로 잘못 이해하였다.

② 공정한 보험에서는 보험료와 보험금에 대한 기댓값이 같아야 하므로 박 사원은 잘못 이해하였다.

③ 〈보기〉에는 A의 보험료율은 0.1, B의 보험료율은 0.2로 명시되어 있으므로 임 대리는 잘못 이해하였다.

④ 조건에 따라 A와 B의 보험금이 서로 같다면 B에서의 보험료는 A에서의 보험료의 두 배가 되므로 손 사원은 잘못 이해하였다.

답 ⑤

다음은 한국○○과학 연구원의 콘크리트에 대한 연구자료이다. 글을 읽고 물음에 답하시오.

1 '콘크리트'는 건축 재료로 다양하게 사용되고 있다. 일반적으로 콘크리트가 근대 기술의 ⊙산물로 알려져 있지만 콘크리트는 이미 고대 로마 시대에도 사용되었다. 로마 시대의 탁월한 건축미를 보여 주는 판테온은 콘크리트 구조물인데, 반구형의 지붕인 돔은 오직 콘크리트로만 이루어져 있다. 로마인들은 콘크리트의 골재 배합을 달리하면서 돔의 상부로 갈수록 두께를 점점 줄여 지붕을 가볍게 할 수 있었다. 돔 지붕이 지름 45m 남짓의 넓은 원형 내부 공간과 이어지도록 하였고, 지붕의 중앙에는 지름 9m가 넘는 ⓛ원형의 천창을 내어 빛이 내부 공간을 채울 수 있도록 하였다.

2 콘크리트는 시멘트에 모래와 자갈 등의 골재를 섞어 물로 반죽한 혼합물이다. 콘크리트에서 결합재 역할을 하는 시멘트가 물과 만나면 ⓒ점성을 띠는 상태가 되며, 시간이 지남에 따라 수화 반응이 일어나 골재, 물, 시멘트가 결합하면서 굳어진다. 콘크리트의 수화 반응은 상온에서 일어나기 때문에 작업하기에도 좋다. 반죽 상태의 콘크리트를 거푸집에 부어 경화시키면 다양한 형태와 크기의 구조물을 만들 수 있다. 콘크리트의 골재는 종류에 따라 강도와 밀도가 다양하므로 골재의 종류와 비율을 조절하여 콘크리트의 강도와 밀도를 다양하게 변화시킬 수 있다. 그리고 골재들 간의 접촉을 높여야 강도가 높아지기 때문에, 서로 다른 크기의 골재를 배합하는 것이 효과적이다.

3 콘크리트가 철근 콘크리트로 발전함에 따라 건축은 구조적으로 더욱 견고해지고, 형태 면에서는 더욱 다양하고 자유로운 표현이 가능해졌다. 일반적으로 콘크리트는 누르는 힘인 압축력에는 쉽게 부서지지 않지만 당기는 힘인 인장력에는 쉽게 부서진다. 압축력이나 인장력에 재료가 부서지지 않고 그 힘에 견딜 수 있는, 단위 면적당 최대의 힘을 각각 '압축 강도'와 '인장 강도'라 한다. 콘크리트의 압축 강도는 인장 강도보다 10배 이상 높다. 또한, 압축력을 가했을 때 최대한 줄어드는 길이는 인장력을 가했을 때 최대한 늘어나는 길이보다 훨씬 길다. 그런데 철근이나 철골과 같은 철재는 인장력과 압축력에 의한 변형 정도가 콘크리트보다 작은 데다가 압축 강도와 인장 강도 모두가 콘크리트보다 높다. 특히 인장 강도는 월등히 더 높다. 따라서 보강재로 철근을 콘크리트에 넣어 대부분의 인장력을 철근이 받도록 하면 인장력에 취약한 콘크리트의 단점이 크게 보완된다. 다만 철근은 무겁고 비싸기 때문에, 대개는 인장력을 많이 받는 부분을 정확히 계산하여 그 지점을 ⓔ위주로 철근을 보강한다. 또한, 가해진 힘의 방향에 수직인 방향으로 재료가 변형되는 점도 고려해야 하는데, 이때 필요한 것이 '포아송 비'이다. 철재는 콘크리트보다 포아송 비가 크며, 대체로 철재의 포아송 비는 0.3, 콘크리트는 0.15 정도이다.

4 강도가 높고 지지력이 좋아진 철근 콘크리트를 건축 재료로 사용하면서, 대형 공간을 축조하고 기둥의 간격도 넓힐 수 있게 되었다. 20세기에 들어서면서부터 근대 건축에서 철근 콘크리트는 예술적 ⓝ영감을 줄 수 있는 재료로 인식되기 시작하였다. 기술이 예술의 가장 중요한 근원이라는 신념을 가졌던 르 코르뷔지에는 철근 콘크리트 구조의 장점을 사보아 주택에서 완벽히 구현하였다. 사보아 주택은 벽이 건물의 무게를 지탱하는 구조로 설계된 건축물과는 달리 기둥만으로 건물 본체의 하중을 지탱하도록 설계되어 건물이 공중에 떠 있는 듯한 느낌을 준다. 2층 거실을 둘러싼 벽에는 수평으로 긴 창이 나 있고, 건축가가 '건축적 산책로'라고 이름 붙인 경사로는 지상의 출입구에서 2층의 주거 공간으로 이어지다가 다시 테라스로 나와 지붕까지 연결된다. 목욕실 지붕에 설치된 작은 천창을 통해 하늘을 바라보면 이 주택이 자신을 중심으로 펼쳐진 또 다른 소우주임을 느낄 수 있다. 평평하고 넓은 지붕에는 정원이 조성되어, 여기서 산책하다 보면 대지를 바다 삼아 항해하는 기선의 갑판에 서 있는 듯하다.

5 철근 콘크리트는 근대 이후 가장 중요한 건축 재료로 널리 사용되어 왔지만 철근 콘크리트의 인장 강도를 높이려는 연구가 계속되어 프리스트레스트 콘크리트가 등장하였다. 프리스트레스트 콘크리트는 다음과 같이 제작된다. 먼저, 거푸집에 철근을 넣고 철근을 당긴 상태에서 콘크리트 반죽을 붓는다. 콘크리트가 굳은 뒤에 당기는 힘을 제거하면, 철근이 줄어들면서 콘크리트에 압축력이 작용하여 외부의 인장력에 대한 저항성이 높아진 프리스트레스트 콘크리트가 만들어진다. 킴벨 미술관은 개방감을 주기 위하여 기둥 사이를 30m 이상 벌리고 내부의 전시 공간을 하나의 층으로 만들었다. 이 간격은 프리스트레스트 콘크리트 구조를 활용하였기에 구현할 수 있었고, 일반적인 철근 콘크리트로는 구현하기 어려웠다. 이 구조로 이루어진 긴 지붕의 틈새로 들어오는 빛이 넓은 실내를 환하게 채우며 철근 콘크리트로 이루어진 내부를 대리석처럼 빛나게 한다.

6 이처럼 건축 재료에 대한 기술적 탐구는 언제나 새로운 건축 미학의 원동력이 되어 왔다. 특히 근대 이후에는 급격한 기술의 발전으로 혁신적인 건축 작품들이 탄생할 수 있었다. 건축 재료와 미학의 유기적인 관계는 앞으로도 지속될 것이다.

041

한국○○과학 연구원은 자체 세미나에서 위 자료를 갖고 토론하였다. 내용에 대한 이해로 적절하지 않은 것은?

① 강 대리 : 판테온의 돔에서 상대적으로 더 얇은 부분은 상부 쪽이다.

② 김 주임 : 사보아 주택의 지붕은 여유를 즐길 수 있는 공간으로도 활용되었다.

③ 박 사원 : 킴벨 미술관은 철근 콘크리트의 인장 강도를 높이는 방법을 이용하여 넓고 개방된 내부 공간을 확보하였다.

④ 이 팀장 : 판테온과 사보아 주택은 모두 천창을 두어 빛이 위에서 들어올 수 있도록 하였다.

⑤ 전 대리 : 사보아 주택과 킴벨 미술관은 모두 층을 구분하지 않도록 구성하여 개방감을 확보하였다.

친절하세요.

당신이 만나는 사람은

모두 격심한 전쟁을 치르고 있으니까요.

Plato

문제출제유형 지문의 특징과 서술 방식의 이해

| 정답해설 |

> ④ 문단에서 '사보아 주택'은 2층 거실이 있고, 지붕 위에 정원이 조성되어 있고, 목욕실 천장에는 천창이 있는 구조이지만 공간을 하나의 층으로 구성하여 개방감을 확보했다는 것은 나오지 않는다. 오히려 2층 거실이 있다고 했으므로 적어도 두 개의 층으로 구성되어 있음을 의미하므로 전 대리는 잘못 이해하였다.

| 오답풀이 |

① ① 문단의 "돔의 상부로 갈수록 두께를 점점 줄여 지붕을 가볍게 할 수 있었다"는 부분에서 두께를 점점 줄이는 것은 곧 점점 얇게 만들었다는 뜻이므로 강 대리는 적절히 이해하였다.

② ④ 문단의 "평평하고 넓은 지붕에는 정원이 조성되어 있어 여기서 산책하다 보면 대지를 바다 삼아 항해하는 기선의 갑판에 서 있는 듯하다"고 제시되어 있다. 지붕 위 정원에서 산책을 하면서 바다를 항해하는 배 위에 있는 기분을 느끼는 것은 여유를 즐기는 것이라 해석할 수 있으므로 김 주임은 적절히 이해하였다.

③ ⑤ 문단의 "철근 콘크리트의 인장 강도를 높이려는 연구가 계속되어 프리스트레스트 콘크리트가 등장하였다"는 것을 통해 철근 콘크리트의 인장 강도를 높이는 방법이 곧 프리스트레스트 콘크리트라는 것을 알 수 있다. 또한, ⑤ 문단에 "킴벨 미술관은 개방감을 주기 위하여 기둥 사이를 30m 이상 벌리고 내부의 전시 공간을 하나의 층으로 만들었다. 이 간격은 프리스트레스트 콘크리트 구조를 활용하였기에 구현할 수 있었고"라고 설명되어 있으므로 박 사원은 적절히 이해하였다.

④ ① 문단의 "지붕의 중앙에는 지름 9m가 넘는 원형의 천창을 내어 빛이 내부 공간을 채울 수 있도록 하였다"를 통해 판테온에 천창이 있음을 확인할 수 있고 ④ 문단의 "목욕실 지붕에 설치된 작은 천창을 통해"에서 사보아 주택에도 천창이 있음을 알 수 있으므로 이 팀장은 적절히 이해하였다.

답 ⑤

042

㉠ ~ ㉤을 사용하여 만든 문장으로 적절하지 않은 것은?

① ㉠ : 행복은 성실하고 꾸준한 노력의 <u>산물</u>이다.

② ㉡ : 이 건축물은 후대 미술관의 <u>원형</u>이 되었다.

③ ㉢ : 이 물질은 <u>점성</u> 때문에 끈적끈적한 느낌을 준다.

④ ㉣ : 그녀는 채소 <u>위주</u>의 식단을 유지하고 있다.

⑤ ㉤ : 그의 발명품은 형의 조언에서 <u>영감</u>을 얻은 것이다.

알아두면 좋은 한자성어

- 곡학아세(曲學阿世) : 배운 것을 바르게 펴기 못하고 세속에 굽혀 아부하는 태도를 의미한다. 학문을 왜곡하여 세상에 아첨하는 것, 즉 자신의 지식이나 사회적 위치를 이용하여 기회주의적으로 자신의 소신이나 철학에 관계없이 학문을 왜곡하고 이로써 권세나 시시에 아첨하는 행위를 일컫는 말이다.
- 명경지수(明鏡止水) : 맑은 거울과 정지된 물이라는 뜻으로, 사념이 전혀 없는 고요하고 깨끗한 마음을 가리키는 말이다.
- 순망치한(脣亡齒寒) : 입술이 없으면 이가 시리다는 말로 서로 떨어질 수 없는 밀접한 관계를 일컫는 말이다.

[문제출제유형] 근거를 바탕으로 한 종합적 추론 ──────────────────────────

| 정답해설 |

> ⓒ의 원형(圓形)은 둥근 모양, 즉 원 모양을 말한다. '이 건축물은 후대 미술관의 원형이 되었다.'에서 원형(原形)은 '같거나 비슷한 여러 개가 만들어져 나온 본바탕'을 말한다.

| 오답풀이 |

① 산물(産物)은 '어떤 것에 의하여 생겨나는 사물이나 현상을 비유적으로 이르는 말'로 적절한 문장이다.

③ 점성(粘性)은 '차지고 끈끈한 성질'이라는 뜻으로 끈적끈적한 느낌을 주는 것과 같은 의미이므로 적절한 문장이다.

④ 위주(爲主)는 '으뜸으로 삼음'이라는 뜻으로 채소 위주의 식단을 유지하고 있다는 문장은 적절하게 사용되었다.

⑤ 영감(靈感)은 '창조적인 일의 계기가 되는 기발한 착상이나 자극'이라는 뜻으로 발명품에 적절한 문장이다.

답 ②

043

위 자료와 〈보기〉를 읽고 추론한 내용으로 적절하지 않은 것은?

〈보기〉

철골은 매우 높은 강도를 지닌 건축 재료로, 규격화된 직선의 형태로 제작된다. 철근 콘크리트 대신 철골을 사용하여 기둥을 만들면 더 가는 기둥으로도 간격을 더욱 벌려 세울 수 있어 훨씬 넓은 공간 구현이 가능하다. 하지만 산화되어 녹이 슨다는 단점이 있어 내식성 페인트를 칠하거나 콘크리트를 덧입히는 등 산화 방지 조치를 하여 사용한다.

베를린 신국립미술관은 철골의 기술적 장점을 미학적으로 승화시킨 건축물이다. 거대한 평면 지붕은 여덟 개의 십자형 기둥만이 떠받치고 있고, 지붕과 지면 사이에는 가벼운 유리벽이 사면을 둘러싸고 있다. 최소한의 설비 외에는 어떠한 것도 천장에 닿아 있지 않고 내부 공간이 텅 비어 있어 지붕은 공중에 떠 있는 느낌을 준다. 미술관 내부에 들어가면 넓은 공간 속에서 개방감을 느끼게 된다.

① 강 대리 : 베를린 신국립미술관의 기둥에는 산화 방지 조치가 되어 있겠군.

② 김 주임 : 휘어진 곡선 모양의 기둥을 세우려 할 때는 대체로 철골은 재료로 쓰지 않겠군.

③ 박 사원 : 베를린 신국립미술관은 철골을, 킴벨 미술관은 프리스트레스트 콘크리트를 활용하여 개방감을 구현하였겠군.

④ 이 팀장 : 가는 기둥들이 넓은 간격으로 늘어선 건물을 지을 때 기둥의 재료로는 철골보다 철근 콘크리트가 더 적합하겠군.

⑤ 전 대리 : 베를린 신국립미술관의 지붕과 사보아 주택의 건물이 공중에 떠 있는 느낌을 주는 것은 벽이 아닌 기둥이 구조적으로 중요한 역할을 하고 있기 때문이겠군.

문제출제유형 〈보기〉를 바탕으로 한 종합적 추론

| 정답해설 |

〈보기〉에는 또 다른 건축 재료로서의 철골의 특징(장단점)을 설명한 다음, 철골을 건축 재료로 건축한 사례인 '베를린 신국립미술관'의 건축적 특징과 미학적 특징을 설명하고 있다.

이 팀장은 '가는 기둥들이 넓은 간격으로 늘어선 건물을 지을 때 기둥의 재료로는 철골보다 철근 콘크리트가 더 적합하겠다'고 말하고 있다. 〈보기〉에서는 '철근 콘크리트 대신 철골을 사용하여 기둥을 만들면 더 가는 기둥으로도 간격을 더욱 벌려 세울 수 있다'고 했으므로 이 팀장은 정반대로 이해하였다.

| 오답풀이 |

① 〈보기〉의 둘째 문단을 통해 '베를린 신국립미술관'의 기둥은 철골을 사용하고 있다는 것을 알 수 있다. 또한 〈보기〉의 첫 문단 마지막에서는 철골은 녹이 슬기 때문에 산화 방지 조치를 해야 한다고 했으므로 강 대리의 추론은 적절하다.

② 〈보기〉의 첫 문장에서 철골은 직선의 형태로 제작된다고 설명하고 있다. ② 문단에서는 '콘크리트가 철근 콘크리트로 발전함에 따라 형태 면에서 더욱 다양하고 자유로운 표현이 가능해졌다'고 설명하고 있다. 이를 통해 휘어진 곡선 모양의 기둥을 세우려 할 때에는 철골이 아니라 철근 콘크리트를 사용할 것임을 알 수 있으므로 김 주임은 적절히 추론하였다.

③ 〈보기〉에서는 '베를린 신국립미술관'이 철골을 이용하여 개방감을 구현했다고 설명하고 있다. ⑤ 문단의 "킴벨 미술관은 개방감을 주기 위하여 기둥 사이를 30m 이상 벌리고 프리스트레스트 콘크리트 구조를 활용하였기에 구현"했다고 되어 있으므로 박 사원의 추론은 적절하다.

⑤ 〈보기〉의 "거대한 평면 지붕은 여덟 개의 십자형 철골 기둥만이 떠받치고 있고"와 "최소한의 설비 외에는 어떠한 것도 천장에 닿아 있지 않고 내부 공간이 텅 비어 있어 지붕은 공중에 떠 있는 느낌을 준다"에서 철골 기둥이 '최소한의 설비'에 해당하는 것이며, 지붕이 공중에 떠 있는 느낌을 주는 이유가 됨을 알 수 있다. 또한 ④ 문단에서는 "사보아 주택은 기둥만으로 건물 본체의 하중을 지탱하도록 설계되어 건물이 공중에 떠 있는 듯한 느낌을 준다"고 제시되어 있으므로 전 대리의 추론은 적절하다.

답 ④

[44 ~ 46] 귀하는 ○○산업은행의 자료조사업무를 수행하고 있다. 아래의 글을 읽고 물음에 답하시오.

1 과거에 일어난 금융위기에 대해 많은 연구가 진행되었어도 그 원인에 대해 의견이 모아지지 않는 경우가 대부분이다. 이것은 금융위기가 여러 차원의 현상이 복잡하게 얽혀 발생하는 문제이기 때문이기도 하지만, 사람들의 행동이나 금융 시스템의 작동 방식을 이해하는 시각이 다양하기 때문이기도 하다. 은행위기를 중심으로 금융위기에 관한 주요 시각을 다음과 같은 네 가지로 분류할 수 있다. 이들이 서로 배타적인 것은 아니지만 주로 어떤 시각에 기초해서 금융위기를 이해하는가에 따라 그 원인과 대책에 대한 의견이 달라진다고 할 수 있다.

2 우선, 은행의 지불능력이 취약하다고 많은 예금주들이 예상하게 되면 실제로 은행의 지불능력이 취약해지는 현상, 즉 ㉠'자기 실현적 예상'이라 불리는 현상을 강조하는 시각이 있다. 예금주들이 예금을 인출하려는 요구에 대응하기 위해 은행이 예금의 일부만을 지급준비금으로 보유하는 부분준비제도는 현대 은행 시스템의 본질적 측면이다. 이 제도에서는 은행의 지불능력이 변화하지 않더라도 예금주들의 예상이 바뀌면 예금 인출이 쇄도하는 사태가 일어날 수 있다. 예금은 만기가 없고 선착순으로 지급하는 독특한 성격의 채무이기 때문에, 지불능력이 취약해져서 은행이 예금을 지급하지 못할 것이라고 예상하게 된 사람이라면 남보다 먼저 예금을 인출하는 것이 합리적이기 때문이다. 이처럼 예금 인출이 쇄도하는 상황에서 예금 인출 요구를 충족시키려면 은행들은 현금 보유량을 늘려야 한다. 이를 위해 은행들이 앞다투어 채권이나 주식, 부동산과 같은 자산을 매각하려고 하면 자산 가격이 하락하게 되므로 은행들의 지불능력이 실제로 낮아진다.

3 둘째, ㉡은행의 과도한 위험 추구를 강조하는 시각이 있다. 주식회사에서 주주들은 회사의 모든 부채를 상환하고 남은 자산의 가치에 대한 청구권을 갖는 존재이고 통상적으로 유한책임을 진다. 따라서 회사의 자산 가치가 부채액보다 더 커질수록 주주에게 돌아올 이익도 커지지만, 회사가 파산할 경우에 주주의 손실은 그 회사의 주식에 투자한 금액으로 제한된다. 이러한 ⓐ비대칭적인 이익 구조로 인해 수익에 대해서는 민감하지만 위험에 대해서는 둔감하게 된 주주들은 고위험 고수익 사업을 선호하게 된다. 결과적으로 주주들이 더 높은 수익을 얻기 위해 감수해야 하는 위험을 채권자에게 전가하는 것인데, 자기자본비율이 낮을수록 이러한 동기는 더욱 강해진다. 은행과 같은 금융 중개 기관들은 대부분 부채비율이 매우 높은 주식회사 형태를 띤다.

④ 셋째, ⓒ은행가의 은행 약탈을 강조하는 시각이 있다. 전통적인 경제 이론에서는 은행의 부실을 과도한 위험 추구의 결과로 이해해왔다. 하지만 최근에는 은행가들에 의한 은행 약탈의 결과로 은행이 부실해진다는 인식도 ⓑ강해지고 있다. 과도한 위험 추구는 은행의 수익률을 높이려는 목적으로 은행의 재무 상태를 악화시킬 위험이 큰 행위를 은행가가 선택하는 것이다. 이에 비해 은행 약탈은 은행가가 자신에게 돌아올 이익을 추구하여 은행에 손실을 초래하는 행위를 선택하는 것이다. 예를 들어 은행가들이 자신이 지배하는 은행으로부터 남보다 유리한 조건으로 대출을 받는다거나, 장기적으로 은행에 손실을 초래할 것을 알면서도 자신의 성과급을 높이기 위해 단기적인 성과만을 추구하는 행위 등은, 지배 주주나 고위 경영자의 지위를 가진 은행가가 은행에 대한 지배력을 사적인 이익을 위해 사용한다는 의미에서 약탈이라고 할 수 있다.

⑤ 넷째, ⓒ이상 과열을 강조하는 시각이 있다. 위의 세 가지 시각과 달리 이 시각은 경제 주체의 행동이 항상 합리적으로 이루어지는 것은 아니라는 관찰에 기초하고 있다. 예컨대 많은 사람이 자산 가격이 일정 기간 상승하면 앞으로도 계속 상승할 것이라 예상하고, 일정 기간 하락하면 앞으로도 계속 하락할 것이라 예상하는 경향을 보인다. 이 경우 자산 가격 상승은 부채의 증가를 낳고 이는 다시 자산 가격의 더 큰 상승을 낳는다. 이러한 상승 작용으로 인해 거품이 커지는 과정은 경제 주체들의 부채가 과도하게 늘어나 금융 시스템을 취약하게 만들게 되므로, 거품이 터져 금융 시스템이 붕괴하고 금융위기가 일어날 현실적 조건을 강화시킨다.

044

부서장으로부터 아래 〈보기〉의 자료를 받았고, 윗글에 제시된 네 가지 시각으로 〈보기〉에 대한 평가를 받아오라는 지시를 받았다. 가장 적절한 평가는?

〈보기〉

1980년대 후반에 A국에서 장기 주택담보 대출에 전문화한 은행인 저축대부조합들이 대량 파산하였다. 이 사태와 관련하여 다음과 같은 사실들이 주목받았다.

■ 1970년대 이후 석유 가격 상승으로 인해 부동산 가격이 많이 오른 지역에서 저축대부조합들의 파산이 가장 많았다.

■ 부동산 가격의 상승을 보고 앞으로도 자산 가격의 상승이 지속될 것을 예상하고 빚을 얻어 자산을 구입하는 경제 주체들이 늘어났다.

■ A국의 정부는 투자 상황을 낙관하여 저축대부조합이 고위험채권에 투자할 수 있도록 규제를 완화하였다.

■ 예금주들이 주인이 되는 상호회사 형태였던 저축대부조합들 중 다수가 1980년대에 주식회사 형태로 전환하였다.

■ 파산 전에 저축대부조합의 대주주와 경영자들에 대한 보상이 대폭 확대되었다.

① 최 팀장 : ㉠은 위험을 감수하고 고위험채권에 투자한 정도와 고위 경영자들에게 성과급 형태로 보상을 지급한 정도가 비례했다는 점을 들어, 은행의 고위 경영자들을 비판할 것이다.

② 박 과장 : ㉡은 부동산 가격 상승에 대한 기대 때문에 예금주들이 책임질 수 없을 정도로 빚을 늘려 은행이 위기에 빠진 점을 들어, 예금주의 과도한 위험 추구 행태를 비판할 것이다.

③ 김 대리 : ㉢은 저축대부조합들이 주식회사로 전환한 점을 들어, 고위험채권 투자를 감행한 결정이 궁극적으로 예금주의 이익을 더욱 증가시켰다고 은행을 옹호할 것이다.

④ 홍 부장 : ㉢은 저축대부조합이 정부의 규제 완화를 틈타 고위험채권에 투자하는 공격적인 경영을 한 점을 들어, 저축대부조합들의 행태를 용인한 예금주들을 비판할 것이다.

⑤ 이 과장 : ㉣은 차입을 늘린 투자자들, 고위험채권에 투자한 저축대부조합들, 규제를 완화한 정부 모두 낙관적인 투자 상황이 지속될 것이라고 예상한 점을 들어, 그 경제 주체 모두를 비판할 것이다.

문제출제유형 자료를 바탕으로 사례 평가

| 정답해설 |

⑤ 문단의 "이 시각은 경제 주체의 행동이 항상 합리적으로 이루어지는 것은 아니라는 관찰에 기초하고 있다. 예컨대 많은 사람이 자산 가격이 일정 기간 상승하면 앞으로도 계속 상승할 것이라 예상하고"를 통해 볼 때, ㉣은 자산 가격이 상승하면 계속 상승할 것이라고 예상하는 사람들의 행동을 비합리적르로 본다. 따라서 ㉣의 시각에서 본다면 〈보기〉의 각 경제 주체들이 낙관적인 투자 상황이 지속될 것이라고 예상한 것, 즉 가격이 계속 상승할 것이라고 예상하는 비합리적 행동을 했다는 점을 근거로 들어 그 경제 주체 모두를 비판하게 될 것이다. 이 과장이 가장 적절히 평가하였다.

| 오답풀이 |

① 최 팀장은 ㉠이 위험을 감수하고 고위험채권에 투자한 정도와 고위 경영자들에게 성과급 형태로 보상을 지급한 정도가 비례했다는 점을 들어 은행의 고위 경영자들을 비판할 것이라고 본다. 이는 ㉢의 내용에 해당하므로 적절하지 않은 평가다.

② 박 과장은 ㉡이 부동산 가격 상승에 대한 기대 때문에 예금주들이 책임질 수 없을 정도로 빚을 늘려 은행이 위기에 빠진 점을 들어 예금주의 과도한 위험 추구 행태를 비판할 것이라고 본다. 이는 ㉣의 시각이므로 적절하지 않은 평가다.

③ 김 대리는 ㉢이 저축대부조합들이 주식회사로 전환한 점을 들어 고위험채권 투자를 감행한 결정이 궁극적으로 예금주의 이익을 더욱 증가시켰다고 은행을 옹호할 것이라고 본다. 이는 ㉡의 시각에 가까우므로 적절하지 않은 평가다.

④ 홍 부장은 ㉢이 저축대부조합이 정부의 규제 완화를 틈타 고위험채권에 투자하는 공격적인 경영을 한 점을 들어 저축대부조합들의 행태를 용인한 예금주들을 비판할 것이고 본다. 이는 ㉡의 시각에 가까우므로 적절하지 않은 평가다.

답 ⑤

045

ⓐ에 대한 의견으로 적절하지 않은 것은?

① 김 주임 : 파산한 회사의 자산 가치가 부채액에 못 미칠 경우에 주주들이 져야 할 책임은 한정되어 있다.

② 박 대리 : 회사의 자산 가치에서 부채액을 뺀 값이 0보다 클 경우에, 그 값은 원칙적으로 주주의 몫이 된다.

③ 전 팀장 : 회사가 자산을 다 팔아도 부채를 다 갚지 못할 경우에, 얼마나 많이 못 갚는지는 주주들의 이해와 무관하다.

④ 오 대리 : 주주들이 선호하는 고위험 고수익 사업은 성공한다면 회사가 큰 수익을 얻지만, 실패한다면 회사가 큰 손실을 입을 가능성이 높다.

⑤ 이 과장 : 주주들이 고위험 고수익 사업을 선호하는 것은, 이런 사업이 회사의 자산 가치와 부채액 사이의 차이가 줄어들 가능성을 높이기 때문이다.

모든 기회에는

어려움이 있으며

모든 어려움에는

기회가 있다.

Sidlow Baxter

문제출제유형 내용의 진위 추론

| 정답해설 |

> ⓐ는 주식회사에 주주들의 이익과 책임의 크기에 차이가 있음을 보여준다. 회사의 이익이 커질수록 주주들의 이익은 커질 수 있는데, 반대로 손실을 볼 경우에는 자신의 주식만큼만 유한책임을 지게 된다. 이 과장은 주주들이 고위험 고수익 사업을 선호하는 것은 이런 사업이 회사의 자산 가치와 부채액 사이의 차이가 줄어들 가능성을 높이기 때문이라고 말하고 있다. 이는 ⓐ에 대한 설명과 모순되므로 평가 의견으로 적절하지 않다.

| 오답풀이 |

① 3 문단의 "회사가 파산할 경우에는 주주의 손실은 그 회사의 주식에 투자한 금액으로 제한된다"에서 주주의 손실이 주식에 투자한 금액으로 제한된다는 것은 유한책임을 진다는 것을 의미하므로 김 주임의 의견은 적절하다.

② 3 문단의 "주주들은 회사의 모든 부채를 상환하고 남은 자산의 가치에 대한 청구권을 갖는 존재"에서 '회사의 모든 부채를 상환하고 남은 자산'은 곧 회사의 자산 가치-부채액이다. 만약 이 값이 0보다 클 경우에는 이 몫이 주주의 몫이므로 박 대리의 의견은 적절하다.

③ 3 문단에서 "주주의 손실은 그 회사의 주식에 투자한 금액으로 제한"됨이 나타나 있다. 이는 주주들은 투자 금액을 잃을 뿐 회사가 부채를 얼마나 많이 못 갚는지는 주주들의 이해와 무관하다는 것이므로 전 팀장의 의견은 적절하다.

④ 3 문단에서는 "회사의 자산 가치가 부채액보다 더 커질수록 주주에게 돌아올 이익도 커지지만, 회사가 파산할 경우에는 주주의 손실은 그 회사의 주식에 투자한 금액으로 제한된다"고 설명하고 있다. 이는 주주의 입장에서 설명한 것이지만 회사의 입장에서 생각한다면 오 대리의 의견과 일치한다.

답 ⑤

046

모듈형 ★☆☆☆☆

문맥상 ⓑ와 바꿔 쓰기에 적절하지 않은 것은?

① 커지고
② 많아지고
③ 늘어나고
④ 나아지고
⑤ 높아지고

문맥적 의미 문제 공략법

단어의 앞뒤 맥락과 문장의 흐름을 고려하여 의미를 유추하는 것이므로 문장성분을 만들기 위해 사용한 조사나 어미, 접사의 의도까지 놓치지 말아야 한다.

예를 들면, '미적 관조'라는 말을 읽게 되면, '~적(的)'의 관형사적 의미를 추론하여 '아름다움을 관조하다', '아름다움의 관조' 등으로 바꾸어 이해할 수 있다.

그러므로 우리말의 문법적 기능을 하는 형태소의 쓰임을 바르게 이해하는 편이 의도를 더욱 정확히 파악할 수 있는 토대가 된다.

(문제출제유형) 어휘의 문맥적 의미

| 정답해설 |

ⓑ의 문맥은 "하지만 최근에는 은행가들에 의한 은행 약탈의 결과로 은행이 부실해진다는 인식도 강해지고 있다"는 것이다. 즉 최근에 은행 약탈의 결과로 은행이 부실해진다는 생각을 가진 사람들이 많아진다는 것이고, 이러한 생각이 더 설득력을 가진 견해로 받아들여지고 있음을 말하고 있다. 이때 '강해지고'는 ① 커지고, ② 많아지고, ③ 늘어나고 ⑤ 높아지고와 대체할 수 있다.

그러나 ④ 나아지고는 어떤 일이나 생태가 좋아진다는 뜻으로 '은행 약탈의 결과로 은행이 부실해진다는 생각에서 벗어나 점점 좋아진다'가 되므로 ⓑ가 표현하고자 하는 것과 다른 의미가 된다.

답 ④

047

다음 글의 내용이 참일 때, 반드시 참인 진술은?

- 김 대리, 박 대리, 이 과장, 최 과장, 정 부장은 A 회사의 직원들이다.
- A 회사의 모든 직원은 내근과 외근 중 한 가지만 한다.
- A 회사의 직원 중 내근을 하면서 미혼인 사람에는 직책이 과장 이상인 사람은 없다.
- A 회사의 직원 중 외근을 하면서 미혼이 아닌 사람은 모두 그 직책이 과장 이상이다.
- A 회사의 직원 중 외근을 하면서 미혼인 사람은 모두 연금 저축에 가입해 있다.
- A 회사의 직원 중 미혼이 아닌 사람은 모두 남성이다.

① 갑 : 김 대리가 내근을 한다면, 그는 미혼이다.

② 을 : 박 대리가 미혼이면서 연금 저축에 가입해 있지 않다면, 그는 외근을 한다.

③ 병 : 이 과장이 미혼이 아니라면, 그는 내근을 한다.

④ 정 : 최 과장이 여성이라면, 그는 연금 저축에 가입해 있다.

⑤ 무 : 정 부장이 외근을 한다면, 그는 연금 저축에 가입해 있지 않다.

휴노형

문제출제유형 논리 추론

정답해설

제시된 진술을 다음과 같이 정리할 수 있다.
㉮ : 내근 vs 외근(배타적 선언문)
㉯ : 내근 + 미혼 → not 과장 이상
㉰ : 외근 + not 미혼 → 과장 이상
㉱ : 외근 + 미혼 → 연금 저축 가입
㉲ : not 미혼 → 남성

오답풀이

① '㉰'에 의해 과장 이상이 아닌 경우 외근을 하지 않거나 미혼이다. 김 대리가 내근을 한다면 그가 미혼이든 미혼이 아니든 지문의 내용은 참이 된다. 따라서 반드시 참은 아니다.

② '㉱'에 의해 박 대리가 연금 저축에 가입해 있지 않다면 그는 외근을 하지 않거나 미혼이 아니다. 박 대리는 미혼이므로 외근을 하지 않는다. 따라서 반드시 거짓이다.

③ 이 과장이 미혼이 아니라면 '㉯'에 의해 그가 내근을 하지 않는 경우도 성립한다. 따라서 반드시 참은 아니다.

⑤ 정 부장이 외근을 한다면 '㉰'에 의해 그는 미혼이거나 그렇지 않은 경우가 성립하며, 외근을 하면서 미혼이 아닌 경우라면 '㉱'에 의해 그가 연금 저축에 가입해 있는지는 파악할 수 없다.

답 ④

048

다음 대화의 내용이 참일 때, 거짓인 진술은?

팀장 : 위기관리체계 점검 회의를 위해 외부 전문가를 위촉해야 하는데, 위촉 후보자는 A, B, C, D, E, F 여섯 사람입니다.

대리 : 그건 저도 알고 있습니다. 그런데 A와 B 중 적어도 한 명은 위촉해야 합니다. 지진 재해와 관련된 전문가들은 이들뿐이거든요.

팀장 : 동의합니다. 그런데 A는 C와 같이 참여하기를 바라고 있습니다. 그러니까 C를 위촉할 경우에만 A를 위촉해야 합니다.

주임 : 별문제 없어 보입니다. C는 반드시 위촉해야 하거든요. 회의 진행을 맡을 사람이 필요한데, C가 적격입니다. 그런데 C를 위촉하기 위해서는 D, E, F 세 사람 중 적어도 한 명은 위촉해야 합니다. C가 회의를 진행할 때 도움이 될 사람이 필요하거든요.

대리 : E를 위촉할 경우에는 F도 반드시 위촉해야 합니다. E는 F가 참여하지 않으면 참여하지 않겠다고 했거든요.

주임 : 주의할 점이 있습니다. B와 D를 함께 위촉할 수는 없습니다. B와 D는 같은 학술 단체 소속이거든요.

---

① 갑 : 총 3명만 위촉하는 방법은 모두 3가지이다.

② 을 : A는 위촉되지 않을 수 있다.

③ 병 : B를 위촉하기 위해서는 F도 위촉해야 한다.

④ 정 : D와 E 중 적어도 한 사람은 위촉해야 한다.

⑤ 무 : D를 포함하여 최소 인원을 위촉하려면 총 3명을 위촉해야 한다.

[문제출제유형] 논리 추론 ―――――――――――――――――――――――――――――――――

| 정답해설 |

지문에 제시된 진술을 다음과 같이 정리할 수 있다.

대리 1 : A or/and B

팀장 2 : A → C

주임 1 : C + (D, E, F 중 1명)

대리 2 : E → F

주임 2 : not (B + D)

A or/and B이고, 반드시 C를 위촉하므로 다음과 같은 경우의 수가 나온다.

A	B	C	D	E	F
O	O	O			
O	×	O			
×	O	O			

B를 위촉할 경우 D는 위촉할 수 없다.

A	B	C	D	E	F
O	O	O	×		
O	×	O			
×	O	O	×		

E를 위촉할 때 반드시 F를 위촉하면 어떤 경우이든 가능하다. 이를 통해 도출할 수 있는 경우는 다음과 같다.

경우	A	B	C	D	E	F
1	O	O	O	×	O	O
2	O	O	O	×	×	O
3	O	×	O	O	O	O
4	O	×	O	×	O	O
5	O	×	O	×	×	O
6	O	×	O	O	×	×
7	×	O	O	×	O	O
8	×	O	O	×	×	O

정은 "D와 E 중 적어도 한 사람은 위촉해야 한다"고 진술했는데 '경우 2, 5, 8'과 같이 D나 E를 위촉하지 않고 F만 위촉할 수도 있다.

| 오답풀이 |

① 갑은 "총 3명만 위촉하는 방법은 모두 3가지"라고 했는데 참이다. (경우 5, 6, 8)

② 을은 "A는 위촉되지 않을 수 있다"고 했는데 참이다. (경우 7, 8)

③ 병은 "B를 위촉하기 위해서는 F도 위촉해야 한다"고 했는데 참이다. (경우 1, 2, 7, 8)

⑤ 무는 "D를 포함하여 최소인원을 위촉하려면 총 3명을 위촉해야 한다"고 했는데 참이다. (경우 6)

답 ④

논리 추론형 퀴즈 문제

논리 추론형 퀴즈 문제로 빈번히 출제되는 것은 참/거짓 문제 유형이다. 이러한 문제의 문항의 경우 양립불가 능하거나 모순된 진술이 있는지 여부를 우선적으로 검토하여 해결할 수 있다. 만약 서로 저촉되는 진술이 없을 때에는 '경우의 수'가 가장 적게 나오는 진술을 기준으로 그 진술이 참일 때와 거짓일 때로 경우를 나누어 각각을 검토하며 문제의 조건을 충족시킬 수 있는지 여부를 조사하여야 한다.

다음 글의 내용이 참일 때, 우수사원으로 반드시 표창받는 사람의 수는?

지난 1년간의 평가에 의거하여, 우수사원 표창을 하고자 한다. 세 개의 부서에서 갑, 을, 병, 정, 무 다섯 명을 표창 대상자로 추천했는데, 각 부서는 근무평점이 높은 순서로 추천하였다. 이들 중 갑, 을, 병은 같은 부서 소속이고 갑의 근무평점이 가장 높다. 추천된 사람 중에서 아래 네 가지 조건 중 적어도 두 가지를 충족하는 사람만 우수사원으로 표창을 받는다.

- 소속 부서에서 가장 높은 근무평점을 받아야 한다.
- 근무한 날짜가 250일 이상이어야 한다.
- 직원 교육자료 집필에 참여한 적이 있으면서, 직원 연수교육에 3회 이상 참석하여야 한다.
- 정부출연연구소에서 활동한 사람은 그 활동 보고서가 인사부서에 공식 자료로 등록되어야 한다.

지난 1년 동안 이들의 활동 내역은 다음과 같다.

- 250일 이상을 근무한 사람은 을, 병, 정이다.
- 갑, 병, 무 세 명 중에서 250일 이상을 근무한 사람은 모두 자신의 정부출연연구소 활동 보고서가 인사부서에 공식 자료로 등록되었다.
- 만약 갑이 직원 교육자료 집필에 참여하지 않았거나 무가 직원 교육자료 집필에 참여하지 않았다면, 다섯 명의 후보 중에서 근무한 날짜의 수가 250일 이상인 사람은 한 명도 없다.
- 정부출연연구소에서 활동한 적이 없는 사람은 모두 직원 연수교육에 1회 또는 2회만 참석했다.
- 그리고 다섯 명의 후보 모두 직원 연수교육에 3회 이상 참석했다.

① 1명
② 2명
③ 3명
④ 4명
⑤ 5명

049

문제출제유형 논리 추론

정답해설

지문에 제시된 우수사원으로 표창받기 위한 조건을 다음과 같이 정리할 수 있다.
㉮ : 소속 부서에서 가장 높은 근무평점
㉯ : 근무한 날짜가 250일 이상
㉰ : 직원 교육자료 집필에 참여하고 직원 연수교육에 3회 이상 참석
㉱ : 정부출연연구소에서 활동한 사람은 그 활동 보고서가 인사부서 공식자료로 등록

조건과 지문의 진술을 통해 각 조건에 해당하는 후보를 다음과 같이 추론할 수 있다.
조건 ㉮ : 갑, 을, 병이 같은 부서 소속이고 갑의 근무평점이 가장 높다. 이때 세 부서가 근무평점 순으로 추천하므로 정, 무는 나머지 2개 부서 소속이고 각 부서에서 가장 높은 근무평점을 받았음을 알 수 있다. 따라서 조건을 충족하는 후보는 갑, 정, 무다.
조건 ㉯ : 250일 이상을 근무해야 조건이 충족되므로 조건을 충족하는 후보는 을, 병, 정이다.
조건 ㉰ : 250일 이상을 근무한 사람이 있으므로 갑과 무는 모두 직원 교육자료 집필에 참여하였다. 다섯 명의 후보 모두 직원 연수교육에 3회 이상 참석했으므로 조건을 충족하는 후보는 갑, 무다.
조건 ㉱ : 다섯 명의 후보 모두 직원 연수교육에 3회 이상 참석했으므로 이들 모두가 정부출연연구소에서 활동한 적이 있다. 여기서 250일 이상을 근무하여 활동 보고서가 인사부서에 공식 자료로 등록된 사람은 병이므로 조건을 충족하는 후보는 병이다.

이를 다음과 같이 표로 정리할 수 있다.

구분		최고평점	250일	집필 + 연수	자료 등록
부서 1	갑	O	×	O	×
	을	×	O		×
	병	×	O		O
부서 2	정	O	O		×
부서 3	무	O	×	O	×

을을 제외한 4명은 두 가지 조건을 충족하므로, 우수 직원으로 반드시 표창받는다.

답 ④

050

다음 글은 ○○생명연구원의 연구자료이다. 이를 근거로 판단할 때, 옳은 평가를 내린 사람을 모두 고르면?

특정 물질의 치사량은 주로 동물 연구와 실험을 통해서 결정한다. 치사량의 단위는 주로 LD50을 사용하는데, 'LD'는 'Lethal Dose'의 약어로 치사량을 의미하고, '50'은 물질 투여 시 실험 대상 동물의 50%가 죽는 것을 의미한다. 이런 이유로 LD50을 반수(半数) 치사량이라고 한다. 일반적으로 치사량이란 '즉시' 생명을 앗아갈 수 있는 양을 의미하고 있으므로 '급성' 반수 치사량이 사실 정확한 표현이다. LD50 값을 표기할 때는 보통 실험 대상 동물이 몸무게 1kg을 기준으로 하는 mg/kg 단위를 사용한다.

독성이 강하다는 보톡스의 LD50 값은 1ng/kg으로 복어 독보다 1만 배 이상 강하다. 일상에서 쉽게 접할 수 있는 카페인의 LD50 값은 200mg/kg이며 니코틴의 LD50 값은 1mg/kg이다. 커피 1잔에는 평균적으로 150mg의 카페인이 들어있으며 담배 한 개비에는 평균적으로 0.1mg의 니코틴이 함유되어 있다.

※ 1ng(나노그램)=10^{-6}mg=10^{-9}g

갑 : 복어 독의 LD50 값은 0.01mg/kg 이상이다.

을 : 일반적으로 독성이 더 강한 물질일수록 LD50 값이 더 작다.

병 : 몸무게가 7kg인 실험 대상 동물의 50%가 즉시 치사하는 카페인 투여량은 1.4g이다.

정 : 몸무게가 60kg인 실험 대상 동물의 50%가 즉시 치사하는 니코틴 투여량은 1개비당 니코틴 함량이 0.1mg인 담배 60개비에 들어 있는 니코틴의 양에 상응한다.

① 갑, 을
② 갑, 병
③ 갑, 을, 병
④ 을, 병, 정
⑤ 갑, 을, 병, 정

050

[문제출제유형] 정보 추론 ―――――――――――――――――――――――――――――――――――――

| 정답해설 |

- 갑은 "복어 독의 LD50 값은 0.01mg/kg 이상"이라고 했는데 옳은 평가이다. 보톡스의 LD50 값은 1ng/kg으로 복어 독보다 1만 배 이상 강하다고 했으므로 10,000ng/kg을 mg/kg으로 변환하면 $1ng = 10^{-6}mg$이므로 0.01mg/kg이 된다.
- 을은 "일반적으로 독성이 더 강한 물질일수록 LD50 값이 더 작다"고 했는데 옳은 평가다. 반수를 죽음에 이르도록 할 때 필요한 물질의 양이 더 작다면 일반적으로 독성이 더 강하다고 할 수 있다.
- 병은 "몸무게가 7kg인 실험 대상 동물의 50%가 즉시 치사하는 카페인 투여량은 1.4g이다."라고 했는데 옳은 평가다. 7kg 동물의 LD50 값은 1,400mg/kg이다. g와 mg는 1,000단위만큼 차이가 나므로, 1.4g/kg이다.
- 정은 "몸무게가 60kg인 실험 대상 동물의 50%가 즉시 치사하는 니코틴 투여량은 1개비당 니코틴 함량이 0.1mg인 담배 60개비에 들어있는 니코틴의 양에 상응한다"고 했는데 이는 적절하지 않다. 몸무게와 담배 개비 수가 같으므로, 1kg에 대한 LD50 값이 0.1mg/kg인지 확인하면 된다. 그러나 니코틴의 LD50은 1mg/kg이다.

답 ③

051

다음 글은 ○○농수산 식품연구원의 보고서의 일부이다. 이 글을 읽고 평가한 것으로 옳지 않은 것은?

---

1. 유엔 식량농업기구(FAO)에 따르면 곤충의 종류는 2,013종인데, 그 중 일부가 현재 식재료로 사용되고 있다. 곤충은 병균을 옮기는 더러운 것으로 알려져 있지만 깨끗한 환경에서 사육된 곤충은 식용에 문제가 없다.

2. 식용으로 귀뚜라미를 사육할 경우 전통적인 육류 단백질 공급원보다 생산에 필요한 자원을 절감할 수 있다. 귀뚜라미가 다른 전통적인 단백질 공급원보다 뛰어난 점은 다음과 같다. 첫째, 쇠고기 0.45kg을 생산하기 위해 필요한 자원으로 식용 귀뚜라미 11.33kg을 생산할 수 있다. 이것이 가능한 가장 큰 이유는 귀뚜라미가 냉혈동물이라 돼지나 소와 같이 체내 온도 유지를 위한 먹이를 많이 소비하지 않기 때문이다.

3. 둘째, 식용 귀뚜라미 0.45kg을 생산하는 데 필요한 물은 감자나 당근을 생산하는 데 필요한 수준인 3.8 ℓ 이지만, 닭고기 0.45kg을 생산하려면 1,900 ℓ 의 물이 필요하며, 쇠고기는 닭고기의 경우보다 4배 이상의 물이 필요하다. 셋째, 귀뚜라미를 사육할 때 발생하는 온실가스의 양은 가축을 사육할 때 발생하는 온실가스양의 20%에 불과하다.

4. 현재 곤충 사육은 많은 지역에서 이루어지고 있지만, 식용 곤충의 공급이 제한적이고 사람들에게 곤충도 식량이 될 수 있다는 점을 이해시키는 데 어려움이 있다. 따라서 새로운 식용 곤충 생산과 공급방법을 확충하고 곤충 섭취에 대한 사람들의 거부감을 줄이는 방안이 필요하다.

5. 현재 식용 귀뚜라미는 주로 분말 형태로 100g당 10달러에 판매된다. 이는 같은 양의 닭고기나 쇠고기의 가격과 큰 차이가 없다. 그러나 인구가 현재보다 20억 명 더 늘어날 것으로 예상되는 2050년에는 귀뚜라미 등 곤충이 저렴하게 저녁식사 재료로 공급될 것이다.

---

① 김 연구원 : 쇠고기 생산보다 식용 귀뚜라미 생산에 자원이 덜 드는 이유 중 하나는 귀뚜라미가 냉혈동물이라는 점이다.

② 이 연구원 : 현재 곤충 사육은 많은 지역에서 이루어지고 있지만, 식용으로 사용되는 곤충의 종류는 일부에 불과하다.

③ 박 연구원 : 식용 귀뚜라미와 동일한 양의 쇠고기를 생산하려면, 귀뚜라미 생산에 필요한 물보다 500배의 물이 필요하다.

④ 정 연구원 : 식용 귀뚜라미 생산에는 쇠고기 생산보다 자원이 적게 들지만, 현재 이 둘의 100g당 판매 가격은 큰 차이가 없다.

⑤ 임 연구원 : 가축을 사육할 때 발생하는 온실가스의 양은 귀뚜라미를 사육할 때의 5배다.

051

문제출제유형 내용의 진위 확인

| 정답해설 |

> 박 연구원은 "식용 귀뚜라미와 동일한 양의 쇠고기를 생산하려면 귀뚜라미 생산에 필요한 물보다 500배의 물이 필요하다"고 본다. 2 문단과 3 문단을 종합적으로 고려해보면 식용 귀뚜라미 0.45kg을 생산하기 위해 물 3.8 ℓ 가 필요하다. 그런데 쇠고기의 경우 1,900 ℓ 의 4배 이상, 즉 7,600 ℓ 이상의 물이 필요하다. 즉 쇠고기는 귀뚜라미 생산보다 2,000배 이상의 물이 필요하다.

| 오답풀이 |

① 1 문단에 따르면 냉혈동물인 귀뚜라미는 먹이를 많이 소비하지 않는다고 설명한다. 이는 생산에 자원이 덜 들어간다는 것을 의미하므로 김 연구원은 적절히 평가하였다.

② 1 문단에 따르면 곤충의 종류 중 일부가 현재 식재료로 사용되고 있다. 또한, 3 문단에서는 곤충 사육은 많은 지역에서 이루어지고 있음이 나타난다. 즉 사육은 많은 지역에서 이루어지고 있지만 식용으로 사용되는 곤충의 종류에 일부에 불과하다는 것으로 이 연구원은 적절히 평가하였다.

④ 2 문단에 따르면 동일한 자원으로 식용 귀뚜라미를 더 많이 생산할 수 있으므로 귀뚜라미 생산에 자원이 더 적게 든다는 것을 확인할 수 있다. 또한, 4 문단에 따르면 식용 귀뚜라미의 판매 가격은 쇠고기의 가격과 큰 차이가 없으므로 정 연구원은 적절히 평가하였다.

⑤ 2 문단에 따르면 귀뚜라미를 사육할 때 발생하는 온실가스의 양은 가축을 사육할 때의 20%이다. 귀뚜라미를 기준으로 한다면 가축을 사육할 때 발생하는 온실가스의 양은 귀뚜라미를 사육할 때의 5배이므로 임 연구원은 적절히 평가하였다.

답 ③

다음 글은 ○○전파통신진흥원의 회의 자료이다. 이 자료를 근거로 판단할 때 옳지 않은 평가를 한 사람은?

> ① 여러분이 컴퓨터 키보드의 @ 키를 하루에 몇 번이나 누르는지 한번 생각해 보라. 아마도 이메일 덕분에 사용빈도가 매우 높을 것이다. 이탈리아에서는 '달팽이', 네덜란드에서는 '원숭이 꼬리'라 부르고 한국에서는 '골뱅이'라고 불리는 이 '엣(at)' 키는 한때 수동 타자기와 함께 영영 잊힐 위기에 처하기도 하였다.
>
> ② 6세기 @은 라틴어 전치사인 'ad'*를 한 획에 쓰기 위한 합자(合字)였다. 그리고 시간이 흐르면서 @은 베니스, 스페인, 포르투갈 상인들 사이에 측정 단위를 나타내는 기호로 사용되었다. 베니스 상인들은 @을 부피의 단위인 암포라(amphora)를 나타내는 기호로 사용하였으며, 스페인과 포르투갈의 상인들은 질량의 단위인 아로바(arroba)를 나타내는 기호로 사용하였다. 스페인에서의 1아로바는 현재의 9.5kg에 해당하며, 포르투갈에서의 1아로바는 현재의 12kg에 해당한다. 이후에 @은 단가를 뜻하는 기호로 변화하였다. 예컨대 '복숭아 12@1.5달러'로 표기한 경우 복숭아 12개의 가격이 18달러라는 것을 의미했다.
>
> ③ @ 키는 1885년 미국에서 언더우드 타자기에 등장하였고 20세기까지 자판에서 자리를 지키고 있었지만 사용빈도는 점차 줄어들었다. 그런데 1971년 미국의 한 프로그래머가 잊혀지다시피 하였던 @ 키를 살려낸다. 연구개발 업체에서 인터넷상의 컴퓨터 간 메시지 송신기술 개발을 담당했던 그는 @ 키를 이메일 기호로 활용했던 것이다.
>
> * *ad* : 현대 영어의 'at' 또는 'to'에 해당하는 전치사

① K 직원 : 1960년대 말 @ 키는 타자기 자판에서 사라지면서 사용빈도가 점차 줄었다.
② L 소장 : @이 사용되기 시작한 지 1,000년이 넘었다.
③ P 직원 : @이 단가를 뜻하는 기호로 쓰였을 때, '토마토 15개@3달러'라면 토마토 15개의 가격은 45달러였을 것이다.
④ H 팀장 : @은 전치사, 측정 단위, 단가, 이메일 기호 등 다양한 의미로 활용되어 왔다.
⑤ Y 직원 : 스페인 상인과 포르투갈 상인이 특정 단위로 사용했던 1@는 그 질량이 동일하지 않았을 것이다.

052

문제출제유형 정보의 진위 확인

정답해설

> K 직원은 "1960년대 말 @ 키는 타자기 자판에서 사라지면서 사용빈도가 점차 줄었다"고 한다. ③ 문단을 보면 @ 키는 20세기 말까지 사용빈도만 줄어들었을 뿐이지 타자기 자판에서는 사라진 것은 아니다. 따라서 K 직원은 잘못 평가하였다.

오답풀이

② ② 문단에는 @이 6세기부터 사용되었다는 단서가 제시되어 있다. 따라서 1,000년 이상 사용된 것이므로 L 소장은 적절히 평가하였다.

③ ② 문단에 따르면 '토마토 15@3달러'는 토마토 1개당 3달러일 때 토마토 15개의 가격을 나타낸다. 따라서 15×3=45달러인 것으로 P 직원은 적절히 평가하였다.

④ ② 문단에 따르면 @는 전치사, 측정 단위, 단가로 사용되었으며 이메일 기호로도 사용되었음이 나타나 있다. 따라서 H 팀장은 적절히 평가하였다.

⑤ ② 문단에 따르면 스페인의 @는 현재 9.5kg에 해당하며 포르투갈의 @은 현재 12kg에 해당한다. 특정 단위로 사용된 @의 질량은 동일하지 않으므로 Y 직원은 적절히 평가하였다.

답 ①

053

다음은 ○○농산물품질관리원에서 연구한 정책보고서의 내용이다. 이 글을 근거로 판단할 때, 일반적으로 종자저장에 가장 적합한 함수율을 가진 원종자의 무게가 10g이면 건조종자의 무게는 얼마인가?

채종하여 파종할 때까지 종자를 보관하는 것을 '종자의 저장'이라고 하는데, 채종하여 1년 이내 저장하는 것을 단기저장, 2~5년은 중기저장, 그 이상은 장기저장이라고 한다.

종자의 함수율(moisture content)은 종자의 수명을 결정하는 가장 중요한 인자이다. 함수율은 아래와 같이 백분율로 표시한다.

$$함수율(\%) = \frac{원종자\ 무게 - 건조\ 종자\ 무게}{원종자\ 무게} \times 100$$

일반적으로 종자저장에 가장 적합한 함수율은 5~10%이다. 다만 참나무류 등과 같이 수분이 많은 종자들은 함수율을 약 30% 이상으로 유지해주어야 한다. 또한, 유전자 보존을 위해서는 보통 장기저장을 하는데 이에 가장 적합한 함수율은 4~6%이다. 일반적으로 온도와 수분은 종자의 저장 기간과 역의 상관관계를 갖는다.

종자는 저장 용이성에 따라 '보통저장성' 종자와 '난저장성' 종자로 구분한다. 보통저장성 종자는 종자 수분 5~10%, 온도 0℃ 부근에서 비교적 장기간 보관이 가능한데 전나무류, 자작나무류, 벚나무류, 소나무류 등 온대 지역의 수종 대부분이 이에 속한다. 하지만 대사작용이 활발하여 산소가 많이 필요한 난저장성 종자는 0℃ 혹은 약간 더 낮은 온도에서 저장하여야 건조되는 것을 방지할 수 있다. 이에 속하는 수종은 참나무류, 칠엽수류 등의 몇몇 온대수종과 모든 열대수종이다.

한편 종자의 저장 방법에는 '건조저장법'과 '보습저장법'이 있다. 건조저장법은 '상온저장법'과 '저온저장법'으로 구분한다. 상온저장법은 일정한 용기 안에 종자를 넣어 창고 또는 실내에서 보관하는 방법으로 보통 가을부터 이듬해 봄까지 저장하며, 1년 이상 보관 시에는 건조제를 용기에 넣어 보관한다. 반면에 저온저장법의 경우 보통저장성 종자는 함수율이 5~10% 정도 되도록 건조하여 주변에서 수분을 흡수할 수 없도록 밀봉 용기에 저장하여야 한다. 난저장성 종자는 -3℃ 이하에 저장해서는 안 된다.

보습저장법은 '노천매장법', '보호저방법', '냉습적법' 등이 있다. 노천매장법은 양지바르고 배수가 잘되는 곳에 50~100cm 깊이의 구덩이를 파고 종자를 넣은 뒤 땅 표면은 흙을 덮어 겨울 동안 눈이나 빗물이 그대로 스며들 수 있도록 하는 방식이다. 보호저장법은 건사저장법이라고 하는데 참나무류, 칠엽수류 등 수분이 많은 종자가 부패하지 않도록 저장하는 방법이다. 냉습적법은 용기 안에 보습제인 이끼, 모래와 종자를 섞어서 놓고 3~5℃의 냉장고에 저장하는 방법이다.

---

① 6g~6.5g

② 7g~7.5g

③ 8g~8.5g

④ 9g~9.5g

⑤ 10g~10.5g

053

휴노형

문제출제유형 문제처리

| 정답해설 |

함수율은 목재 내에 함유하고 있는 수분을 백분율로 나타낸 것이다.

$$함수율 = \frac{원종자\ 무게 - 건조\ 종자\ 무게}{원종자\ 무게} \times 100$$

일반적으로 종자저장에 적합한 함수율은 5 ~ 10%로 제시되어 있으므로 이를 활용하여 건조 종자 무게를 확인할 수 있다. 건조 종자 무게를 X로 두는 경우 5(5) < (10 − X)÷10×100 < 10(5)의 식을 만들 수 있다. 이를 통해서 건조 종자 무게는 각각 10 − X = 0.5, 10 − X = 1이므로 건조 종자 무게 X의 범위는 9 < X < 9.5임을 알 수 있다.

답 ④

054

다음 글을 근거로 판단할 때 '현재 정상적으로 사용 중인 개량하지 않은 일반 비행기'의 식별코드 형식을 옳게 제시한 사람은?

OO국의 항공기 식별코드는 '(현재상태부호)(특수임무부호)(기본임무부호)(항공기종류부호)–(설계번호)(개량형부호)'와 같이 최대 6개 부분(앞부분 4개, 뒷부분 2개)으로 구성된다.

항공기종류부호는 특수 항공기에만 붙이는 부호로, G는 글라이더, H는 헬리콥터, Q는 무인항공기, S는 우주선, V는 수직단거리이착륙기에 붙인다. 항공기종류부호가 생략된 항공기는 일반 비행기이다.

모든 항공기 식별코드는 기본임무부호나 특수임무부호 중 적어도 하나를 꼭 포함하고 있다. 기본임무부호는 항공기가 기본적으로 수행하는 임무를 나타내는 부호이다. A는 지상공격기, B는 폭격기, C는 수송기, E는 전자전기, F는 전투기, K는 공중급유기, L은 레이저탑재항공기, O는 관측기, P는 해상초계기, R은 정찰기, T는 훈련기, U는 다목적기에 붙인다.

특수임무부호는 항공기가 개량을 거쳐 기본임무와 다른 임무를 수행할 때 붙이는 부호이다. 부호에 사용되는 알파벳과 그 의미는 기본임무부호와 동일하다. 항공기가 기본임무와 특수임무를 모두 수행할 수 있을 때에는 두 부호를 모두 표시하며, 개량으로 인하여 더 이상 기본임무를 수행하지 못하게 된 경우에는 특수임무부호만을 표시한다.

현재상태부호는 현재 정상적으로 사용되고 있지 않은 항공기에만 붙이는 부호이다. G는 영구보존처리된 항공기, J와 N은 테스트를 위해 사용되고 있는 항공기에 붙이는 부호이다. J는 테스트 종료 후 정상적으로 사용될 항공기에 붙이는 부호이며, N은 개량을 많이 거쳤기 때문에 이후에도 정상적으로 사용될 계획이 없는 항공기에 붙이는 부호이다.

설계번호는 항공기가 특정 그룹 내에서 몇 번째로 설계되었는지를 나타낸다. 1 ~ 100번은 일반 비행기, 101 ~ 200번은 글라이더 및 헬리콥터, 201 ~ 250번은 무인항공기, 251 ~ 300번은 우주선 및 수직단거리이착륙기에 붙인다. 예를 들어 107번은 글라이더와 헬리콥터 중 7번째로 설계된 항공기라는 뜻이다.

개량형부호는 한 모델의 항공기가 몇 차례 개량되었는지를 보여주는 부호이다. 개량하지 않은 최초의 모델은 항상 A를 부여받으며, 이후에는 개량될 때마다 알파벳 순서대로 부호가 붙게 된다.

① 김 연구원 : (기본임무부호) – (설계번호)
② 한 연구원 : (기본임무부호) – (개량형부호)
③ 박 연구원 : (기본임무부호) – (설계번호)(개량형부호)
④ 최 연구원 : (현재상태부호)(특수임무부호) – (설계번호)(개량형부호)
⑤ 우 연구원 : (현재상태부호)(특수임무부호)(항공기종류부호) – (설계번호)(개량형부호)

054

문제출제유형 정보의 추론

정답해설

제시된 조건을 다음과 같이 정리할 수 있다.

㉠ 식별코드는 최대 6개 부분으로 구성

㉡ 모든 항공기 식별코드는 기본임무부호나 특수임무부호 중 적어도 하나를 포함

㉢ 기본임무부호는 기본적 수행 임무를 나타냄(12가지)

㉣ 특수임무부호는 개량을 거쳐 기본임무와 다른 임무를 수행

㉤ 현재상태부호는 현재 정상적으로 사용되고 있지 않은 항공기에만 붙임

㉥ 설계번호는 항공기가 특정 그룹 내에서 몇 번째로 설계되었는지를 나타냄

㉦ 개량형부호는 한 모델의 항공기가 몇 차례 개량되었는지를 보여줌

'현재 정상적으로 사용 중인 개량하지 않은 일반 비행기의 경우' 정상적으로 사용 중이므로 ㉤에 따라 현재상태부호는 생략한다. 이를 통해 '④ 최 연구원'과 '⑤ 우 연구원'은 제외된다. 개량을 하지 않았으므로 특수임무도 없을 것임을 알 수 있다. 따라서 ㉣에 의해 특수임무부호도 생략한다. ㉡에 따라 기본임무부호 또는 특수임무부호는 반드시 있어야 하므로 기본임무부호는 포함한다.

제시된 조건의 항공기는 일반 항공기이므로 ㉠에 따라 항공기종류부호도 생략한다. 설계번호는 일반항공기이므로 ㉥에 따라 1~100번 중 하나임을 알 수 있다. 이를 통해서 설계번호가 없는 '② 한 연구원'도 제외된다. 개량하지 않은 모델의 경우 항상 A를 부여받으므로 개량형부호도 반드시 포함되어야 한다. 이를 통해서 개량형부호가 없는 '① 김 연구원'도 제외된다. 따라서 이를 충족하는 박 연구원이 옳게 제시하였다.

답 ③

제시된 글과 다음 〈상황〉을 근거로 판단할 때, A 도시 시간기준으로 甲이 C 도시에 도착할 수 있는 가장 빠른 시각은?

19세기까지 각 지역에서 시간의 기준점은 태양이 머리 위에 있는 순간, 즉 그림자가 없거나 제일 작은 순간이었다. 문제는 태양이 계속 움직인다(사실은 지구가 자전하는 것이지만)는 사실이었다. 한국의 위도를 기준으로 한다면 지구의 자전 속도는 분당 약 20km이다. 조선시대 강릉 관아에서 정오를 알리는 종을 친 후 11분이 지나서야 한양(서울)에서도 정오를 알리는 종을 쳤던 것은 바로 이 때문이다. 그러나 대부분의 사람들이 태어나서 줄곧 한 곳에 살았고 설사 여행을 하더라도 걸어가는 게 다반사였으며, 탈 것을 이용한다 해도 나룻배나 우마차를 타고 다니던 상황에서 이처럼 지역마다 시간이 다른 것은 아무런 문제가 되지 않았다.

철도의 출현은 이러한 상황을 변화시켰다. 철도가 처음으로 만들어진 영국에서는 표준시를 최초로 제정해 각기 다른 시간을 하나로 묶는 일이 진행되었다. 현재 세계 어느 나라를 가더라도 외국인들이 출입하는 호텔의 안내 데스크 뒤쪽 벽면에서 뉴욕이나 런던, 도쿄, 베이징 등 도시 이름이 붙어 있는 여러 개의 시계를 볼 수 있다. 이는 표준시에 근거한 각 도시의 시각을 여행자에게 알려주는 것으로 그리니치 표준시를 기준으로 하기에 가능한 것이다.

과거 표준시가 정착되기 이전에도 오늘날의 호텔처럼 미국의 기차역에는 여러 개의 시계가 걸려 있었다. 다른 점이 있다면 시계 밑에 붙어 있는 명찰에는 서울, 홍콩, 베를린, 파리 같은 도시명 대신 '뉴욕 센트럴 레일웨이'와 '볼티모어 앤 오하이오' 같은 미국의 철도회사 이름이 적혀 있었다는 것이다. 즉 시간의 기준은 철도회사가 정하였고, 이에 따라 철도회사의 수만큼 다양한 시간이 존재했다. 1870년대의 '펜실베니아' 철도회사는 필라델피아 시간을 기준으로 열차를 운행하면서 자신이 운행하는 노선의 역들에 이 기준시간에 따른 시간표를 배포했다. '뉴욕 센트럴 레일웨이'는 그랜드 센트럴 역의 '밴더빌트 시간'을 기준으로 열차를 운행했다. 이 두 회사는 가까운 지역에서 영업을 했는데도 통일된 열차 시간을 공유하지 못했다. 만약 여행자가 피츠버그 역에서 열차를 갈아타야 할 경우 갈아탈 시각과 함께 어느 회사에서 운행하는 열차인지도 알아야 했다. 어느 한 회사의 시간을 기준으로 삼을 경우 다른 회사의 시간표는 무용지물이 되기 일쑤였다.

〈상황〉

- A도시는 B도시보다 40분 먼저 정오가 되고, C도시보다는 10분 늦게 정오가 된다.
- 'ㅇㅇ 레일웨이'는 A도시의 시간을 기준으로 열차를 운행한다.
    A도시 발 B도시 행 'ㅇㅇ 레일웨이' 열차는 매시 정각과 30분에 출발하며 운행시간은 3시간이다.
- 'ㅁㅁ캐리어'는 C도시의 시간을 기준으로 열차를 운행한다.
    B도시 발 C도시 행 'ㅁㅁ캐리어' 열차는 매시 15분과 45분에 출발하며 운행시간은 4시간 30분이다.
- 甲은 A도시의 역에 A도시 시간을 기준으로 오전 7시 40분에 도착하여 'ㅇㅇ레일웨이' 열차로 B도시에 가서 'ㅁㅁ캐리어' 열차를 타고 C도시까지 간다.
※ 열차를 갈아타는 데 걸리는 이동시간은 고려하지 않는다.

① 15시 10분
② 15시 15분
③ 15시 25분
④ 15시 35분
⑤ 15시 55분

055

문제출제유형 시간 관리

정답해설

A도시를 기준으로 판단해야 하므로 甲의 입장에서 시차를 고려하여 C도시에 도착할 수 있는 가장 빠른 시간을 찾아야
한다. 甲이 A도시를 기준으로 7시 40분에 도착하므로, 8시에 출발하는 기차를 이용하게 된다. 이때 도착시간은 8시부터
3시간이 소요되므로 11시이다. C도시는 A도시보다 10분이 빠르므로 甲은 11시 5분에 출발하는 기차에 탑승한다. 이후
4시간 30분이 소요되므로 15시 35분이다.

답 ④

뇌에 좋은 음식 5가지

• 건강을 꽉 채운 호두 : 집중력과 기억력 향상

• 다재다능 토마토 : 신경계 보호와 뇌혈관 건강 증진

• 웰빙무드 연어 : 뇌신경 기능 활성화와 치매 예방

• 건강 만점 달걀 : 기억력 저하 및 스트레스 감소

• 치매 예방 브로콜리 : 인지력 향상 및 신경계 질환 예방

056

다음 글은 ○○법률구조공단의 자료에서 발췌한 글이다. 이 글과 〈보기〉의 상황을 근거로 옳은 판단을 내린 직원은?

[1] 민사소송에서 판결은 다음의 어느 하나에 해당하면 확정되며, 확정된 판결에 대해서 당사자는 더 이상 상급심 법원에 상소를 제기할 수 없게 된다.

[2] 첫째, 판결은 선고와 동시에 확정되는 경우가 있다. 예컨대 대법원 판결에 대해서는 더 이상 상소할 수 없기 때문에 그 판결은 선고 시에 확정된다. 그리고 하급심 판결이더라도 선고 전에 당사자들이 상소하지 않기로 합의하고 이 합의서를 법원에 제출할 경우, 판결은 선고 시에 확정된다.

[3] 둘째, 상소기간이 만료된 때에 판결이 확정되는 경우가 있다. 상소는 패소한 당사자가 제기하는 것으로, 상소를 하고자 하는 자는 판결문을 송달받은 날부터 2주 이내에 상소를 제기해야 한다. 이 기간 내에 상소를 제기하지 않으면 더 이상 상소할 수 없게 되므로, 판결은 상소기간 만료 시에 확정된다. 또한, 상소기간 내에 상소를 제기하였더라도 그 후 상소를 취하하면 상소기간 만료 시에 판결은 확정된다.

[4] 셋째, 상소기간이 경과하기 전에 패소한 당사자가 법원에 상소포기서를 제출하면, 제출 시에 판결은 확정된다.

〈보기〉

원고 甲은 피고 乙을 상대로 ○○지방법원에 매매대금지급청구소송을 제기하였다. ○○지방법원은 甲에게 매매대금지급청구권이 없다고 판단하여 2016년 11월 1일 원고 패소판결을 선고하였다. 이 판결문은 甲에게는 2016년 11월 10일 송달되었고, 乙에게는 2016년 11월 14일 송달되었다.

① 정 계장 : 乙은 2016년 11월 28일까지 상소할 수 있다.

② 오 주임 : 甲이 2016년 11월 28일까지 상소하지 않으면, 같은 날 판결은 확정된다.

③ 김 과장 : 甲이 2016년 11월 11일 상소한 후 2016년 12월 1일 상소를 취하하였다면, 취하한 때 판결은 확정된다.

④ 장 팀장 : 甲과 乙이 상소하지 않기로 하는 내용의 합의서를 2016년 10월 25일 법원에 제출하였다면, 판결은 2016년 11월 1일 확정된다.

⑤ 손 주임 : 甲이 2016년 11월 21일 법원에 상소포기서를 제출하면, 판결은 2016년 11월 1일 확정된 것으로 본다.

056

휴노형

문제출제유형 상황 판단

정답해설

② 문단에 따르면 하급심 판결이더라도 당사자들 간에 상소하지 않기로 합의하고 합의서를 제출할 경우 판결은 선고 시인 11월 1일에 확정되므로 장 팀장이 옳은 판단을 내렸다.

오답풀이

① ③ 문단에 따르면 상소는 패소한 당사자가 송달받은 날로부터 2주 이내에 해야 한다. 오 주임은 상소를 언급하고 있는데 승소한 乙은 상소하지 않는다.

② ③ 문단에 따르면 甲이 패소하였으므로, 상소기한은 甲이 송달받은 10일부터 2주 이내인 24일이다.

③ ③ 문단 마지막에 따르면 상소를 취하한 경우 상소기간 만료 시에 판결이 확정됨을 명시하고 있다.

⑤ ④ 문단에 따르면 상소기간 경과 이전에 패소당사자가 상소포기서를 제출한 경우 제출 시에 판결이 확정된다. 이 날짜는 11월 21일이므로 손 주임은 잘못 판단하였다.

답 ④

057

다음은 ○○ 통계교육원의 신입사원 교육자료이다. 이 자료를 근거로 가장 옳은 판단을 내린 신입사원은?

> ① 독일의 통계학자 A는 가계지출을 음식비, 피복비, 주거비, 광열비, 문화비(교육비, 공과금, 보건비, 기타 잡비)의 5개 항목으로 구분해 분석했다. 그 결과 소득의 증가에 따라 총 가계지출 중 음식비 지출 비중은 점차 감소하는 경향이 있지만, 피복비 지출은 소득의 증감에 비교적 영향을 받지 않는다는 사실을 발견했다. 또 주거비와 광열비에 대한 지출 비중은 소득 수준에 관계없이 거의 일정하고, 문화비 지출비중은 소득의 증가에 따라 급속하게 증가한다는 것도 알아냈다. 이러한 사실을 모두 아울러 'A의 법칙'이라고 한다. 특히 이 가운데서 가계지출 중 음식비 지출 비중만을 따로 떼어 내어 'A계수'라고 한다. A계수는 총 가계지출에서 차지하는 음식비의 비중을 백분율로 표시한 것으로, 소득 수준이 높을수록 낮아지고 소득 수준이 낮을수록 높아지는 경향을 보인다.
>
> ② 가계지출 중 자녀 교육비의 비중을 나타낸 수치를 'B계수'라고 한다. 지난 1분기 가계소득 하위 20% 가구의 월평균 교육비 지출액은 12만 원으로 가계지출의 10%였다. 반면 가계소득 상위 20% 가구의 월평균 교육비 지출은 72만 원으로 가계소득 하위 20% 가구의 6배에 달했고 가계지출에서 차지하는 비중도 20%였다.

① 김 사원 : 가계소득이 증가할 때 A계수와 B계수는 모두 높아질 것이다.

② 이 사원 : 소득이 높은 가계라도 가계구성원 모두가 값비싼 음식을 선호한다면 소득이 낮은 가계보다 A계수가 높을 수 있다.

③ 허 사원 : A의 법칙에 의하면 소득이 증가할수록 음식비 지출액이 줄어든다고 할 수 있다.

④ 문 사원 : 지난 1분기 가계소득 상위 20% 가구의 월평균 소득은 가계 소득 하위 20% 가구의 월평균 소득의 3배이다.

⑤ 최 사원 : 지난 1분기 가계소득 분위별 교육비 지출액 현황을 볼 때 가계소득이 낮을수록 교육열이 높다고 볼 수 있다.

057

(문제출제유형) 근거의 적용과 추론

| 정답해설 |

> 이 사원은 "소득이 높은 가계라도 가계구성원 모두가 값비싼 음식을 선호한다면 소득이 낮은 가계보다 A계수가 높을 수 있다."고 본다. A계수는 총 가계 지출에서 차지하는 음식비의 비율로 보통은 음식이라면 소득 수준이 높을수록 A계수는 낮아지고 소득 수준이 낮을수록 A계수는 높아진다. 그러나 개별 음식 비용이 비싸다면 소득이 높더라도 A계수가 높을 수 있으므로 옳은 판단을 하였다.

| 오답풀이 |

① 1 문단에 따르면 가계소득이 증가할 때 A계수는 일반적으로 낮아지는 경향이 있으나, 2 문단에 따르면 B계수 역시 가계소득 하위 20%와 비교했을 때 가계소득 상위 20% 가구의 지출액이 증가하였다.

③ A의 법칙은 소득의 증가에 따라 총 가계지출 중 음식비 지출 비중을 나타내는 것이다. 이에 지출 비중(퍼센트)과 지출액(소비한 금액)은 다른 지표이므로 허 사원의 판단은 추가적으로 숫자가 제시되지 않는다면 알 수 없다.

④ B계수는 가계지출 대비 교육비 지출 비중을 통해 알 수 있다. 제시문에는 가계소득이 주어지지 않았으므로 문 사원의 평가는 주어진 정보만으로 알 수 없다.

⑤ 2 문단에 따르면 가계소득 상위 20% 가구의 월평균 교육비 지출액과 비중이 가계소득 하위 20% 가구의 6배에 달할 정도로 더 크므로, 소득이 높을수록 교육열이 높을 것임을 예상할 수 있다.

답 ②

058

다음은 지방자치단체 산하의 어느 공공기관의 지방보조금 관리규정이다. 이를 옳게 해석한 사람은?

〈OO도 지방보조금 관리규정〉

제OO조(보조대상사업) 도는 도가 권장하는 사업으로서 지방보조금을 지출하지 아니하면 수행할 수 없는 사업(지방보조사업)인 경우 그 사업에 필요한 경비의 일부 또는 전부를 보조할 수 있다.

제OO조(용도의 사용금지 등)

① 지방보조사업을 수행하는 자(이하 '지방보조사업자'라 한다.)는 그 지방보조금을 다른 용도에 사용하여서는 안 된다.

② 지방보조사업자는 수익성 악화 등 사정의 변경으로 지방보조사업의 내용을 변경하거나 지방보조사업에 드는 경비의 배분을 변경하려면 도지사의 승인을 얻어야 한다. 다만 경미한 내용변경이나 경미한 경비배분변경의 경우에는 그러하지 아니하다.

③ 지방보조사업자는 수익성 악화 등 사정의 변경으로 그 지방보조사업을 다른 사업자에게 인계하거나 중단 또는 폐지하려면 미리 도지사의 승인을 얻어야 한다.

제OO조(지방보조금의 대상사업과 도비보조율) 도지사는 시·군에 대한 보조금에 대하여는 보조금이 지급되는 대상사업·경비의 종목·도비보조율 및 금액을 매년 예산으로 정한다. 단, 지방보조금의 예산반영신청 및 예산편성에 있어서 지방보조사업별로 적용하는 도비보조율은 다음 각 호에서 정한 분야별 범위 내에서 정한다.

1. 보건·사회 : 총사업비의 30% 이상 70% 이하
2. 상하수·치수 : 총사업비의 30% 이상 50% 이하
3. 문화·체육 : 총사업비의 30% 이상 60% 이하

제OO조(시·군비 부담의무) 시장·군수는 도비보조사업에 대한 시·군비 부담액을 다른 사업에 우선하여 해당연도 시·군 예산에 반영하여야 한다.

---

① 김 팀장 : OO도 지방보조사업자는 모든 경비배분이나 내용의 변경에 대해서 OO도 도지사의 승인을 얻어야 한다.

② 송 과장 : OO도 지방보조사업자가 수익성 악화를 이유로 자신이 수행하는 지방보조사업을 다른 사업자에게 인계하기 위해서는 미리 OO도 도지사의 승인을 얻어야 한다.

③ 이 대리 : OO도의 지방보조사업은 경비의 전부를 보조받아 사업을 수행하게 된다.

④ 고 주임 : OO도 도지사는 지방보조금 지급대상사업인 '상하수도 정비사업(총사업비 40억 원)'에 대하여 최대 20억 원을 지방보조금 예산으로 정할 수 없다.

⑤ 유 대리 : OO도 A시 시장은 도비보조사업과 무관한 자신의 공약사업 예산을 도비보조사업에 대한 시비 부담액보다 우선적으로 해당연도 A시 예산에 반영해야 한다.

058

휴노형

문제출제유형 규정 적용

정답해설

송 과장은 "지방보조사업자가 수익성 악화를 이유로 자신이 수행하는 지방보조사업을 다른 사업자에게 인계하기 위해서는 미리 도지사의 승인을 얻어야 한다."고 본다. 용도의 사용금지 제3항에 따르면 지방보조사업자가 수익성 악화 등으로 다른 사업자에게 인계하려면 미리 도지사의 승인을 얻어야 한다고 명시되어 있다.

오답풀이

① 김 팀장은 "지방보조사업자는 모든 경비배분이나 내용의 변경에 대해서 도지사의 승인을 얻어야 한다."고 본다. 용도의 사용금지 제2항에 따르면 경미한 경비배분변경의 경우에는 도지사의 승인을 얻지 않아도 된다. 따라서 모든 내용에 대해 도지사의 승인을 얻어야 한다고 해석한 것은 옳지 않다.

③ 이 대리는 "지방보조사업은 경비의 전부를 보조받아 사업을 수행하게 된다."고 본다. 시·군비 부담의무 조항에 따르면 시장은 도비보조사업에 대한 부담액을 다른 사업에 우선하여 반영하여야 한다. 따라서 도비보조사업과 무관한 자신의 공약사업예산을 우선적으로 반영할 수 있다고 본 것은 옳지 않다.

④ 고 주임은 "도지사는 지방보조금 지급대상사업인 '상하수도 정비사업(총사업비 40억 원)'에 대하여 최대 20억 원을 지방보조금 예산으로 정할 수 없다."고 본다. 지방보조금의 대상사업과 도비보조율 조항 제2호에는 상하수도 정비사업의 경우 총사업비의 30% 이상 50% 이하 내에서 정해야 한다고 규정되어 있다. 따라서 40억 원의 50%인 20억 원을 지방보조금 예산으로 정할 수 있다.

⑤ 유 대리는 "도비보조사업과 무관한 공약사업 예산을 도비보조사업에 대한 시비 부담액보다 우선적으로 해당연도 A시 예산에 반영해야 한다."고 본다. 시·군비 부담의무 규정에 따르면 도비보조사업과 무관한 공약사업이 아닌 도비보조사업에 대한 시·군비 부담액을 다른 사업에 우선하여 반영하여야 한다고 규정되어 있다.

답 ②

059

다음은 ○○연구관리재단의 관리지침의 일부이다. 이 글을 바탕으로 회의를 진행했을 때 가장 옳은 평가를 내린 사람은?

제○○조(연구실적평가)

① 연구직으로 근무한 경력이 2년 이상인 연구사(석사 이사의 학위를 가진 사람은 제외한다.)는 매년 12월 31일까지 그 연구실적의 결과를 논문으로 제출하여야 한다. 다만 연구실적 심사평가를 3번 이상 통과한 연구사는 그러하지 아니하다.

② 연구 실적의 심사를 위하여 소속기관의 장은 임용권자 단위 또는 소속기관 단위로 직렬별, 직류별 또는 직류 내 같은 업무분야별로 연구실적평가위원회를 설치하여야 한다.

③ 연구실적평가위원회는 위원장을 포함한 5명의 위원으로 구성한다. 위원장과 2명의 위원은 소속기관 내부 연구관 중에서, 위원 2명은 대학교수나 외부 연구기관·단체의 연구관 중에서 연구실적평가위원회를 구성할 때마다 임용권자가 임명하거나 위촉한다. 이 경우 위원 중에는 대학교수인 위원이 1명 이상 포함되어야 한다.

④ 연구실적평가위원회의 회의는 임용권자나 위원장이 매년 1월 중에 소집하고, 그 밖에 필요한 경우에는 수시로 소집한다.

⑤ 연구실적평가위원회의 표결은 무기명 투표로 하며, 재적위원 과반수의 찬성으로 의결한다.

※ 대학교수와 연구관은 겸직할 수 없음

---

① P 연구원 : 개별 연구실적평가위원회는 최대 3명의 대학교수를 위원으로 위촉할 수 있다.

② L 연구원 : 연구실적평가위원회 위원장은 소속기관 내부 연구관이 아닌 대학교수가 맡을 수 있다.

③ K 연구원 : 연구실적평가위원회에 4명의 위원이 출석한 경우와 5명의 위원이 출석한 경우의 의결정족수는 같다.

④ C 연구원 : 연구실적평가위원회 위원으로 위촉된 경력이 있는 사람을 재위촉하는 경우 별도의 위촉절차를 거치지 않아도 된다.

⑤ B 연구원 : 석사학위 이상을 소집하지 않은 모든 연구사는 연구직으로 임용된 이후 5년이 지나면 석사학위를 소지한 연구사와 동일하게 연구실적 결과 제출을 면제받는다.

059

문제출제유형 관리지침 해석

| 정답해설 |

연구실적평가 제5항에 따르면 연구실적평가위원회의 표결은 재적위원 과반수의 찬성으로 의결한다고 규정되어 있다. K 연구원은 "연구실적평가위원회에 4명의 위원이 출석한 경우와 5명의 위원이 출석한 경우의 의결정족수는 같다"고 했는데 이 둘 모두 3명으로 의결정족수가 같다.

| 오답풀이 |

① 연구실적평가 제3항에 따르면 위원 2명은 대학교수나 외부 연구기관 중에서 임용권자가 임명하고 대학교수인 위원이 1명 이상 포함되어야 한다. 이렇게 될 경우 포함되어야 하는 1명의 대학교수는 ①에서 언급한 위원 2명에 속하는 인원인 것이다. 따라서 연구실적평가위원회는 최대 2명의 대학교수를 위원으로 위촉할 수 있다.

② 연구실적평가 제3항에 따르면 위원장과 2명의 위원은 소속기관 내부 연구관 중에서 임명하여야 한다. 따라서 소속기관 내부 연구관이 아닌 대학교수는 위원장을 할 수 없다.

④ 연구실적평가 제3항에는 연구실적평가위원회를 구성할 때마다 임용권자가 임명하거나 위촉한다는 규정이 있다. 따라서 재위촉하는 경우 별도의 위촉절차를 거치지 않아도 된다고 보는 것은 옳지 않은 평가이다.

⑤ 연구실적평가 제1항에 따르면 연구실적 심사평가를 3번 이상 통과한 연구사는 연구실적의 결과를 논문으로 제출하지 않아도 된다. 이때 B 연구원이 제시하고 있는 경우는 '임용된 이후 5년'일 뿐 '연구실적 심사평가를 3번 이상 통과'가 아니므로 연구실적 결과 제출 면제를 확정할 수 없다.

답 ③

060

다음은 OO병원의 화장실 위생기구 설치기준이다. 이를 근거로 〈보기〉의 시설팀 직원 A~D의 판단 중 옳은 사람을 모두 고르면?

- OO병원 신축 시 〈화장실 위생기구 설치기준〉에 따라 위생기구(대변기 또는 소변기)를 설치하고자 한다.
- 남자 화장실에서 위생기구 수가 짝수인 경우 대변기와 소변기를 절반씩 나누어 설치하고, 홀수인 경우 대변기를 한 개 더 많게 설치한다. 여자 화장실에는 모두 대변기를 설치한다.

〈화장실 위생기구 설치기준〉

기준	각 성별 사람 수 (명)	위생기구 수(개)
A	1~9	1
	10~35	2
	36~55	3
	56~80	4
	81~110	5
	111~150	6
B	1~15	1
	16~40	2
	41~75	3
	76~150	4
C	1~50	2
	51~100	3
	101~150	4

〈보기〉

A. 남자 30명과 여자 30명이 근무할 경우, A 기준과 B 기준에 따라 설치할 위생기구 수는 같다.
B. 남자 50명과 여자 40명이 근무할 경우, B 기준에 따라 설치할 남자 화장실과 여자 화장실의 대변기 수는 같다.
C. 남자 80명과 여자 80명이 근무할 경우, A 기준에 따라 설치할 소변기는 총 4개이다.
D. 남자 150명과 여자 100명이 근무할 경우, C 기준에 따라 설치할 대변기는 총 5개이다.

① A, B
② B, C
③ C, D
④ A, C, D
⑤ A, B, D

060

휴노형

문제출제유형 시설관리 기준 적용

정답해설

위행기구 설치기준에 따라 〈보기〉의 조건을 아래와 같이 정리할 수 있다.

A. 남자 30명과 여자 30명이 근무하므로 'A 기준'에서는 4개, 'B 기준'에서는 4개의 위생기구가 필요하다. 그러므로 'A 기준'과 'B 기준'에 따라 설치할 위생기구 수는 같다.

B. 남자 50명과 여자 40명이 근무하므로 'B 기준'에 따르면 남자 화장실에는 3개의 위생기구를 설치해야 한다. 여자 화장실에는 2개의 위생기구를 설치해야 한다. 이때 "남자 화장실에서 위생기구 수가 짝수인 경우 대변기와 소변기를 절반씩 나누어 설치하고, 홀수인 경우 대변기를 한 개 더 많이 설치한다."는 조건에 따라 남자 화장실에는 3개의 위생기구 중 대변기 2개를 설치하여야 한다. 조건에 따라 여성 화장실에는 모두 대변기를 설치해야 하므로 결국 두 곳 모두 대변기를 2개 설치해야 한다.

D. 남자 150명과 여자 100명이 근무하므로 'C 기준'에서 남자 화장실에는 4개, 여자 화장실에는 3개의 위생기구를 설치해야 한다. 이때 상기한 조건에 따라 남자 화장실에 대변기 2개를 설치하여야 하고 여자 화장실의 3개를 합하여 총 5개를 설치하여야 한다.

C. 남자 80명과 여자 80명이 근무하므로 'A 기준'에 남자 화장실과 여자 화장실에 각각 4개의 위생기구를 설치해야 한다. 이때 여자 화장실에는 모두 대변기를 설치하므로 설치할 소변기는 총 2개이다.

답 ⑤

061

귀하는 ○○국제협력단의 회의 담당자이다. 귀사의 〈통역경비 산정기준〉과 아래의 〈상황〉을 근거로 판단할 때, 귀사가 A시에서 개최한 설명회에 쓴 총 통역경비는?

〈통역경비 산정기준〉

통역경비는 통역료와 출장비(교통비, 이동보상비)의 합으로 산정한다.

■ 통역료(통역사 1인당)

구분	기본요금(3시간까지)	추가요금(3시간 초과 시)
영어, 아랍어, 독일어	500,000원	100,000원/시간
베트남어, 인도네시아어	600,000원	150,000원/시간

■ 출장비(통역사 1인당)

  – 교통비는 왕복으로 실비 지급

  – 이동보상비는 이동 시간당 10,000원 지급

〈상황〉

귀사는 2019년 3월 9일 A시에서 설명회를 개최하였다. 통역은 영어와 인도네시아어로 진행되었고, 영어 통역사 2명과 인도네시아어 통역사 2명이 통역하였다. 설명회에서 통역사 1인당 영어 통역은 4시간, 인도네시아어 통역은 2시간 진행되었다. A시까지는 편도로 2시간이 소요되며, 개인당 교통비는 왕복으로 100,000원이 들었다.

---

① 244만 원

② 276만 원

③ 288만 원

④ 296만 원

⑤ 326만 원

061

[문제출제유형] 소요 경비 계산

| 정답해설 |

통역료는 통역사 1인 기준으로 영어 통역은 총 4시간 진행하였으므로 기본요금 500,000원에 추가요금 100,000원을 합쳐 600,000원을 지급해야 한다. 인도네시아어 통역사에게는 2시간 진행하였으므로 기본요금 600,000원만 지급한다.

- 영어, 인도네시아 언어별로 2명에게 통역을 맡겼으므로
  $(600,000 + 600,000) \times 2 = 2,400,000$원
- 출장비의 경우 통역사 1인 기준 교통비는 왕복실비인
  100,000원으로 4회 책정되므로 400,000원
- 이동보상비는 이동 시간당 10,000원 지급하므로 왕복 4시간을 이동하였으므로
  $10,000 \times 4 \times 4 = 160,000$원

총 출장비는 교통비와 이동보상비를 합한 560,000원

총 통역경비는 2,400,000 + 560,000 = 2,960,000원

답 ④

귀하는 OO 지역 개발원 관광 행사의 업무담당자인 甲이다. 다음 글을 근거로 판단할 때, 지불해야 할 관광비용은?

〈OO 지역 개발원 관광 행사〉

– 甲은 해외 방문객을 인솔하여 경복궁에서 시작하여 서울시립미술관, 서울타워 전망대, 국립중앙박물관까지 관광을 진행하려 한다. '경복궁 → 서울시립미술관'은 도보로, '서울시립미술관 → 서울타워 전망대' 및 '서울타워 전망대 → 국립중앙박물관'은 각각 지하철로 이동해야 한다.

– 입장료 및 지하철 요금

경복궁	서울시립미술관	서울타워 전망대	국립중앙박물관	지하철
1,000원	5,000원	10,000원	1,000원	1,000원

※ 지하철 요금은 거리에 관계없이 탑승할 때마다 일정하게 지불하며, 도보 이동 시에는 별도 비용 없음

– 관광비용은 입장료, 지하철 요금, 상품가격의 합산액이다.

– 甲은 관광비용을 최소화하고자 하며, 甲이 선택할 수 있는 상품은 다음 세 가지 중 하나이다.

상품	가격	혜택				
		경복궁	서울시립미술관	서울타워 전망대	국립중앙박물관	지하철
스마트 교통카드	1,000원	–	–	50% 할인	–	당일 무료
시티투어 A	3,000원	30% 할인	30% 할인	30% 할인	30% 할인	당일 무료
시티투어 B	5,000원	무료	–	무료	무료	–

---

① 11,000원

② 12,000원

③ 13,000원

④ 14,900원

⑤ 19,000원

062

휴노형

문제출제유형 비용 추론

| 정답해설 |

甲이 지불해야 하는 총비용은 1,000(경복궁) + 5,000(미술관) + 10,000(전망대) + 1,000(박물관) + 1,000(지하철)×2 = 19,000원이다.

甲은 비용을 최소화하고자 하므로 할인받을 수 있는 내용을 살펴봐야 한다.

스마트 교통카드 : 서울타워 전망대에서 5,000원 할인, 지하철 2,000원 할인, 가격 1,000원을 지불해야 하므로 총 6,000원이 할인된다.

시티투어 A : 가격 3,000원을 지불하고, 지하철 2,000원, 경복궁, 전망대, 미술관 모두에서 30% 할인이 된다. 따라서 4,100원(7,100원 − 3,000원)이 할인된다.

시티투어 B : 경복궁, 전망대, 박물관이 무료이므로 12,000원이 할인되고 가격 5,000원을 지불해야 하므로 총 7,000원이 할인된다.

따라서 甲은 시티투어 B를 사용하고, 이때 지불할 관광비용은 12,000원(19,000원 − 7,000원)이다.

답 ②

063

귀하는 ○○ 공단의 홍보 담당자인 L 사원이다. 아래의 자료를 근거로 판단할 때, L 사원이 선택할 4월의 광고수단은?

- 주어진 예산은 월 3천만 원이며, L 사원은 월별 공고효과가 가장 큰 광고수단 하나만을 선택한다.
- 광고비용이 예산을 초과하면 해당 광고수단은 선택하지 않는다.
- 광고효과는 아래와 같이 계산한다.

$$\text{광고효과} = \frac{\text{총 광고 횟수} \times \text{회당 광고노출자 수}}{\text{광고비용}}$$

- 광고수단은 한 달 단위로 선택된다.

〈표〉

광고수단	광고 횟수	회당 광고노출자 수	월 광고비용(천 원)
TV	월 3회	100만 명	30,000
버스	일 1회	10만 명	20,000
KTX	일 70회	1만 명	35,000
지하철	일 60회	2천 명	25,000
포털사이트	일 50회	5천 명	30,000

① TV
② 버스
③ KTX
④ 지하철
⑤ 포털사이트

063

휴노형

문제출제유형 수리 추론(광고비용)

정답해설

L 사원에게 주어진 예산은 월 3천만 원이며, 이를 초과할 경우 광고수단은 선택하지 않는다. 따라서 월 광고비용이 3,500만 원인 KTX는 배제된다.

조건에 따라 광고수단은 한 달 단위로 선택되며 4월의 광고비용을 계산해야 하므로 모든 광고수단은 30일을 기준으로 한다. 조건에 따른 광고 효과 공식을 대입하면 아래와 같이 광고 효과를 산출할 수 있다.

구분	광고횟수(회/월)	회당 광고노출자 수(만 명)	월 광고비용(천 원)	광고효과
TV	3	100	30,000	0.01
버스	30	10	20,000	0.015
KTX	2,100	1	35,000	0.06
지하철	1,800	0.2	25,000	0.0144
포털사이트	1,500	0.5	30,000	0.025

따라서 L 사원은 예산 초과로 배제된 KTX를 제외하고, 월별 광고효과가 가장 좋은 포털사이트를 선택한다.

답 ⑤

064

 휴노형 ★★★☆☆

다음 글을 근거로 판단할 때 (　) 안에 들어갈 일시는?

- 서울에 있는 A 대리, 런던에 있는 B 대리, 시애틀에 있는 C 주임은 같은 프로젝트를 진행하면서 다음과 같이 영상업무회의를 진행하였다.
- 회의 시각은 런던을 기준으로 11월 1일 오전 9시였다.
- 런던은 GMT+0, 서울은 GMT+9, 시애틀은 GMT−7을 표준시로 사용한다. (즉, 런던이 오전 9시일 때 서울은 같은 날 오후 6시이며, 시애틀은 같은 날 오전 2시이다.)

A : 제가 프로젝트에서 맡은 업무는 오늘 오후 10시면 마칠 수 있습니다. 런던에서 받아서 1차 수정을 부탁드립니다.
B : 네, 저는 A 대리님께서 제시간에 끝내 주시면 다음 날 오후 3시면 마칠 수 있습니다. 시애틀에서 받아서 마지막 수정을 부탁드립니다.
C : 알겠습니다. 저는 앞선 두 분이 제시간에 끝내 주신다면 서울을 기준으로 모레 오전 10시면 마칠 수 있습니다. 제가 업무를 마치면 프로젝트가 최종 마무리 되겠군요.
A : 잠깐, 다들 말씀하신 시각의 기준이 다른 것 같은데요?
　　저는 처음부터 런던을 기준으로 이해하고 말씀드렸습니다.
B : 저는 처음부터 시애틀을 기준으로 이해하고 말씀드렸는데요?
C : 저는 처음부터 서울을 기준으로 이해하고 말씀드렸습니다. 그렇다면 계획대로 진행될 때 서울을 기준으로 (　　　)에 프로젝트를 최종 마무리할 수 있겠네요.
A, B : 네, 맞습니다.

① 11월 2일 오후 3시
② 11월 2일 오후 11시
③ 11월 3일 오전 10시
④ 11월 3일 오후 3시
⑤ 11월 3일 오후 7시

064

문제출제유형 일정 계산

정답해설

A, B, C 세 사람은 모두 각자 자신의 기준에 맞추어 프로젝트 가능 시간을 말하고 있다. 회의 시간은 11월 1일 런던의 오전 9시를 기준으로 하며 서울은 그보다 9시간이 빠르고, 시애틀은 7시간이 느린 상황이다.

A는 런던 기준으로 오늘 오후 10시에 프로젝트를 마칠 수 있다고 했다. A가 완성할 경우 B는 그 기준으로 다음날 오후 3시에 마칠 수 있게 된다. 이를 통해 B와 A의 완료 시간 격차는 17시간이라는 것을 알 수 있다. 다시 말해 B는 A로부터 자료를 받은 뒤부터 17시간 뒤에 일을 끝낼 수 있다는 것이다. C는 모레 10시에 일을 마칠 수 있다고 했는데, B가 완성한 시점으로부터 19시간이 완료에 소요된다.

전체적으로 완료시간이 도출되었으므로 최초에 서울을 기준으로 A가 언제 B에게 자료를 주는지를 알아야 한다. A는 런던시각 기준으로 오늘 오후 10시에 B에게 자료를 전달할 수 있다. 이때 서울은 런던보다 9시간 빠르므로 A는 자료를 내일 아침 7시에 B에게 전달할 수 있다. B는 이로부터 17시간 뒤에 C에게 자료를 전달하고, C는 이로부터 19시간 뒤에 프로젝트를 마무리하게 된다. 결과적으로 아침 7시에 총 36시간을 더한 시간이 프로젝트 완료 시각이다. 따라서 모레 11월 1일 런던을 기준으로 11월 3일 오후 7시에 프로젝트는 완료된다.

답 ⑤

065

귀하는 ○○토지주택공사의 사업 담당자이다. 아래의 글과 〈상황〉을 근거로 판단할 때, 사업 신청자인 A가 지원받을 수 있는 주택보수비용의 최대 액수는?

- 주택을 소유하고 해당 주택에 거주하는 가구를 대상으로 주택 노후도 평가를 실시하여 그 결과(경·중·대보수)에 따라 아래와 같이 주택보수비용을 지원

〈주택보수비용 지원 내용〉

구분	경보수	중보수	대보수
보수항목	도배 혹은 장판	수도시설 혹은 난방시설	지붕 혹은 기둥
주택당 보수비용 지원한도액	350만 원	650만 원	950만 원

- 소득인정액에 따라 보수비용 지원한도액의 80%~100%를 차등지원

구분	중위소득 25% 미만	중위소득 25% 이상 35% 미만	중위소득 35% 이상 43% 미만
보수항목	100%	90%	80%

〈상황〉

A는 현재 거주하고 있는 ○○주택의 소유자이며, 소득인정액이 중위소득 40%에 해당한다. A 주택의 노후도 평가결과, 지붕의 수선이 필요한 주택보수비용 지원대상이 선정되었다.

① 520만 원
② 650만 원
③ 760만 원
④ 855만 원
⑤ 950만 원

065

문제출제유형 조건에 근거한 사업지원 금액 계산 ─────────

| 정답해설 |

A는 주택소유자로서 소득인정액이 중위소득의 40%이므로 중위소득 35% 이상 43% 미만에 해당하여 총 보수비용의 80%를 지원받는다. A주택은 지붕의 수선이 필요하므로 주택보수비용 지원 내용에 따라 950만 원이 지원된다.

따라서 A가 지원받을 수 있는 주택보수비용의 최대 액수는 950만 원의 80%인 760만 원이 된다.

답 ③

NCS 필기시험 당일 당신을 위한 꿀팁

① 시험 전날은 숙면하기

② 아침엔 견과류를 섭취하기

③ 시험 당일 아침에 가벼운 스트레칭 하기

④ 시험보기 30분 전 껌 씹기 – 껌을 씹는 행동은 두뇌에 자극을 주어 두뇌활동을 더욱 더 촉진시킨다. 그러나 시험 시작과 동시에 껌을 씹으면 효과가 없고 감독관에게 한 소리 들을 수 있으니 유의)

⑤ 쉬는 시간에는 초콜릿 섭취 – 부족한 열량을 채워주고 두뇌에 좋다고 소문난 음식이 바로 초콜릿

귀하는 ○○문화재단 문화시설 운영 담당자이다. 다음 글을 근거로 판단할 때 ○○문화재단에서 운영할 프로그램은?

○○문화재단은 학생들의 창의력을 증진시키기 위해 '창의 테마파크'를 운영하고자 한다. 이를 위해 다음과 같은 프로그램을 후보로 정했다.

분야	프로그램명	전문가 점수	학생 점수
미술	내 손으로 만드는 동물	26	32
인문	세상을 바꾼 생각들	31	18
무용	스스로 창작	37	25
인문	역사랑 놀자	36	28
음악	연주하는 교실	34	34
연극	연출노트	32	30
미술	창의 예술학교	40	25
진로	항공체험 캠프	30	35

- 전문가와 학생은 후보로 선정된 프로그램을 각각 40점 만점제로 우선 평가하였다.
- 전문가 점수와 학생 점수의 반영 비율을 3 : 2로 적용하여 합산한 후, 하나밖에 없는 분야에 속한 프로그램에는 취득 점수의 30%를 가산으로 부여한다.
- ○○문화재단은 가장 높은 점수를 받은 프로그램을 최종 선정하여 운영한다.

① 연주하는 교실
② 항공체험 캠프
③ 스스로 창작
④ 연출노트
⑤ 창의 예술학교

066

문제출제유형 자료 추론

| 정답해설 |

문화재단은 가장 높은 점수를 받은 프로그램을 최종 선정한다. 따라서 가산점을 고려하여 최고 점수를 받은 프로그램을 알 수 있어야 한다. 먼저, 전문가 점수와 학생 점수의 단순 합이 상위 5개인 프로그램을 도출할 수 있다.

분야	프로그램명	전문가 점수	학생 점수	단순합
무용	스스로 창작	37	25	62
음악	연주하는 교실	34	34	68
연극	연출노트	32	30	62
미술	창의 예술학교	40	25	65
진로	항공체험 캠프	30	35	65

점수의 반영 비율은 전문가와 학생 간 3 : 2의 비율이므로 전문가의 점수에 50%(0.5)를 추가한다. 이 점수에 최종적으로 가산점 30%을 부여해야 한다. 가산점 부여 대상은 하나 밖에 없는 분야에 속한 프로그램인 무용, 음악, 연극, 진로 분야이다. 이를 반영하여 다음과 같이 도출할 수 있다.

분야	프로그램명	전문가 점수	학생 점수	단순합	전문가 점수(×0.5합)	가산점수(×1.3)
무용	스스로 창작	37	25	62	80.5	104.65
음악	연주하는 교실	34	34	68	85	110.5
연극	연출노트	32	30	62	78	101.4
미술	창의 예술학교	40	25	65	85	85
진로	항공체험 캠프	30	35	65	80	104

따라서 창의 테마파크에서 운영할 프로그램은 가장 높은 점수를 받은 연주하는 교실이다.

답 ①

067

귀하는 기금 관리 업무를 수행하는 OO재단의 예산담당자이다. 다음 글을 근거로 내린 판단으로 옳지 않은 것은?

■ OO재단에서는 2021년 예산을 편성하기 위해 2020년에 시행되었던 정책(A ~ F)에 대한 평가를 실시하여, 아래와 같은 결과를 얻었다.

〈정책평가 결과〉

(단위 : 점)

정책	계획의 충실성	계획 대비 실적	성과지표 달성도
A	96	95	76
B	93	83	81
C	94	96	82
D	98	82	75
E	95	92	79
F	95	90	85

■ 정책평가 영역과 영역별 기준 점수는 다음과 같다.
　- 계획의 충실성 : 기준 점수 90점
　- 계획 대비 실적 : 기준 점수 85점
　- 성과지표 달성도 : 기준 점수 80점
■ 평가 점수가 해당 영역의 기준 점수 이상인 경우 '통과'로 판단하고 기준 점수 미만인 경우 '미통과'로 판단한다.
■ 모든 영역이 통과로 판단된 정책에는 전년과 동일한 금액을 편성하며, 2개 영역이 통과로 판단된 정책에는 전년 대비 10% 감액, 1개 영역만 통과로 판단된 정책에는 15% 감액하여 편성한다. 다만 '계획 대비 실적' 영역이 미통과인 경우 위 기준과 상관없이 15% 감액하여 편성한다.
■ 2020년도 OO재단의 A ~ F 정책 예산은 각각 20억 원으로 총 120억 원이었다.

① 전년과 동일한 금액의 예산을 편성해야 하는 정책은 총 2개이다.
② OO재단의 2021년 A ~ F 정책 예산은 전년 대비 9억 원이 줄어들 것이다.
③ '성과지표 달성도' 영역에서 '통과'로 판단된 경우에는 예산을 감액해야 하는 정책이 있다.
④ 예산을 전년 대비 15% 감액하여 편성하는 정책들은 모두 '계획 대비 실적' 영역이 '미통과'로 판단되었을 것이다.
⑤ 2개 영역이 '미통과'로 판단된 정책에 대해서만 전년 대비 2021년도 예산을 감액하는 것으로 기준을 변경하는 경우에는 총 1개의 정책만 감액해야 한다.

067

문제출제유형 자료 추론

정답해설

정책평가 영역과 영역별 기준 점수가 제시되었으므로 이를 적용하여 정책별 통과 여부를 알 수 있다.

정책	계획의 충실성	계획 대비 실적	성과지표 달성도
A	통과	통과	미통과(76)
B	통과	미통과(83)	통과
C	통과	통과	통과
D	통과	미통과(82)	미통과(75)
E	통과	통과	미통과(79)
F	통과	통과	통과

甲 기관의 경우 조건에 따라 모든 영역이 통과로 판단된 F정책의 경우는 감액이 없다. D는 2개 영역이 미통과이므로 15%가 감액되고, B는 계획 대비 실적이 미통과이므로 역시 15% 감액된다. A, E는 1개 영역만 미통과이므로 10% 감액된다. 2020년 정책 예산은 각 정책별로 20억 원이므로 B와 D는 3억 원, A와 E는 2억 원이 감액되어 총 10억 원이다.

오답풀이

① 전년도와 동일한 금액의 예산을 편성해야 하는 정책은 모든 영역이 통과로 판단된 정책에 해당한다. 이는 C와 F로 2개이다.

③ B의 경우 성과지표 달성도를 통과하였음에도 계획 대비 실적이 미통과하여 예산을 15% 감액해야 한다. 따라서 '성과지표 달성도' 영역에서 '통과'로 판단된 경우에도 예산을 감액해야 하는 정책이 있다.

④ 예산을 15% 감액하여 편성하는 정책은 B와 D인데, 두 정책 모두 계획 대비 실적이 미통과이다.

⑤ 총 6개의 정책 중 2개의 평가 영역이 미통과한 정책은 D가 유일하다. 따라서 2개 영역이 미통과로 판단된 정책에 대해서만 전년 대비 2021년 예산을 감액하는 것으로 기준을 변경하는 경우에는 D만 감액하여야 한다.

 ②

068

다음 〈조건〉을 근거로 판단할 때, 〈보기〉에서 옳은 것만을 모두 고르면?

〈조건〉

• A사와 B사는 신제품을 공동개발하여 판매한 총 순이익을 아래와 같은 기준에 의해 분배하기로 약정하였다.
  ㉠ A사와 B사는 총 순이익에서 각 회사 제조원가의 10%에 해당하는 금액을 우선 각자 분배받는다.
  ㉡ 총 순이익에서 위 ㉠의 금액을 제외한 나머지 금액에 대한 분배기준은 연구개발비, 판매관리비, 광고홍보비 중 어느 하나로 결정하며, 각 회사가 지출한 비용에 비례하여 분배액을 정하기로 한다.

• 신제품 개발과 판매에 따른 비용과 총 순이익은 다음과 같다.

(단위 : 억 원)

구분	A사	B사
제조원가	200	600
연구개발비	100	300
판매관리비	200	200
광고홍보비	300	150
총 순이익	200	

〈보기〉

ㄱ. 분배받는 순이익을 극대화하기 위한 분배기준으로, A사는 광고홍보비를, B사는 연구개발비를 선호할 것이다.

ㄴ. 연구개발비가 분배기준이 된다면, 총 순이익에서 B사가 분배받는 금액은 A사의 3배이다.

ㄷ. 판매관리비가 분배기준이 된다면, 총 순이익에서 A사와 B사의 분배받은 금액은 동일하다.

ㄹ. 광고홍보비가 분배기준이 된다면, 총 순이익에서 A사가 분배받은 금액은 B사보다 많다.

① ㄱ, ㄴ
② ㄱ, ㄷ
③ ㄱ, ㄹ
④ ㄴ, ㄹ
⑤ ㄷ, ㄹ

068

휴노형

문제출제유형 자료 대입 추론

정답해설

> ㉠에 따라 A사는 20억 원, B사는 60억 원을 지급받는다. 그리고 ㉡에 따라 추가로 분배받는다.
>
> ㄱ. ㉠에 따른 금액이 결정되어 있으므로, 각자 ㉡에 의해 분배받는 금액을 최대화하고자 한다. A사가 B사에 비해 지출한 비용의 비중이 가장 큰 것은 광고홍보비이며, B사가 A사에 비해 지출한 비용의 비중이 가장 큰 것은 연구개발비이다.
>
> ㄴ. ㉠에 따라 분배받는 비용은 B사가 A사의 3배이다. 또한 연구개발비로 지출한 비용의 비중도 B사가 A사의 3배이다. 따라서 ㉡에 의해 B사가 A사의 3배를 분배받으며, 분배받는 총액 역시 3배가 된다.
>
> ㄷ. A사와 B사의 판매관리비 지출액이 동일하므로 ㉡에 따라서는 동일하게 분배받는다. 그러나 B사는 ㉠에 따라 더 많이 분배받으므로 총액은 B사가 더 많다.
>
> ㄹ. 광고홍보비를 기준으로 ㉡에 따라 지급받는 액수는 A사 : 120×2÷3=80(억 원), B사 : 120×1÷3=40(억 원)이다. 따라서 ㉠와 ㉡를 모두 고려한 총액은 A사, B사 모두 100억 원이다.

답 ①

069

다음은 □□백화점이 귀하가 소속된 ○○저작권 보호원에 보내온 글이다. 이 글을 근거로 판단할 때, □□백화점이 한해 캐럴 음원이용료로 지불해야 하는 최대 금액은?

> □□백화점에서 매년 크리스마스 트리 점등식(11월 네 번째 목요일) 이후 돌아오는 첫 월요일부터 크리스마스(12월 25일)까지 백화점 내에서 캐럴을 틀어 놓는다. (단, 휴점일 제외.) 이 기간 동안 캐럴을 틀기 위해서는 하루에 2만 원의 음원이용료를 지불해야 한다. □□백화점 휴점일은 매월 네 번째 수요일이지만, 크리스마스와 겹칠 경우에는 정상영업을 한다.

① 48만 원 ② 52만 원
③ 58만 원 ④ 60만 원
⑤ 66만 원

069 휴노형

문제출제유형 수리 추론(음원이용료 계산)

| 정답해설 |

제시문의 핵심은 첫 11월 네 번째 목요일 이후 돌아오는 첫 월요일부터 캐럴을 튼다는 것과 수요일이 휴점이지만 크리스마스인 경우에는 정상영업을 한다는 것이다.

11월 네 번째 목요일 이후 돌아오는 월요일은 26일이고 이렇게 될 경우 크리스마스는 화요일이다. 이 경우 총 4주하고도 2일 동안 캐럴을 틀게 된다. 크리스마스와 휴점일이 겹치지 않으며 휴점일은 이 기간 중 한번이므로 음원이용료로 29일치인 58만 원을 지불하게 된다.

12월 25일이 수요일인 경우, 28일이 네 번째 목요일이므로 가장 빠른 월요일은 12월 2일다. 이 경우 총 3주 2일 동안 캐럴을 틀게 되고, 이때 휴점일은 없으므로 총 음원료는 24일치인 48만 원을 지불하게 된다. □□백화점이 한 해 캐럴 음원이용료로 지불해야 하는 최대 금액은 58만 원이다.

답 ③

070

다음 글을 근거로 판단할 때, 甲 금속회사가 생산한 제품 A, B를 모두 판매하여 얻을 수 있는 최대 금액은?

- 甲 금속회사는 특수구리합금 제품 A와 B를 생산 및 판매한다.
- 특수구리합금 제품 A, B는 10kg 단위로만 생산된다.
- 제품 A의 1kg당 가격은 300원이고, 제품 B의 1kg당 가격은 200원이다.
- 甲 금속회사는 보유하고 있던 구리 710kg, 철 15kg, 주석 33kg, 아연 155kg, 망간 30kg 중 일부를 활용하여 아래 표의 질량 배합 비율에 따라 제품 A를 300kg 생산한 상태이다. (단, 개별 금속의 추가구입은 불가능하다.)
- 합금 제품별 질량 배합 비율은 아래와 같으며 배합 비율을 만족하는 경우에만 제품이 될 수 있다.

(단위 : %)

구분	구리	철	주석	아연	망간
A	60	5	0	25	10
B	80	0	5	15	0

※ 배합된 개별 금속 질량의 합은 생산된 합금 제품의 질량과 같다.

① 195,000원

② 196,000원

③ 197,000원

④ 198,000원

⑤ 199,000원

070

문제출제유형 수식 추론 및 판매 금액 계산

정답해설

조건에 따라 제품은 10kg 단위로만 생산하며 제품 A의 1kg당 가격은 300원이고, B의 1kg당 가격은 200원이다. 또한 기존에 보유하고 있던 구리, 철, 주석, 아연, 망간 중 일부를 활용하여 제품 A를 300kg 생산하여 90,000원의 판매이익을 올린 상태이다. 한편, A의 합이 100이고 각주에 배합된 개별 금속 질량의 합이 같다고 되어 있다. 따라서, 도표의 숫자에 3을 곱한 수가 A를 만드는 데 들어간 재료의 양인 것이다.

구분	구리	철	주석	아연	망간
A(×3)	710−180=530	15−15=0	33−0=0	155−75=80	30−30=0

A의 경우 망간을 모두 다 써버렸기 때문에 더 이상 생산을 하지 못하므로 B에서 얼마만큼 생산할 수 있는지를 확인해야 한다.

제품 A를 30kg 생산한 이후 남은 재료로 제품 B를 최대한 생산해야 한다.

제품 A를 만들기 위해 보유한 철과 망간이 전부 소요되지만 제품 B는 철과 망간이 필요하지 않으므로 남은 재료들을 가지고 만들 수 있다. 제품 B의 kg당 가격은 200원이며 표의 비율은 합이 100이므로 100,000원의 제품을 생산한다면 도표에서 5를 곱한 값이 된다.

구분	구리	철	주석	아연	망간
B(×5)	400	0	25	75	0

이에 따라 (400kg + 25kg + 75kg) = 100,000원이며, A에서 남은 아연 5kg를 B에 활용하는 게 관건이다. B에서 아연이 15kg을 차지(15%)하므로 33.3kg에 5kg이다. 10kg 단위로만 생산하므로 A의 아연 5kg으로 B 30kg인 6,000원 가치를 생산할 수 있다.

따라서 (90,000원 + 100,000원 + 6,000원) = 196,000원이다.

답 ②

071

다음 글을 근거로 판단할 때, 2015년 9월 15일 화요일이라면 2020년 이후 △△축제가 처음으로 18일 동안 개최되는 해는? (단, 모든 날짜는 양력 기준이다.)

1년의 개념은 지구가 태양을 한 바퀴 도는 데에 걸리는 시간으로, 그 시간은 정확히 365일이 아니다. 실제 그 시간은 365일보다 조금 긴 약 365.2422일이다. 따라서 다음과 같은 규칙을 순서대로 적용하여 1년이 366일인 윤년을 정한다.

규칙 1 : 연도가 4로 나누어 떨어지는 해는 윤년으로 한다.
　　　　(2004년, 2008년, …)
규칙 2 : '규칙 1'의 연도 중에서 100으로 나누어 떨어지는 해는 평년으로 한다.
　　　　(2100년, 2200년, 2300년, …)
규칙 3 : '규칙 2'의 연도 중에서 400으로 나누어 떨어지는 해는 윤년으로 한다.
　　　　(1600년, 2000년, 2400년, …)

※ 평년 : 윤년이 아닌, 1년이 365일인 해

　　△△축제는 매년 9월 15일이 지나고 돌아오는 첫 번째 토요일에 시작하여 10월 첫 번째 일요일에 끝나는 일정으로 개최한다. 다만 10월 1일 또는 2일이 일요일인 경우, 축제를 국경일인 10월 3일까지 연장한다. 따라서 축제는 최단 16일에서 최장 18일 동안 열린다.

① 2021년
② 2022년
③ 2023년
④ 2025년
⑤ 2026년

071

휴노형

문제출제유형 날짜 및 요일 계산

정답해설

최장 18일이 열리려면 10월 1일이 일요일이어야 한다. 10월 1일이 일요일이어야만 추가로 이틀 연장하기 때문이다. 이를 충족하기 위해서는 9월 30일, 9월 23일, 9월 16일은 토요일이, 9월 15일이 금요일이 되면 된다. 일반적으로 1년은 365일이므로 52주 1일인 반면, 윤년의 경우 366일이므로 52주 2일이다. 365를 7로 나눌 경우 1이 남음으로 어느 해의 9월 15일이 화요일이면, 다음 해가 윤년이 아니라면 수요일이고, 만약 윤년이라면 목요일이 된다. 즉, 윤년이 아닌 해에는 요일이 하루씩 늦춰질 것이고, 윤년인 해에는 요일이 이틀씩 늦춰지게 되는 것이다. 문제의 조건에 따라 윤년은 2016년, 2020년, 2024년이다. 문제의 조건에서 2015년 9월 15일이 화요일로 주어졌으므로 다음과 같이 표로 정리할 수 있다.

연도	9월 15일	비고
2015	화요일	
2016	목요일	윤년
2017	금요일	
2018	토요일	
2019	일요일	
2020	화요일	윤년
2021	수요일	
2022	목요일	
2023	금요일	

모든 조건을 고려했을 때, 2020년 이후 △△축제가 처음으로 18일 동안 개최되는 해는 2023년이다.

답 ③

휴노형 ★★★☆☆

다음은 ○○문화재재단의 집계 자료이다. 이 자료를 분석한 것으로 적절한 의견은?

〈표〉 경기도 10개 시의 유형별 문화유산 보유건수 현황

(단위 : 건)

유형 시	국가 지정 문화재	지방 지정 문화재	문화재 자료	등록 문화재	합
용인시	64	36	16	4	120
여주시	24	32	11	3	70
고양시	16	35	11	7	69
안성시	13	42	13	0	68
남양주시	18	34	11	4	67
파주시	14	28	9	12	63
성남시	36	17	3	3	59
화성시	14	26	9	0	49
수원시	14	24	8	2	48
양주시	11	19	9	0	39
전체	224	293	100	35	652

※ 문화유산은 국가지정문화재, 지방지정문화재, 문화재 자료, 등록 문화재로만 구성됨.

① 김 대리 : '등록 문화재'를 보유한 시는 6개이다.
② 박 차장 : 유형별 전체 보유건수가 가장 많은 문화유산은 '국가 지정 문화재'이다.
③ 이 주임 : 파주시 문화유산 보유건수 합은 전체 문화유산 보유건수 합의 10% 이하이다.
④ 한 대리 : '문화재 자료' 보유건수기 기장 많은 시는 안성시이나.
⑤ 최 과장 : '국가 지정 문화재'의 시별 보유건수 순위는 '문화재 자료'와 동일하다.

072

[휴노형]

[문제출제유형] 자료 분석

| 정답해설 |

이 주임은 "파주시 문화유산 보유건수 합은 전체 문화유산 보유건수 합의 10% 이하"라고 하였다. 전체 문화유산 보유건수는 652건이므로 파주시 문화유산 보유건수 합은 10% 이하에 해당함을 알 수 있다.

| 오답풀이 |

① 〈표〉에서 등록 문화재가 0개인 시는 안성시, 화성시, 양주시의 3개이다. 등록 문화재를 보유한 시는 3개 시를 제외한 7개 시이므로 김 대리의 의견은 적절하지 않다.

② 〈표〉의 국가 지정 문화재, 지방 지정 문화재, 문화재 자료, 등록 문화재 중 지방 지정 문화재의 합이 293건으로 가장 크므로 박 차장의 의견은 적절하지 않다.

④ 문화재 자료 보유건수가 가장 많은 시는 16건인 용인시이므로 한 대리 의견은 적절하지 않다.

⑤ 국가 지정 문화재와 문화재 자료의 시별 보유건수 순위는 다음과 같다.

순위	국가 지정 문화재	문화재 자료
1순위	용인시(64)	용인시(16)
2순위	성남시(36)	안성시(13)
3순위	여주시(24)	여주시, 고양시, 남양주시(11)
4순위	남양주시(18)	

따라서 국가 지정 문화재의 시별 보유건수 순위와 문화재 자료는 동일하지 않다.

[답] ③

휴노형 ★★★☆☆

다음 자료는 ○○인터넷진흥원의 2015 ~ 2018년 사용자별 사물인터넷 관련 지출액에 관한 자료이다. 이를 평가한 것으로 적절하지 않은 것은?

〈그림〉 사물인터넷 관련 지출액

① A : 2016 ~ 2018년 동안 '공공사업자' 지출액의 전년대비 증가폭이 가장 큰 해는 2017년이다.
② B : 2018년 사용자별 지출액의 전년대비 증가율은 '개인'이 가장 높다.
③ C : 2016 ~ 2018년 동안 사용자별 지출액의 전년대비 증가율은 매년 '공공사업자'가 가장 낮다.
④ D : '공공사업자'와 '민간사업자'의 지출액 합은 매년 '개인'의 지출액보다 크다.
⑤ E : 2018년 모든 사용자의 지출액 합은 2015년 대비 80% 이상 증가하였다.

073

[문제출제유형] 자료 분석 및 수리 계산

| 정답해설 |

> B는 "2018년 사용자별 지출액의 전년 대비 증가율은 '개인'이 가장 높다"고 했다. 2018년 사용자별 지출액의 전년(2017년)
> 대비 증가율을 보면 개인은 30% 대이다. 민간사업자의 경우 약 40% 이상 증가하였으므로 적절하게 평가하지 못했다.

| 오답풀이 |

① 공공사업자 지출액의 전년 대비 증가폭은 2016년에는 49억 증가하였고, 2017년에는 53억이 증가하였다. 2018년에는 47억이 증가하였으므로 2017년이 가장 크다.

③ 공공사업자 지출액의 전년 대비 증가폭은 매년 10% 미만인 반면 민간사업자나 개인의 경우 전년 대비 증가율은 매년 10% 이상이다.

④ 공공사업자와 민간사업자의 지출액 합은 2015년 800억대, 2016년 900억대, 2017년 1,100억대, 2018년 1,300억대이다. 개인의 경우 2015년 532억, 2016년 725억, 2017년 985억, 2018년 1,294억으로 D는 옳게 평가하였다.

⑤ 2015년 모든 사용자의 지출액 합은 1,378(634 + 212 + 532)억이다.

2018년 지출액 합은 2,639(783 + 562 + 1,294)억이다. 2015년 대비 2018년 지출액의 합은 1,261억이 증가하였다. 이는 약 91%로 80% 이상 증가한 것이다.

 답 ②

074

다음 〈표〉는 OO예탁결제원의 성별·연령대별 전자금융서비스 인증수단 선호도에 관한 자료이다. 이 자료를 검토한 반응으로 옳지 않은 것은?

〈표〉 성별. 연령대별 전자금융서비스 인증수단 선호도 조사결과

(단위 : %)

구분	인증수단	휴대폰 문자 인증	공인 인증서	아이핀	이메일	전화 인증	신용카드	바이오 인증
성별	남자	72.2	69.3	34.5	23.1	22.3	21.1	9.9
	여자	76.6	71.6	27.0	25.3	23.9	20.4	8.3
연령대	10대	82.2	40.1	38.1	54.6	19.1	12.0	11.9
	20대	73.7	67.4	36.0	24.1	25.6	16.9	9.4
	30대	71.6	76.2	29.8	15.7	28.0	22.3	7.8
	40대	75.0	77.7	26.7	17.8	20.6	23.3	8.6
	50대	71.9	79.4	25.7	21.1	21.2	26.0	9.4
전체		74.3	70.4	30.9	24.2	23.1	20.8	9.2

※ 1) 응답자 1인당 최소 1개에서 최대 3개까지 선호하는 인증수단을 선택했음.
  2) 인증수단 선호도는 전체 응답자 중 해당 인증수단을 선호한다고 선택한 응답자의 비율임.
  3) 전자금융서비스 인증수단은 제시된 7개로만 한정됨.

① 박 주임 : 연령대별 인증수단 선호도를 살펴보면, 30대와 40대 모두 아이핀이 3번째로 높다.

② 이 팀장 : 전체 응답자 중 선호 인증수단을 3개 선택한 응답자 수는 40% 이상이다.

③ 홍 사원 : 선호하는 인증수단으로, 신용카드를 선택한 남성 수는 바이오 인증을 선택한 남성 수의 3배 이하이다.

④ 김 주임 : 20대와 50대 간의 인증수단별 선호도 차이는 공인인증서가 가장 크다.

⑤ 오 팀장 : 선호하는 인증수단으로 이메일을 선택한 20대 모두가 아이핀과 공인인증서를 동시에 선택했다면, 신용카드를 선택한 20대 모두가 아이핀을 동시에 선택한 것이 가능하다.

074

휴노형

문제출제유형 자료 해석

정답해설

오 팀장은 "선호하는 인증수단으로 이메일을 선택한 20대 모두가 아이핀과 공인인증서를 동시에 선택했다면, 신용카드를 선택한 20대 모두가 아이핀을 동시에 선택하는 것이 가능하다."고 평가했다.

만약 이메일을 선택한 20대 모두가 아이핀과 공인인증서를 동시에 선택했다면 아이핀을 선택한 20대 중에서 11.9%(36.0 - 24.1)는 조건에 따라 타 인증수단을 중복 선호할 수 있다. 신용카드를 선호하는 20대는 16.9%로 11.9%보다 더 크다. 따라서, 신용카드를 선택한 20대 모두가 아이핀을 동시에 선택한다고 평가하는 것은 옳지 않다.

오답풀이

① 박 주임은 "연령대별 인증수단 선호도에서 30대와 40대 모두 아이핀이 3번째로 높다고" 본다. 30대의 인증수단은 공인인증서 → 휴대폰문자 인증 → 아이핀 순으로 선호도가 높다. 40대의 인증수단은 공인인증서 → 휴대폰문자 인증 → 아이핀 순으로 선호도가 높다. 따라서 30대와 40대 모두 아이핀이 3번째로 높으므로 박 주임은 옳게 검토하였다.

② 이 팀장은 "전체 응답자 중 선호 인증수단을 3개 선택한 응답자 수는 40% 이상이다."라고 했다. 인증수단별 하단에 제시된 전체 선호도를 합산하면 252.9가 된다. 7개 인증수단 중 최대 3개까지 중복 응답이 가능하므로 선호 인증수단을 3개 선택한 응답자 수는 최소 40% 이상이 된다. 이 팀장은 옳게 검토하였다.

③ 남성의 인증수단 선호도를 살펴보면, 신용카드를 선택한 남성의 비율은 21.1%로, 바이오인증을 선호하는 9.9%의 3배인 29.7% 이하이다. 따라서 홍 사원은 옳게 검토하였다.

④ 20대와 50대의 인증수단별 선호도 차이는 공인인증서가 79.4 - 67.4 = 12.0으로 가장 큰 수치이므로 김 주임은 옳게 검토하였다.

 ⑤

075

다음 〈표〉는 ○○국방연구원의 2016 ~ 2020년 군 장병 1인당 1일 급식비와 조리원 충원인원에 관한 자료이다. 이를 검토한 의견으로 옳지 않은 것은?

〈표〉 군 장병 1인당 1일 급식비와 조리원 충원인원

연도 구분	2016	2017	2018	2019	2020
1인당 1일 급식비(원)	5,820	6,155	6,432	6,848	6,984
조리원 충원인원(명)	1,767	1,924	2,024	2,123	2,195
전년대비 물가상승률(%)	5	5	5	5	5

※ 2016 ~ 2020년 동안 군 장병 수는 동일함

① J 연구원 : 2017년 이후 군 장병 1인당 1일 급식비의 전년대비 증가율이 가장 큰 해는 2019년이다.

② P 연구원 : 2017년의 조리원 충원인원이 목표 충원인원의 88%라고 할 때, 2017년의 조리원 목표 충원인원은 2,100명 보다 많다.

③ K 연구원 : 2017년 이후 조리원 충원인원의 전년대비 증가율은 매년 감소한다.

④ R 연구원 : 2016년 대비 2020년의 군 장병 1인당 1일 급식비의 증가율은 2016년 대비 2020년의 물가상승률보다 낮다.

⑤ L 연구원 : 군 장병 1인당 1일 급식비의 5년(2016 ~ 2020년) 평균은 2018년 군 장병 1인당 1일 급식비보다 적다.

075

휴노형

문제출제유형 자료 수리 계산

| 정답해설 |

L 연구원은 "군 장병 1인당 1일 급식비의 5년(2016 ~ 2020년) 평균은 2018년 군 장병 1인당 1일 급식비보다 적다."고
했다.
2016년 ~ 2020년 군 장병 1인당 1일 급식비의 5년 평균은 6,448원이다. 그에 비해 2018년 군 장병 1인당 1일 급식비
는 6,432원으로 5년 평균값이 더 크므로 잘못 검토하였다.

| 오답풀이 |

① J 연구원은 "2017년 이후 군 장병 1인당 1일 급식비의 전년대비 증가율이 가장 큰 해는 2019년"이라고 했다. 전년대비 증
가율은 $\dfrac{\text{당해(비교)년도} - \text{전년도}}{\text{전년도}} \times 100$에 대입해서 구할 수 있다. 2017년 이후 군 장병 1인당 1일 급식비의 전년대비

증가율이 5%가 넘는 해는 2017년과 2019년이다. 2017년의 증가율은 $\dfrac{6,155 - 5,820}{5,820} \times 100 ≒ 5.76\%$, 2019년의 증가율은

$\dfrac{6,848 - 6,432}{6,432} \times 100 ≒ 6.47\%$이므로 가장 큰 해는 2019년이다.

② P 연구원은 "2017년의 조리원 충원인원이 목표 충원인원의 88%라고 할 때, 2017년의 조리원 목표 충원인원은 2,100명보다
많다고 본다." 이는, $\dfrac{\text{해당연도 충원인원}}{\text{목표 충원률}} \times 100$으로 구할 수 있다.

2017년의 조리원 목표 충원인원은 $\dfrac{1,924}{88} \times 100 ≒ 2,186$으로 2,100명보다 많으므로 P 연구원은 옳게 검토하였다.

③ K 연구원은 2017년 이후 조리원 충원인원의 전년대비 증가율은 매년 감소한다고 보고 있다. 감소율을 계산하지 않더라도 전년
대비 조리원 충원인원의 증가폭은 2017년에 157명, 2018년에 100명, 2019년에 99명, 2020년에 72명으로 매년 감소하였다.
이와 비교하여 조리원 충원인원은 매년 증가하였으므로 조리원 충원인원의 전년대비 증가율은 매년 감소한 것이다.

④ R 연구원은 "2016년 대비 2020년의 군 장병 1인당 1일 급식비의 증가율은 2016년 대비 2020년의 물가상률보다 낮다."고 본
다. 2016년 대비 2020년의 군 장병 1인당 1일 급식비의 증가율은 $\dfrac{6,984 - 5,820}{5,820} \times 100 = 20\%$이다. 반면 2016년 대비
2020년의 물가상률은 2016년부터 누적되므로 매년 5%씩 증가하여 20% 이상이라고 볼 수 있다. 따라서 2016년 대비 2020
년의 급식비 증가율은 물가상률보다 낮다.

 ⑤

076

다음 〈그림〉은 ○○건설근로자 공제회 혁신기획팀의 우리나라의 지역별 한옥건설업체수 현황이다. 이에 대해 적절히 평가한 사람을 〈보기〉에서 모두 고르면?

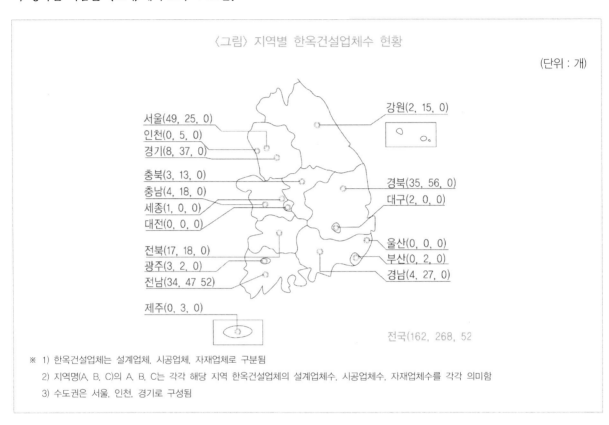

〈그림〉 지역별 한옥건설업체수 현황

(단위 : 개)

서울(49, 25, 0)
인천(0, 5, 0)
경기(8, 37, 0)
충북(3, 13, 0)
충남(4, 18, 0)
세종(1, 0, 0)
대전(0, 0, 0)
전북(17, 18, 0)
광주(3, 2, 0)
전남(34, 47 52)
제주(0, 3, 0)

강원(2, 15, 0)
경북(35, 56, 0)
대구(2, 0, 0)
울산(0, 0, 0)
부산(0, 2, 0)
경남(4, 27, 0)

전국(162, 268, 52

※ 1) 한옥건설업체는 설계업체, 시공업체, 자재업체로 구분됨
   2) 지역명(A, B, C)의 A, B, C는 각각 해당 지역 한옥건설업체의 설계업체수, 시공업체수, 자재업체수를 각각 의미함
   3) 수도권은 서울, 인천, 경기로 구성됨

〈보기〉

한 차장 : 설계업체수가 시공업체수보다 많은 지역의 수는 한옥 건설업체가 없는 지역의 수보다 많다.

서 대리 : 전국의 설계업체수는 시공업체수보다 많다.

심 대리 : 수도권 시공업체 중 서울 시공업체가 차지하는 비중은 전국 설계업체 중 수도권 설계업체가 차지하는 비중보다 크다.

민 대리 : 설계업체수 기준, 상위 2개 지역의 설계업체수 합은 전국 설계업체수의 50% 미만이다.

① 한 차장, 서 대리
② 한 차장, 심 대리
③ 서 대리, 민 대리
④ 한 차장, 심 대리, 민 대리
⑤ 서 대리, 심 대리, 민 대리

076

휴노형

문제출제유형 자료 분석 수리 계산

| 정답해설 |

한 차장 : 설계업체수가 시공업체수보다 많은 지역은 서울, 세종, 광주, 대구로 총 4개 지역이다. 반면 한옥건설업체가 없는 지역은 대전과 울산 총 2개로 한 차장은 적절히 평가하였다.

심 대리 : 수도권 시공업체 중 서울 시공업체가 차지하는 비중은 $\dfrac{25}{25+5+37} \times 100 ≒ 37.3\%$로, 전국 설계업체 중 수도권 설계업체가 차지하는 비중인 $\dfrac{49+0+8}{162} \times 100 ≒ 35.2\%$보다 크므로 심 대리는 적절히 평가하였다.

서 대리 : 전국의 설계업체수는 162개로, 268개인 시공업체수보다 적으므로 서 대리의 평가는 적절하지 않다.

민 대리 : 설계업체수 기준 상위 2개 지역은 서울, 경북으로 설계업체수 합은 $49+35=84$이다. 이는 전국 설계업체수(162개)의 50% 이상이므로 민 대리의 평가는 적절하지 않다.

답 ②

077

다음 〈표〉는 OO문화재재단의 2014 ~ 2020년 '갑'국의 문화재 국외반출 허가 및 전시 현황에 관한 자료이다. 이에 대한 설명으로 옳은 것은?

〈표〉 문화재 국외반출 허가 및 전시 현황

(단위 : 건, 개)

연도	전시건수		국외반출 허가 문화재 수량		
	국가별 전시건수(국가:건수)	계	지정문화재(문화재 종류:개수)	비지정문화재	계
2014	일본:6, 중국:1, 영국:1, 프랑스:1, 호주:1	10	국보:3, 보물:4, 시지정문화재:1	796	804
2015	일본:10, 미국:5, 그리스:1, 체코:1, 중국:1	18	국보:18, 보물:3 시도지정문화재:1	902	924
2016	일본:5, 미국:3, 벨기에 : 1, 영국:1	10	국보:5, 보물:10	315	330
2017	일본:9, 미국:8, 중국:3, 이탈리아:3, 프랑스:2, 영국:2, 독일:2, 포르투갈:1, 네덜란드:1, 체코:1, 러시아:1	33	국보:2, 보물:13	1,399	1,414
2018	일본:9, 미국:5, 영국:2, 러시아:2, 중국:1, 벨기에:1, 이탈리아:1, 프랑스:1, 스페인:1, 브라질:1	24	국보:3, 보물:11	1,311	1,325
2019	미국:3, 일본:2, 호주:2, 중국:1, 타이완:1	9	국보:4, 보물:12	733	749
2020	미국:6, 중국:5, 일본:5, 영국:2, 브라질:1, 독일:1, 러시아:1	21	국보:4, 보물:9	1,430	1,443

※ 1) 지정문화재는 국보, 보물, 시도지정문화재만으로 구성됨.
　2) 동일연도에 두 번 이상 전시된 국외반출 허가 문화재는 없음.

① 전 사원 : 연도별 국외반출 허가 문화재 수량 중 지정문화재 수량의 비중이 가장 큰 해는 2019년이다.
② 박 사원 : 2015년 이후, 연도별 전시건수 중 미국 전시건수 비중이 가장 작은 해에는 프랑스에서도 전시가 있었다.
③ 이 사원 : 국가별 전시건수의 합이 10건 이상인 국가는 일본, 미국, 영국이다.
④ 김 사원 : 보물인 국외반출 허가 지정문화재의 수량이 가장 많은 해는 전시건당 국외반출 허가 문화재 수량이 가장 많은 해와 동일하다.
⑤ 임 사원 : 2017년 이후, 연도별 전시건수가 많을수록 국외반출 허가 문화재 수량도 많다.

077

문제출제유형 자료 해석

정답해설

박 사원은 "2015년 이후 연도별 전시건수 중 미국 전시건수 비중이 가장 작은 해에는 프랑스에서도 전시가 있었다."고 했다. 비중은 전체 중에서 차지하는 비율이므로 전시 횟수와 다르다는 점을 유의해야 한다. 연도별 전시건수 중 2015년 이후 미국 전시건수 비중이 가장 작은 해는 2018년(약 20.8%)이다. 해당 연도에는 프랑스에서도 1건의 전시건수가 있었으므로 옳게 설명하였다.

오답풀이

① 국외반출 허가 문화재 수량 중 지정문화재 수량의 비중이 가장 큰 해는 2015년으로 약 4.5%이다. 2019년은 약 2.1%이므로 전 사원의 설명은 옳지 않다.

③ 자료의 전체 기간 중 국가별 전시건수의 합이 10건 이상인 국가는 46건인 일본, 30건인 미국과 비교하여 영국은 8건이므로 이 사원의 설명은 옳지 않다.

④ 보물인 국외반출 허가 지정문화재의 수량이 가장 많은 해는 2017년으로 3건이다. 그러나 전시 건당 국외반출 허가 문화재 수량이 가장 많은 해는 2019년으로 약 83건이다.

⑤ 2020년은 2017년에 비해 연도별 전시건수는 12건 적지만, 국외반출 허가 문화재 수량은 16건이 더 많다.

답 ②

휴노형 ★★★☆☆

다음 〈그림〉은 ○○사회보장정보원의 2017 ~ 2020년 남성육아휴직제 시행 현황에 관한 자료이다. 이를 분석한 것으로 적절한 의견을 제시한 사람은?

〈그림〉 남성육아휴직제 시행기업수 및 참여직원수

① 조 주임 : 2018년 이후 전년보다 참여직원수가 가장 많이 증가한 해와 시행기업수가 가장 많이 증가한 해는 동일하다.
② 최 주임 : 2020년 남성육아휴직제 참여직원수는 2017년의 7배 이상이다.
③ 고 대리 : 시행기업당 참여직원수가 가장 많은 해는 2020년이다.
④ 박 과장 : 2018년 대비 2020년 시행기업수의 증가율은 참여직원수의 증가율보다 높다.
⑤ 노 대리 : 2017~2020년 참여직원수 연간 증가인원의 평균은 6,000명 이하이다.

078

휴노형

[문제출제유형] 자료 해석 ──

| 정답해설 |

고 대리는 "시행기업당 참여직원수가 가장 많은 해는 2020년이다."고 의견을 제시했다. 시행기업 대비 참여직원수를 보면 2017년은 약 1.5명, 2018년은 약 1.9명, 2019년은 약 1.89명, 2020년은 약 2.8명이다. 시행기업수에 비해 참여직원수가 2배 이상인 연도는 2020년뿐으로 고대리의 의견은 적절하다.

| 오답풀이 |

① 2018년 이후 전년보다 참여직원수가 가장 많이 증가한 해는 2020년으로 10,661명이다. 시행기업수가 가장 많이 증가한 해는 2019년으로 2,962개이다. 2018년 이후 전년보다 참여직원수가 가장 많이 증가한 해와 시행기업수가 가장 많이 증가한 해가 동일하지 않으므로 조 주임의 의견은 적절하지 않다.

② 2020년의 남성육아휴직제 참여직원수는 2017년 3,197명 대비 21,530명으로 7배 이하이므로 최 주임의 의견은 적절하지 않다.

④ 2018년의 시행기업수 2,802개 대비 2020년 시행기업수 7,686개의 증가율은 약 3배 가까이 된다. 2018년의 참여 직원수 5,517명 대비 2020년의 참여 직원수 21,530명의 증가율은 약 4배 가까이 되므로 박 과장의 의견은 적절하지 않다.

⑤ 2017년부터 2020년까지 참여직원수 연간 증가 인원의 평균은 $\left(\dfrac{21,530 - 3,197}{3} \right) = 6,111$명이므로 노 대리의 의견은 적절하지 않다.

 ③

079

다음 〈표〉는 ○○축산자원개발원에서 품목별 한우의 2020년 10월 평균가격, 전월, 전년 동월, 직전 3개년 동월 평균가격을 제시한 자료이다. 이를 검토한 의견으로 옳은 것은?

〈표〉 품목별 한우 평균가격(2020년 10월 기준)

(단위 : 원/kg)

품목		2020년 10월	전월	전년 동월	직전 3개년
구분	등급	평균가격	평균가격	평균가격	동월 평균가격
거세우	1등급	17,895	18,922	14,683	14,199
	2등급	16,534	17,369	13,612	12,647
	3등급	14,166	14,205	12,034	10,350
비거세우	1등급	18,022	18,917	15,059	15,022
	2등급	16,957	16,990	13,222	12,879
	3등급	14,560	14,344	11,693	10,528

※ 1) 거세우, 비거세우의 등급은 1등급, 2등급, 3등급만 있음.
  2) 품목은 구분과 등급의 조합임. 예를 들어 구분이 거세우이고 등급이 1등급이면 품목은 거세우 1등급임.

① A : 거세우 각 등급에서의 2020년 10월 평균가격이 비거세우 같은 등급의 2020년 10월 평균가격보다 모두 높다.
② B : 모든 품목에서 전월 평균가격은 2020년 10월 평균가격보다 높다.
③ C : 2020년 10월 평균가격, 전월 평균가격, 전년 동월 평균가격, 직전 3개년 동월 평균가격은 비거세우 1등급이 다른 모든 품목에 비해 높다.
④ D : 직전 3개년 동월 평균가격 대비 전년 동월 평균가격의 증가폭이 가장 큰 품목은 거세우 2등급이다.
⑤ E : 전년 동월 평균가격 대비 2020년 10월 평균가격 증감률이 가장 큰 품목은 비거세우 2등급이다.

079

문제출제유형 수치 자료 해석

| 정답해설 |

E는 "전년 동월 평균가격 대비 2020년 10월 평균가격 증감률이 가장 큰 품목은 비거세우 2등급이다."라고 검토했다. 비거세우 2등급의 전년 동월 평균가격 대비 2020년 10월 평균가격 증감률은 약 28.2% 증가하였다. 거세우 1등급은 21.9%, 2등급은 21.5%, 3등급은 17.7%가 증가하였다. 비거세우의 경우 1등급은 19.7%, 3등급은 25.1% 증가하였다. 따라서 E는 옳게 검토하였다.

| 오답풀이 |

① A는 "거세우 각 등급에서의 2020년 10월 평균가격이 비거세우 같은 등급의 2020년 10월 평균가격보다 모두 높다."고 했다. 비거세우의 2등급 2020년 10월 평균가격은 16,957원이다. 거세우 3등급인 14,166원보다 크므로 검토 의견은 옳지 않다.

② B는 "모든 품목에서 전월 평균가격이 2020년 10월 평균가격보다 높다."고 했다. 비거세우 3등급의 경우 전월 평균가격은 14,344원으로 2020년 10월 평균가격인 14,560원보다 낮으므로 검토 의견은 옳지 않다.

③ C는 "2020년 10월 평균가격, 전월 평균가격, 전년 동월 평균가격, 직전 3개년 동월 평균가격은 비거세우 1등급이 다른 모든 품목에 비해 높다."고 했다. 이 중 전월 평균가격은 거세우 1등급은 18,922원, 비거세우 1등급은 18,917원이다. 거세우 1등급이 비거세우 1등급보다 전월 평균가격이 높으므로 C의 검토는 옳지 않다.

④ 직전 3개년 동월 평균가격 대비 전년 동월 평균가격의 증가폭은 거세우 2등급 965원보다 거세우 3등급 1,684원이 더 크므로 D의 검토는 옳지 않다.

답 ⑤

080

다음 〈그림〉은 ○○정보보호산업협회의 2019년과 2020년 침해유형별 개인정보 침해경험을 설문조사한 결과이다. 이를 본 반응으로 옳은 것은?

〈그림〉 침해유형별 개인정보 침해경험 설문조사 결과

① 갑 : '있음'으로 응답한 비율이 큰 침해유형부터 순서대로 나열하면 2019년과 2020년의 순서는 동일하다.
② 을 : 2020년 '개인정보 무단수집'을 '있음'으로 응답한 비율은 '개인정보 미파기'를 '있음'으로 응답한 비율의 2배 이상이다.
③ 병 : 2020년 '있음'으로 응답한 비율의 전년대비 감소폭이 가장 큰 침해유형은 '과도한 개인정보 수집'이다.
④ 정 : 2020년 '모름'으로 응답한 비율은 모든 침해유형에서 전년대비 증가하였다.
⑤ 무 : 2020년 '있음'으로 응답한 비율의 전년대비 감소율이 가장 큰 침해유형은 '주민등록번호 도용'이다.

080

문제출제유형 설문결과 수치 분석

| 정답해설 |

설문조사 결과에 대해 무는 "2020년 '있음'으로 응답한 비율의 전년대비 감소율이 가장 큰 침해유형은 '주민등록번호 도용'이다."고 반응했다.

주민등록번호 도용을 기준으로 전년인 2019년에 '있음' 비율이 2020년보다 큰 항목이면서도 감소폭이 작은 항목은 개인정보 무단수집과 과도한 개인정보 수집, 주민등록 도용이다. 감소율을 살펴보면, 개인정보 무단수집은 약 26%, 과도한 개인정보 수집은 약 30%, 목적 외 이용은 약 23%, 주민등록번호 도용은 약 40%다. 주민등록번호 도용의 감소율이 가장 높으므로 무는 옳은 반응을 보였다.

| 오답풀이 |

① '있음'으로 응답한 비율이 큰 침해유형부터 순서대로 나열하면 2019년의 경우 개인정보 무단 수집 → 개인정보 유출 → 제3자에게 제공 → 과도한 개인정보 수집 → 개인정보 미파기 → 주민등록번호 도용 → 목적 외 이용 순이다. 2020년의 경우는 개인정보 유출 → 개인정보 무단수집 → 제3자에게 제공 → 과도한 개인정보 수집 → 개인정보 미파기 → 목적 외 이용 → 주민등록번호 도용 순이다. 2019년의 가장 비율이 큰 침해유형은 개인정보 무단수집이고, 2020년은 개인정보 유출로 동일하지 않으므로 갑의 반응은 옳지 않다.

② 을은 "2020년 개인정보 무단수집을 '있음'으로 응답한 비율은 개인정보 미파기를 '있음'으로 응답한 비율의 2배 이상"이라고 했다. 2020년 개인정보 무단수집을 '있음'으로 응답한 비율은 44.4%이다. 개인정보 미파기를 '있음'으로 응답한 비율은 22.7%이다. 2배인 45.4%에 미치지 못하므로 을은 반응은 옳지 않다.

③ 병은 "2020년 '있음'으로 응답한 비율의 전년대비 감소폭이 가장 큰 침해유형은 '과도한 개인정보 수집'이다."라고 했다. 2020년 '있음'으로 응답한 비율의 전년대비 감소폭이 가장 큰 침해유형은 13.3%인 과도한 개인정보 수집이 아니고 15.3%인 개인정보 무단수집이다.

④ 정은 "2020년 모름으로 응답한 비율은 모든 침해유형에서 전년대비 증가하였다."고 했다. 2020년 '모름'으로 응답한 비율은 개인정보 유출의 경우 2019년 29.0%에서 2020년에는 27.7%로 감소하였으므로 정의 해석은 옳지 않다.

답 ⑤

081

다음 〈표〉는 ○○농수산식품유통공사에서 제시한 2020년 '한국'의 식품 수입액 및 수입건수 상위 10개 수입상대국 현황을 나타낸 자료이다. 이를 평가한 의견으로 옳은 것은?

〈표〉 2020년 한국의 식품 수입액 및 수입건수 상위 10개 수입 상대국 현황

(단위 : 조 원, 건, %)

\multicolumn{4}{c}{수입액}	\multicolumn{4}{c}{수입건수}
순위	국가	금액	점유율	순위	국가	건수	점유율
1	중국	3.39	21.06	1	중국	104,784	32.06
2	미국	3.14	19.51	2	미국	55,980	17.17
3	호주	1.10	6.83	3	일본	15,884	4.87
4	브라질	0.73	4.54	4	프랑스	15,883	4.87
5	태국	0.55	3.42	5	이탈리아	15,143	4.65
6	베트남	0.50	3.11	6	태국	12,075	3.70
7	필리핀	0.42	2.61	7	독일	11,699	3.59
8	말레이시아	0.36	2.24	8	베트남	10,588	3.24
9	영국	0.34	2.11	9	영국	7,595	2.33
10	일본	0.17	1.06	10	필리핀	7,126	2.19
–	기타 국가	5.40	33.53	–	기타 국가	69,517	21.33

① 정 주임 : 식품의 총 수입액은 17조 원 이상이다.

② 현 대리 : 수입액 상위 10개 수입상대국의 식품 수입액 합이 전체 식품 수입액에서 차지하는 비중은 70% 이상이다.

③ 이 주임 : 식품 수입액 상위 10개 수입상대국과 식품 수입건수 상위 10개 수입상대국에 모두 속하는 국가 수는 6 개이다.

④ 한 차장 : 식품 수입건수당 식품 수입액은 중국이 미국보다 크다.

⑤ 김 대리 : 중국으로부터의 식품 수입건수는 수입건수 상위 10개 수입 상대국으로부터의 식품 수입건수 합의 45% 이하이다.

081

[문제출제유형] 수입현황 수치 자료 해석

| 정답해설 |

> 김 대리는 "중국으로부터의 식품 수입건수는 수입건수 상위 10개 수입 상대국으로부터의 식품 수입건수 합의 45% 이하'
> '라고 평가했다. 중국으로부터의 식품 수입건수는 104,784건이다. 기타 국가를 제외한 수입건수 상위 10개 수입 상대국
> 으로부터의 식품 수입건수 합은 약 25만 6천 건이다. 중국은 약 40.8%를 차지하므로 김 대리는 제시된 자료를 옳게 평
> 가했다.

| 오답풀이 |

① 정 주임은 식품의 총 수입액은 17조 원 이상이라고 했는데, 이는 금액과 점유율을 활용하여 알 수 있다. 일본의 수입액 금액은
0.17조 원인데 점유율은 1.06%이다. 다시 말해 금액이 17조 원일 경우 점유율은 106%가 되는 것이다. 따라서 100% 값은 17
조 원이 되지 않는다는 것을 의미한다.

② 현 대리는 "수입액 상위 10개 수입 대상국의 식품 수입액 합이 전체 식품 수입액에서 차지하는 비중은 70% 이상이다."라고 했
다. 상위 10개 수입 상대국의 점유율 합계는 66.49%로 70%에 미치지 못한다.

③ 식품 수입액 상위 10개 수입 상대국과 식품 수입건수 상위 10개 수입 상대국에 모두 속하는 국가 수는 중국, 미국, 태국, 베트
남, 필리핀, 영국, 일본의 7개이다. 이 주임은 6개라고 평가했으므로 옳지 않은 평가이다.

④ 식품 수입건수당 식품 수입액은 중국이 약 3,235만 원이고 미국은 약 5,610만 원으로 미국이 더 크므로 한 차장의 평가는 옳
지 않다.

답 ⑤

다음 〈표〉는 ○○교육과정평가원의 2016 ~ 2020년 가구당 월평균 교육비 지출액에 대한 자료이다. 이 자료를 바탕으로 한 회의에서 적절한 의견을 제시한 사람은?

〈표〉 연도별 가구당 월평균 교육비 지출액

(단위 : 원)

유형 / 연도		2016	2017	2018	2019	2020
정규 교육비	초등교육비	14,730	13,255	16,256	17,483	17,592
	중등교육비	16,399	20,187	22,809	22,880	22,627
	고등교육비	47,841	52,060	52,003	61,430	66,519
	소계	78,970	85,502	91,068	101,793	106,738
학원 교육비	학생 학원교육비	128,371	137,043	160,344	167,517	166,959
	성인 학원교육비	7,798	9,086	9,750	9,669	9,531
	소계	136,169	146,129	170,094	177,186	176,490
기타 교육비		7,203	9,031	9,960	10,839	13,574
전체 교육비		222,342	240,662	271,122	289,818	296,802

① A : 2017 ~ 2020년 '전체 교육비'의 전년대비 증가율은 매년 상승하였다.
② B : '전체 교육비'에서 '기타 교육비'가 차지하는 비중이 가장 큰 해는 2019년이다.
③ C : 2018 ~ 2020년 '초등교육비', '중등교육비', '고등교육비'는 각각 매년 증가하였다.
④ D : '학원교육비'의 전년대비 증가율은 2019년이 2018년보다 작다.
⑤ E : '고등교육비'는 매년 '정규교육비'의 60% 이상이다.

082

휴노형

[문제출제유형] 교육비 수치 자료 해석

| 정답해설 |

D는 "학원교육비의 전년대비 증가율은 2019년이 2018년보다 작다."고 의견을 제시했다. 2018년 학원교육비 대비 2019년의 증가율은 약 4.2% 증가를 보이고 있다. 2017년 대비 2018년은 약 24,000원 증가한 16% 증가율을 보이고 있으므로 적절한 의견을 제시하였다.

| 오답풀이 |

① A는 "2017 ~ 2020년 전체 교육비의 전년대비 증가율은 매년 상승하였다."고 본다. 유의할 것은 전체 교육비가 매년 상승했다면 옳은 의견이나 "전년대비 증가율이 매년 상승"했다고 한 것이다. 2017년은 전년대비 8.2% 증가하였고, 2018년은 전년대비 12.7% 증가하였으며 2019년은 전년대비 6.9% 증가하였다. 마지막으로 2020년에는 전년대비 2.4%가 증가하였다. 따라서 A의 의견은 적절하지 않다.

② B는 "전체 교육비에서 기타 교육비가 차지하는 비중이 가장 큰 해는 2019년이다."고 했다. 2016년 ~ 2019년의 경우 전체 교육비에서 기타 교육비가 차지하는 비중은 모두 3% 대이나 2020년에는 4% 대이므로 B의 의견은 적절하지 않다.

③ C는 "2018 ~ 2020년 초등교육비, 중등교육비, 고등교육비가 매년 증가하였다."고 제시했다. 2020년 중등교육비는 전년인 2019년 대비 감소하였으므로 적절하지 않은 의견이다.

⑤ E는 "고등교육비는 매년 정규교육비의 60% 이상이다."고 의견을 제시했다. 2018년의 경우 91,068원의 60%는 약 54,640원이다. 그러므로 고등교육비는 정규 교육비의 60% 미만이 되므로 적절하지 않은 의견이다.

답 ④

083

귀하는 ○○사회보장정보원의 사회서비스모니터링 담당자이다. 아래의 자료를 바탕으로 전문가의 자문 의견을 받았을 때 가장 적절한 의견은?

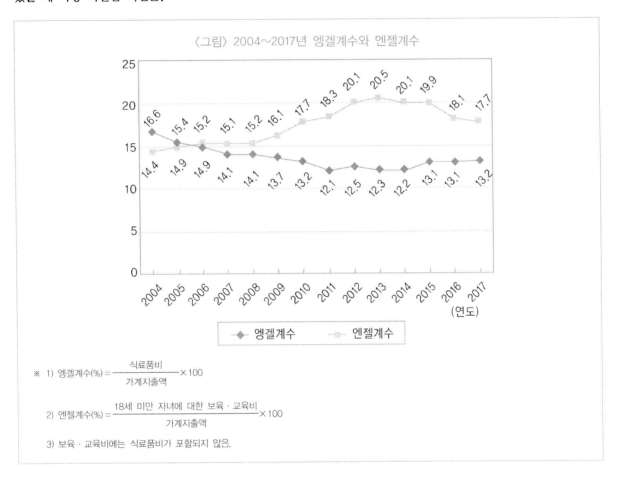

〈그림〉 2004~2017년 엥겔계수와 엔젤계수

※ 1) 엥겔계수(%) = $\dfrac{\text{식료품비}}{\text{가계지출액}} \times 100$

2) 엔젤계수(%) = $\dfrac{\text{18세 미만 자녀에 대한 보육·교육비}}{\text{가계지출액}} \times 100$

3) 보육·교육비에는 식료품비가 포함되지 않음.

① 갑 : 2008 ~ 2013년 동안 엔젤계수의 연간 상승폭은 매년 증가했다.

② 을 : 2004년 대비 2014년, 엥겔계수 하락폭은 엔젤계수 상승폭보다 크다.

③ 병 : 2006년 이후 매년 18세 미만 자녀에 대한 보육·교육비는 식료품비를 초과한다.

④ 정 : 2008 ~ 2012년 동안 매년 18세 미만 자녀에 대한 보육·교육비 대비 식료품비의 비율은 증가한다.

⑤ 무 : 엔젤계수는 가장 높은 해가 가장 낮은 해에 비해 7.0%p 이상 크다.

083

문제출제유형 계산형 자료 추론

정답해설

병은 "2006년 이후 매년 18세 미만 자녀에 대한 보육·교육비는 식료품비를 초과한다."고 했다. 각주에서 엥겔계수와 엔젤계수의 대소 관계는 식료품비와 18세 미만 자녀에 대한 보육·교육비의 대소 관계와 같음을 알 수 있다. 2006년 이후 엔젤계수가 엥겔계수보다 크므로, 18세 미만 자녀에 대한 보육·교육비가 식료품비를 초과함을 알 수 있다.

오답풀이

① 2008 ∼ 2013년 동안 엔젤계수의 연간 상승폭이 매년 증가할 경우 그래프의 모양은 우상향하는 형태가 되어야 하나 2013년을 기점으로 우하향하는 형태로 나타나므로 틀린 의견이다.

② 2004년 대비 2014년 엥겔계수 하락폭은 16.6 − 12.2 = 4.4%p로, 엔젤계수의 상승폭인 20.1 − 14.4 = 5.7%p보다 작다.

④ 매년 18세 미만 자녀에 대한 보육·교육비는 증가하지만 식료품비는 2012년을 제외하고는 감소하고 있음을 알 수 있다. 이는 곧 2008 ∼ 2012년 동안 엥겔계수와 엔젤계수의 차이는 점점 커지고 있음을 의미한다.

⑤ 엔젤계수가 가장 높은 해는 2013년 20.5%로 가장 낮은 해인 2004년 14.4%보다 20.5 − 14.4 = 6.1%p 크다. 따라서 양자의 차이는 7.0%p 미만이다.

답 ③

084

다음 〈표〉는 ○○산업인력공단의 통계 자료이다. 통계 자료를 관리하는 □□ 평가팀의 분석 의견으로 옳은 것은?

〈표〉 '갑'시 자격시험 접수, 응시 및 합격자 현황

(단위 : 명)

구분	종목	접수	응시	합격
산업기사	치공구설계	28	22	14
	컴퓨터응용가공	48	42	14
	기계설계	86	76	31
	용접	24	11	2
	전체	186	151	61
기능사	기계가공조립	17	17	17
	컴퓨터응용선반	41	34	29
	웹디자인	9	8	6
	귀금속가공	22	22	16
	컴퓨터응용밀링	17	15	12
	전산응용기계제도	188	156	66
	전체	294	252	146

※ 1) 응시율(%) = $\dfrac{응시자\ 수}{접수자\ 수} \times 100$

2) 합격률(%) = $\dfrac{합격자\ 수}{접수자\ 수} \times 100$

① 김 주임 : 산업기사 전체 합격률은 기능사 전체 합격률보다 높다.

② 이 주임 : 산업기사 종목을 합격률이 높은 것부터 순서대로 나열하면 치공구설계, 컴퓨터응용가공, 기계설계, 용접 순이다.

③ 윤 대리 : 산업기사 전체 응시율은 기능사 전체 응시율보다 낮다.

④ 안 대리 : 산업기사 종목 중 응시율이 가장 낮은 것은 컴퓨터응용가공이다.

⑤ 박 대리 : 기능사 종목 중 응시율이 높은 종목일수록 합격률도 높다.

084

[문제출제유형] 수치 자료 추론

| 정답해설 |

윤 대리는 "산업기사 전체 응시율은 기능사 전체 응시율보다 낮다."고 했다.

산업기사 전체 응시율은 $\frac{151}{186} \times 100 \fallingdotseq 81.2\%$로, 기능사 전체 응시율 $\frac{252}{294} \times 100 \fallingdotseq 85.7\%$ 보다 낮으므로 옳게 분석하였다.

| 오답풀이 |

① 산업기사 전체 합격률은 $\frac{61}{151} \times 100 \fallingdotseq 40\%$로, 기능사 전체 합격률 $\frac{146}{252} \times 100 \fallingdotseq 58\%$보다 낮다.

② 산업기사 종목을 합격률이 높은 것부터 순서대로 나열하면 치공구설계, 기계설계, 컴퓨터응용가공, 용접 순이다.

④ 산업기사 종목 중 응시율이 가장 낮은 것은 유일하게 50% 미만인 용접이다.

⑤ 기능사 종목 중 귀금속가공의 응시율이 100%로 가장 높으나, 합격률은 귀금속가공의 경우 $\frac{16}{22} \times 100 \fallingdotseq 72.7\%$이고, 컴퓨터응용밀링은 $\frac{12}{15} \times 100 = 80\%$로 컴퓨터응용밀링이 더 높다.

답 ③

085

다음 〈표〉는 ○○장애인고용공단에서 집계한 8개 기관의 장애인 고용 현황이다. 〈표〉와 〈조건〉에 근거하여 A ~ D 에 해당하는 기관을 바르게 나열한 것은?

〈표〉 기관별 장애인 고용 현황

(단위 : 명, %)

기관	전체 고용인원	장애인 고용의무인원	장애인 고용인원	장애인 고용률
남동청	4,013	121	58	1.45
A	2,818	85	30	1.06
B	22,323	670	301	1.35
북동청	92,385	2,772	1,422	1.54
C	22,509	676	361	1.60
D	19,927	598	332	1.67
남서청	53,401	1,603	947	1.77
북서청	19,989	600	357	1.79

* 장애인 고용률(%) = $\dfrac{장애인\ 고용인원}{전체\ 고용인원} \times 100$

〈조건〉

• 동부청의 장애인 고용의무인원은 서부청보다 많고, 남부청보다 적다.
• 장애인 고용률은 서부청이 가장 낮다.
• 장애인 고용의무인원은 북부청이 남부청보다 적다.
• 동부청은 남동청보다 장애인 고용인원은 많으나, 장애인 고용률은 낮다.

	A	B	C	D
①	동부청	서부청	남부청	북부청
②	동부청	서부청	북부청	남부청
③	서부청	동부청	남부청	북부청
④	서부청	동부청	북부청	남부청
⑤	서부청	남부청	동부청	북부청

085   휴노형

문제출제유형 수치 자료 매칭

정답해설

제시된 네 개의 조건 중 비교적 파악이 용이한 조건을 먼저 적용하면, "장애인 고용율은 서부청이 가장 낮다."는 조건을 적용하여 A가 서부청임을 알 수 있다. 이어 "동부청은 남동청보다 장애인 고용인원은 많으나, 장애인 고용률은 낮다."는 조건을 적용하여 B가 동부청임을 알 수 있다. 마지막으로 "장애인 고용의무인원은 북부청이 남부청보다 적다."고 했으므로 C가 남부청이고, D가 북부청이 된다.

A ~ D까지 순서대로 서부청, 동부청, 남부청, 북부청이다.

정답 ③

086

다음은 ○○시설관리공단 홍보마케팅부서의 보고서이다. 이를 바탕으로 공단의 당면과제를 도출한 것으로 가장 적절하지 않은 의견은?

[4차 산업혁명 도래에 따른 공단 미래 대응 방안]

1. 공단의 현수준에 대한 진단
- 시(市) 대행사업 체제로 인한 사업수행 및 예산운용상의 자율성에 한계
  - 자원(예산, 인력 등) 운용 한계, 성과 재고를 위한 동기부여(보상 등) 미흡
- 노동집약적이고 다양한 관리 구조로 운영됨
  - 조직 규모 비대화 및 상호 연관성 없는 백화점식(다양한) 사업 운영
- 공공분야 시민참여 증대, 대시민 서비스 질적 향상 및 안전에 대한 요구도 증가
  - 공공기관 고유의 보수적 사고와 태도로 사회적 변화에 대응력 한계
- 공익성과 수익성을 동시에 창출해야 하는 시대적 요구 직면
- 4차 산업혁명 시대, 각 사업별로 미칠 파장에 대한 정확한 예측이 어려움

2. SWOT 분석을 통한 현황 파악

	내부환경	강점　Strengths	약점　Weaknesses
외부환경		− IoT 기술적용이 용이한 플랫폼 보유 ☞ O2O 시장에서 오프라인플랫폼 보유 − 시설물 유지관리 노하우 및 기술력 − 신기술 도입에 대한 경영진의 의지	− 대행사업 체제로 자율성 한계 ☞ 사업수행, 예산운용 등 − 노동집약적 관리 구조 운영 − 시대적 변화에 대응력 미흡
기회　Opportunities • 공공시설에 대한 시민참여 수요 증가 • 민관협치 조례 제정, '협치서울협약' 선언 등으로 협업 환경 조성		공격적 전략　SO ✓ 신기술을 통한 사업운영 효율화 ✓ 온·오프라인 플랫폼 구축	개선 전략　WO ✓ 디지털기술의 제도적 환경 개선 ✓ 디지털 거버넌스 추진
위협　Threats • 변화의 방향, 예측이 어려움 • 사물인터넷 연결 등에 따른 보안 (개인정보유출), 해킹문제 잔존 • 관련 법적·제도적 사항 미비 • 공공서비스 및 '시민안전' 수요 증가 • 공익성과 수익성의 동시 창출 요구		다각화 전략　ST ✓ 디지털기술 전문인력 확보 ✓ 갈등 조정 코디네이터 활용	방어적 전략　WT ✓ 디지털기술 구현을 위한 직원 역량 강화

① 박 과장 : 과학기술혁명이 몰고 올 기회와 위협 앞에 조직구조 및 시스템 변화가 시급하며, 전문 인력 채용 및 대비책 마련이 불가피하다.

② 이 대리 : 과학기술과 사회문화적 변화에 따른 제도적 보완으로 시(市) 주무부서와의 협력이 요구된다.

③ 허 주임 : 의회 조례개정 등을 통한 제도적 환경개선이 필요하며, 시대적 변화를 준비하기 위해 직원 개개인의 능동적인 동참이 요구된다.

④ 남 주임 : 지출 절감을 통한 시(市) 예산 기여 및 시민만족도 재고를 위해 기존 보유하고 있는 기술의 유지관리가 요구된다.

⑤ 안 차장 : 빅데이터 분석결과를 토대로 시민행정수요를 디자인하고 현장에 접목할 수 있는 역량이 필요하다.

인생에는 서두르는 것 말고도
더 많은 것이 있다.

Mohandas Karamchand Gandhi

문제출제유형 조직 이해(SWOT 분석)

정답해설

4차 산업혁명 도래에 따른 대응 방안 보고서에는 현 수준에 대한 진단과 이를 통한 SWOT 분석이 제시되어 있다. 이때, 남 주임은 "지출 절감을 통한 시(市) 예산 기여 및 시민만족도 재고를 위해 기존 보유하고 있는 기술의 유지관리가 요구된다."고 하였다. 예산 기여에 대한 타당성은 인정되나, 공단의 SWOT분석을 보면 강점(S)으로 신기술 도입에 대한 경영진의 의지가 있으며 약점(W)으로 시대적 변화에 대응력이 미흡함이 나타난다. 이에 기존 보유하고 있는 기술의 유지관리보다는 공격적 전략(SO)으로 신기술을 통한 사업운영 효율화가 요구된다.

오답풀이

① 박 과장은 "과학기술혁명이 몰고 올 기회와 위협 앞에 조직구조 및 시스템 변화가 시급하며, 전문 인력 채용 및 대비책 마련이 불가피하다."고 했다. 노동집약적인 현재의 구조와 시대적 변화의 대응력 미흡에 대한 대책으로 타당하다.

② 이 대리는 "과학기술과 사회문화적 변화에 따른 제도적 보완으로 시(市) 주무부서와의 협력이 요구된다."고 했다. '협치서울협약 선언' 등으로 협업 환경 조성을 위해 타당성이 인정된다.

③ 허 주임은 "의회 조례개정 등을 통한 제도적 환경개선이 필요하며, 시대적 변화를 준비하기 위해 직원 개개인의 능동적인 동참이 요구된다."고 했다. 이 대리와 마찬가지로 타당성이 인정된다.

⑤ 안 차장은 "빅데이터 분석결과를 토대로 시민행정수요를 디자인하고 현장에 접목할 수 있는 역량이 필요하다."고 했다. 공공시설에 대한 시민참여 수요가 증가하고 변화의 방향과 예측이 어려운 상황에서 타당성이 인정된다.

답 ④

다음은 ○○직속 4차 산업혁명 위원회의 연구보고서이다. 글을 읽고 물음에 답하시오.

① 온라인을 통한 통신, 금융, 상거래 등은 우리에게 편리함을 주지만 보안상의 문제도 안고 있는데, 이런 문제를 해결하기 위하여 암호 기술이 동원된다. 예를 들어 전자 화폐의 일종인 비트코인은 해시 함수를 이용하여 화폐 거래의 안전성을 유지한다. 해시 함수란 입력 데이터 x에 대응하는 하나의 결과 값을 일정한 길이의 문자열로 표시하는 수학적 함수이다. 그리고 입력 데이터 x에 대하여 해시 함수 H를 적용한 수식 $H(x)=k$라 할 때, k를 해시 값이라 한다. 이때 해시 값은 입력 데이터의 내용에 미세한 변화만 있어도 크게 달라진다. 현재 여러 해시 함수가 이용되고 있는데, 해시 값을 표시하는 문자열의 길이는 각 해시 함수마다 다를 수 있지만 특정 해시 함수에서의 그 길이는 고정되어 있다.

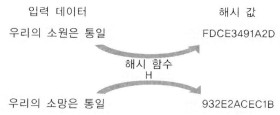

입력 데이터   해시 값

우리의 소원은 통일   FDCE3491A2D

해시 함수
H

우리의 소망은 통일   932E2ACEC1B

[해시 함수의 입·출력 동작의 예]

② 이러한 특성을 갖고 있기 때문에 해시 함수는 데이터의 내용이 변경되었는지 여부를 확인하는 데 이용된다. 가령, 상호 간에 동일한 해시 함수를 사용한다고 할 때, 전자 문서와 그 문서의 해시 값을 함께 전송하면 상대방은 수신한 전자 문서에 동일한 해시 함수를 적용하여 결과 값을 얻은 뒤 전송받은 해시 값과 비교함으로써 문서가 변경되었는지 확인할 수 있다.

③ 그런데 해시 함수가 ⊙일방향성과 ⓒ충돌회피성을 만족시키면 암호 기술로도 활용된다. 일방향성이란 주어진 해시 값에 대응하는 입력 데이터의 복원이 불가능하다는 것을 말한다. 특정 해시값 k가 주어졌을 때 $H(x)=k$를 만족시키는 x를 계산하는 것이 매우 어렵다는 것이다. 그리고 충돌회피성이란 특정 해시 값을 갖는 서로 다른 데이터를 찾아내는 것이 현실적으로 불가능하다는 것을 의미한다. 서로 다른 데이터 x, y에 대해서 $H(x)$와 $H(y)$가 각각 도출한 값이 동일하면 이것을 충돌이라 하고, 이때의 x와 y를 충돌쌍이라 한다. 충돌회피성은 이러한 충돌쌍을 찾는 것이 현재 사용할 수 있는 모든 컴퓨터의 계산 능력을 동원하더라도 그것을 완료하기가 사실상 불가능하다는 것이다.

④ [가] 해시 함수는 온라인 경매에도 이용될 수 있다. 예를 들어 ○○ 온라인 경매 사이트에서 일방향성과 충돌회피성을 만족시키는 해시 함수 G가 모든 경매 참여자와 운영자에게 공개되어 있다고 하자. 이때 각 입찰 참여자는 자신의 입찰가를 감추기 위해 논스*의 해시 값과 입찰가에 논스를 더한 것의 해시 값을 함께 게시판에 게시한다. 해시 값 게시 기한이 지난 후 각 참여자는 본인의 입찰가와 논스를 운영자에게 전송하고 운영자는 최고 입찰가를 제출한 사람을 낙찰자로 선정한다. 이로써 온라인 경매 진행 시 발생할 수 있는 다양한 보안상의 문제를 해결할 수 있다.

* 논스 : 입찰가를 추측할 수 없게 하기 위해 입찰가에 더해지는 임의의 숫자

윗글의 ⊙과 ⓛ에 대하여 추론한 내용으로 가장 적절한 것은?

① ⊙을 지닌 특정 해시 함수를 전자 문서 x, y에 각각 적용하여 도출한 해시 값으로부터 x, y를 복원할 수 없다.

② 입력 데이터 x, y에 특정 해시 함수를 적용하여 도출한 문자열의 길이가 같은 것은 해시 함수의 ⊙ 때문이다.

③ ⓛ을 지닌 특정 해시 함수를 전자 문서 x, y에 각각 적용하여 도출한 해시 값의 문자열의 길이는 서로 다르다.

④ 입력 데이터 x, y에 특정 해시 함수를 적용하여 도출한 해시 값이 같은 것은 해시 함수의 ⓛ 때문이다.

⑤ 입력 데이터 x, y에 대해 ⊙과 ⓛ을 지닌 서로 다른 해시 함수를 적용하였을 때 도출한 결과값이 같으면 이를 충돌이라고 한다.

기술 추론 공략법

NCS 기술 추론에서는 기술직의 업무 상황과 연관된 자료를 토대로 추론을 하거나 계산하는 형태의 문제들이 출제가 된다. 경우에 따라 전공적인 지식이 소개되고, 이를 활용하는 문제가 출제되기도 한다.

전공 내용의 경우 관련 지식을 알고 있다면 긴 지문을 읽지 않고도 정답을 골라내어 시간을 절약할 수 있지만, 이를 위해서 불특정한 전공을 공부한다는 것은 넌센스에 가깝다. 그렇기 때문에 의사소통능력 추론 유형의 보다 강화된 버전이라고 생각하고 독해력 향상에 집중하는 것이 유리하다.

기술능력에 등장하는 지문의 경우 대부분 과학기술에 관련된 지문이다. 비문학 지문 중에서도 과학 관련 지문에 어려움을 느끼는 취준생의 경우 반드시 과학 지문에 익숙해지는 연습을 해야 한다. 이를 위해서는 생소한 용어가 등장을 하더라도 문맥을 통해서 대략적인 뜻을 파악하는 능력과 해당 단어의 뜻을 알 수 없더라도 이를 무시하고 전체적인 글의 맥락을 잡아내는 능력이 필요하다.

087

문제출제유형 기술 추론

정답해설

③ 문단의 ㉠과 ㉡을 다음과 같이 정리할 수 있다.

㉠ 일방향성	㉡ 충돌회피성
• 개념 : 주어진 해시 값에 대응하는 입력 데이터의 복원이 불가능 • 특정 해시 값 K가 주어졌을 때 $H(x) = k$를 만족시키는 x를 계산하는 것이 매우 어려움	• 특정 해시 값을 갖는 서로 다른 데이터를 찾아내는 것이 현실적으로 불가능 • $H(y)$가 각각 도출한 값이 동일하면 이것을 충돌이라 하고, 이때의 x와 y를 충돌쌍이라고 함 → 충돌회피성은 이러한 충돌쌍을 찾는 것이 불가능

㉠의 개념은 '해시 값을 통해 입력 데이터의 복원이 불가능'하다는 것이므로 ①과 같이 특정 해시 함수의 해시 값을 안다고 해도 입력 데이터 x와 y를 복원하는 것은 불가능하다.

오답풀이

② ① 문단에서 "특정 해시 함수에서의 그 길이는 고정되어 있다."라는 내용은 이유를 제시하지 않은 채 해시 함수의 특징을 서술한 것으로 ㉠과는 관련이 없다.

③ ㉡은 문자열의 길이와는 관련이 없다.

④ ㉡은 특정 해시 값을 갖는 서로 다른 데이터를 찾아내는 것이 현실적으로 불가능하다는 것을 말한다. 즉 입력 데이터 x, y에 특정 해시 함수를 적용하여 도출한 결과 값은 동일하지 않다는 것이다.

⑤ ③ 문단의 충돌 개념은 ㉠과는 관련이 없고 ㉡에만 해당한다.

답 ①

[가]에 따라 〈보기〉의 사례를 이해한 내용으로 가장 적절한 것은?

〈보기〉

온라인 미술품 경매 사이트에 회화 작품 △△이 출품되어 A와 B만이 경매에 참여하였다. A, B의 입찰가와 해시 값은 다음과 같다. 단, 입찰 참여자는 논스를 임의로 선택한다.

입찰 참여자	입찰가	논스의 해시 값	'입찰가＋논스'의 해시 값
A	a	r	m
B	b	s	n

① A는 a, r, m 모두를 게시 기한 내에 운영자에게 전송해야 한다.

② 운영자는 해시 값을 게시하는 기한이 마감되기 전에 최고가 입찰자를 알 수 없다.

③ m과 n이 같으면 r과 s가 다르더라도 A와 B의 입찰가가 같다는 것을 의미한다.

④ A와 B 가운데 누가 높은 가격으로 입찰하였는지는 r과 s를 비교하여 정할 수 있다.

⑤ B가 게시판의 m과 r을 통해 A의 입찰가 a를 알아낼 수도 있으므로 게시판은 비공개로 운영되어야 한다.

088

문제출제유형 기술 추론 ──────────────────────────────────

| 정답해설 |

[가]를 바탕으로 〈보기〉의 사례에 적용하여 경매의 과정을 정리할 수 있다.

④ 문단	게시판에 입찰자의 입찰 내용 게시 : 논스의 해시 값 '입찰가+논스'의 해시 값	→	입찰자가 자신의 '입찰가'와 '논스'를 운영자에게 전송	→	운영자가 최고 입찰자를 낙찰자로 선정
〈보기〉	A는 'r'과 'm'을, B는 's'와 'n'을 운영자에게 보냄	게시 기한 마감	A는 자신의 'a'와 논스를, B는 자신의 'b'와 논스를 각각 운영자에게 전송		

운영자가 최고가 입찰자를 낙찰자로 선정하기 위해서는 입찰자들의 입찰가를 알아야 한다. 게시 기한이 마감되고 난 후, 입찰 참여자가 자신의 입찰가와 논스를 운영자에게 보내주어야만 운영자가 해시 함수 G를 사용하여 각 입찰 참여자들의 입찰가를 알 수 있다. 따라서 운영자가 최고가 입찰자를 알게 되는 시점은 입찰자들이 자신의 입찰가와 논스를 보내고 난 후의 시점이다.

| 오답풀이 |

① A는 게시 기한 내에 r, m만 운영자에게 전송하면 된다. a는 게시 기한 후에 운영자에게 전송하는 것이다.

③ m과 n이 같다는 것은 A와 B의 입찰가+논스의 해시 값이 같다는 것을 의미한다. 그러나 이는 ③ 문단에서 설명한 충돌에 해당한다. 한편 [가]에서는 이 온라인 경매 사이트에서 일방향성과 충돌회피성을 만족시키는 해시 함수 G를 사용하고 있으므로 ③의 조건 자체가 성립하지 않는다.

④ r과 s는 모두 입찰가와는 직접적인 관련이 없는 논스의 해시 값이다. 운영자가 최고 입찰가를 파악하기 위해서는 결국 입찰가를 보고 판단해야 하는데 ④는 입찰가와는 관련이 없는 정보를 기준으로 정한다고 하였으므로 적절하지 않다.

⑤ [가]의 입찰 참여자는 자신의 입찰가를 감추기 위해 '논스의 해시 값과 입찰가에 논스를 더한 것의 해시 값'을 함께 게시판에 게시한다는 내용과 모순되므로 적절하지 않다.

정답 ②

[89 ~ 90] 귀하는 OO공단의 기술지원 담당자이다. 아래의 글을 읽고 물음에 답하시오.

① 하드 디스크는 고속으로 회전하는 디스크의 표면에 데이터를 저장한다. 데이터는 동심원으로 된 트랙에 저장되는데, 하드 디스크는 트랙을 여러 개의 섹터로 미리 구획하고 트랙을 오가는 헤드를 통해 섹터 단위로 읽기와 쓰기를 수행한다. 하드 디스크에서 데이터 입출력 요청을 완료하는 데 걸리는 시간을 접근 시간이라고 하며, 이는 하드 디스크의 성능을 결정하는 기준 중 하나가 된다. 접근 시간은 원하는 트랙까지 헤드가 이동하는 데 소요되는 탐색 시간과 트랙 위에서 해당 섹터가 헤드의 위치까지 회전해 오는 데 걸리는 대기 시간의 합이다. 하드 디스크의 제어기는 '디스크 스케줄링'을 통해 접근 시간이 최소가 되도록 한다.

② ⓒ200개의 트랙이 있고 가장 안쪽의 트랙이 0번인 하드 디스크를 생각해보자. 현재 헤드가 54번 트랙에 있고 대기 큐*에는 '99, 35, 123, 15, 66' 트랙에 대한 처리 요청이 들어와 있다고 가정하자. 요청 순서대로 데이터를 처리하는 방법을 'FCFS 스케줄링'이라 하며, 이때 헤드는 '54 → 99 → 35 → 123 → 15 → 66'과 같은 순서로 이동하여 데이터를 처리하므로 헤드의 총 이동 거리는 356이 된다.

③ 만일 헤드가 현재 위치로부터 이동 거리가 가장 가까운 트랙 순서로 이동하면 '54 → 66 → 35 → 15 → 99 → 123'의 순서가 되므로, 이때 헤드의 총 이동 거리는 171로 줄어든다. 이러한 방식을 'SSTF 스케줄링'이라 한다. 이 방법을 사용하면 FCFS 스케줄링에 비해 헤드의 이동 거리가 짧아 탐색 시간이 줄어든다. 하지만 현재 헤드 위치로부터 가까운 트랙에 대한 데이터 처리 요청이 계속 들어오면 먼 트랙에 대한 요청들의 처리가 미뤄지는 문제가 발생할 수 있다.

④ 이러한 SSTF 스케줄링의 단점을 개선한 방식이 'SCAN 스케줄링'이다. SCAN 스케줄링은 헤드가 디스크의 양 끝을 오가면서 이동 경로 위에 포함된 모든 대기 큐에 있는 트랙에 대한 요청을 처리하는 방식이다. 위의 예에서 헤드가 현재 위치에서 트랙 0번 방향으로 이동한다면 '54 → 35 → 15 → 0 → 66 → 99 → 123'의 순서로 처리하며, 이때 헤드의 총 이동 거리는 177이 된다. 이 방법을 쓰면 현재 헤드 위치에서 멀리 떨어진 트랙이라도 최소한 다음 이동 경로에는 포함되므로 처리가 지나치게 늦어지는 것을 막을 수 있다. SCAN 스케줄링을 개선한 'LOOK 스케줄링'은 현재 위치로부터 이동 방향에 따라 대기 큐에 있는 트랙의 최솟값과 최댓값 사이에서만 헤드가 이동함으로써 SCAN 스케줄링에서 불필요하게 양 끝까지 헤드가 이동하는 데 걸리는 시간을 없애 탐색 시간을 더욱 줄인다.

* 대기 큐 : 하드 디스크에 대한 데이터 입출력 요청을 임시로 저장하는 곳

089

〈보기〉는 주어진 조건에 따라 ㉠에서 헤드가 이동하는 경로를 나타낸 것이다. (가), (나)에 해당하는 스케줄링 방식으로 적절한 것은?

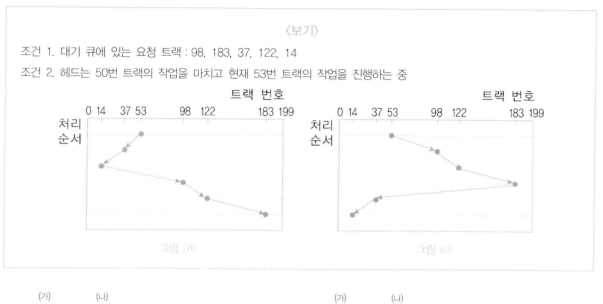

	(가)	(나)			(가)	(나)
①	FCFS	SSTF		②	SSTF	SCAN
③	SSTF	LOOK		④	SCAN	LOOK
⑤	LOOK	SCAN				

[문제출제유형] 기술 추론 —————————————————————————————————

| 정답해설 |

먼저 (개)를 보면 처리 순서는 50 → 53 → 37 순으로 가고 있다. 50에서 53으로 이동한 것은 트랙 번호가 높아졌는데, 그 다음에는 더 낮은 번호인 37번으로 이동했다. 이는 (개)의 헤드가 '일정하게 한쪽 방향'으로만 움직이는 것이 아니라는 것을 나타낸다. 따라서 특정한 방향으로 움직이면서 데이터를 처리하는 방식인 SCAN 스케줄링이나 LOOK 스케줄링은 아니라는 것이다. (개)의 처리 순서는 결국 계속 가까운 트랙부터 처리하는 SSTF 스케줄링이다.

(나)를 보면 50 → 53 → 98 순으로 이동한다. (개)와 달리 53번 트랙 다음에 가까운 37이 아니라 먼 쪽인 98로 이동한 것이다. 이후 98 → 122 → 183까지 트랙 번호가 점차 높아진다. 즉 그래프에서 헤드가 오른쪽으로 이동한다. 그리고 나서 183 다음에는 37 → 14로 트랙 번호가 점차 낮아진다. 따라서 (나)는 특정한 방향으로 움직이면서 데이터를 처리하는 방식인 SCAN 스케줄링이나 LOOK 스케줄링 둘 중 하나라는 것을 알 수 있다. (나)의 그래프는 199가 아니라 183까지 이동했다가 낮은 트랙 번호 쪽을 방향을 바꾸어 37번 트랙으로 이동했기 때문에 LOOK 스케줄링이다.

답 ③

090

혼합형 ★★★★☆

헤드의 위치가 트랙 0번이고 현재 대기 큐에 있는 요청만을 처리한다고 할 때, 각 스케줄링의 탐색 시간의 합에 대한 비교로 옳은 것은?

① 요청된 트랙 번호들이 내림차순이면, SSTF 스케줄링과 LOOK 스케줄링에서 탐색 시간의 합은 같다.

② 요청된 트랙 번호들이 내림차순이면, FCFS 스케줄링이 SSTF 스케줄링보다 탐색 시간의 합이 작다.

③ 요청된 트랙 번호들이 오름차순이면, FCFS 스케줄링과 LOOK 스케줄링에서 탐색 시간의 합은 다르다.

④ 요청된 트랙 번호들이 오름차순이면, FCFS 스케줄링이 SCAN 스케줄링보다 탐색 시간의 합이 크다.

⑤ 요청된 트랙 번호들에 끝 트랙이 포함되면, LOOK 스케줄링이 SCAN 스케줄링보다 탐색 시간의 합이 크다.

현명한 사람은 큰 불행도 작게 처리하고
어리석은 사람은 조그마한 불행도 현미경으로 확대하여
스스로 큰 고민 속에 빠진다.

François de La Rochefoucauld

문제출제유형 기술 추론

| 정답해설 |

> SSTF 스케줄링은 헤드에서 가까운 트랙부터 데이터를 순서대로 처리하므로, 현재 헤드는 0에 있고 요청 순서가 3, 2, 1 이라고 해도 0 → 1 → 2 → 3의 순으로 헤드가 움직인다. 그럼 총 이동 거리는 3이 된다. LOOK 스케줄링은 대기 큐에 요청되는 트랙 번호의 최솟값과 최댓값 사이를 오가면서 모든 데이터를 처리하는 방식이다. 현재 0에서 출발하여 3까지 간 것이다. 즉 0 → 1 → 2 → 3 순으로 헤드가 움직일 것이고, 총 이동 거리는 3이다. 총 이동 거리는 탐색 시간에 비례 하므로, 여기서 SSTF 스케줄링과 LOOK 스케줄링의 탐색 시간의 합은 같다.

| 오답풀이 |

② FCFS 스케줄링은 요청 순서대로 처리하므로 0 → 3 → 2 → 1의 순서로 헤드가 움직이게 되어 총 이동 거리는 5가 된다. 이에 비해 SSTF 스케줄링은 헤드에서 가까운 것부터 처리하므로 0 → 1 → 2 → 3의 순으로 헤드가 움직이고 총 이동 거리는 3이다. 따라서 FCFS 스케줄링이 SSTF 스케줄링보다 탐색 시간의 합이 크다.

③ 탐색 시간의 합은 이동 거리에 비례하는데 두 방식 모두 총 이동 거리가 3으로 같다. 따라서 둘의 탐색 시간의 합은 같다.

④ FCFS 스케줄링은 현재의 위치 0에서 디스크 반대쪽 끝까지 움직이면서 처리한다. 반면 SCAN 스케줄링은 디스크의 양 끝을 오 가면서 이동 경로 위에 포함된 모든 대기 큐에 있는 트랙에 대한 요청을 처리하는 방식이다. 따라서 FCFS 스케줄링이 SCAN 스케줄링보다 탐색 시간의 합이 작다.

⑤ LOOK 스케줄링과 SCAN 스케줄링의 총 이동 거리는 같으므로 둘의 탐색 시간의 합은 같다.

답 ①

[91 ~ 92] 다음 글을 읽고 물음에 답하시오.

1 플래시 메모리는 수많은 스위치들로 이루어지는데, 각 스위치에 0 또는 1을 저장한다. 디지털 카메라에서 사진 한 장은 수백만 개 이상의 스위치를 켜고 끄는 방식으로 플래시 메모리에 저장된다. 메모리에서는 1비트의 정보를 기억하는 이 스위치를 '셀'이라고 한다. 플래시 메모리에서 셀은 그림과 같은 구조의 트랜지스터 1개로 이루어져 있다. 플로팅 게이트에 전자가 들어 있는 상태를 1, 들어 있지 않은 상태를 0이라고 정의한다.

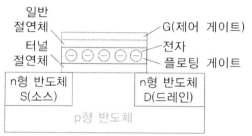

2 플래시 메모리에서 데이터를 읽을 때는 그림의 반도체 D에 3V의 양(+)의 전압을 가한다. 그러면 다른 한 쪽의 반도체인 S로부터 전자들이 D쪽으로 이끌리게 된다. 플로팅 게이트에 전자가 갑자기 들어 있을 때는 S로부터 오는 전자와 플로팅 게이트에 있는 전자가 마치 자석의 같은 극처럼 서로 반발하기 때문에 전자가 흐르기 힘들다. 한편 플로팅 게이트에 전자가 없는 상태에서는 S와 D 사이에 전자가 흐르기 쉽다. 이렇게 전자의 흐름 여부, 즉 S와 D 사이에 전류가 흐르는 가로 셀의 값이 1인지 0인지를 판단한다.

3 플래시 메모리에서는 두 가지 과정을 거쳐 데이터가 저장된다. 일단 데이터를 지우는 과정이 필요하다. 데이터 지우기는 여러 개의 셀이 연결된 블록 단위로 이루어진다. 블록에 포함된 모든 셀마다 G에 0V, p형 반도체에 약 20V의 양의 전압을 가하면, 플로팅 게이트에 전자가 있는 경우, 그 전자가 터널 절연체를 넘어 p형 반도체로 이동한다. 반면 전자가 없는 경우는 플로팅 게이트에 변화가 없다. 따라서 해당 블록의 모든 셀은 0의 상태가 된다. 터널 절연체는 전류 흐름을 항상 차단하는 일반 절연체와는 다르게 일정 이상의 전압이 가해졌을 때는 전자를 통과시킨다.

4 이와 같은 과정을 거친 후에야 데이터 쓰기가 가능하다. 데이터를 저장하려면 1을 쓰려는 셀의 G에 약 20V, p형 반도체에는 0V의 전압을 가한다. 그러면 p형 반도체에 있던 전자들이 터널 절연체를 넘어 플로팅 게이트로 들어가 저장된다. 이것이 1의 상태이다.

[5] 플래시 메모리는 EPROM과 EEPROM의 장점을 취하여 만든 메모리이다. EPROM은 한 개의 트랜지스터로 셀을 구성하여 셀 면적이 작은 반면, 데이터를 지울 때 칩을 떼어 내어 자외선으로 소거해야 한다는 단점이 있다. EEPROM은 전기를 이용하여 간편하게 데이터를 지울 수 있지만, 셀 하나당 두 개의 트랜지스터가 필요하다. 플래시 메모리는 한 개의 트랜지스터로 셀을 구성하며, 전기적으로 데이터를 쓰고 지울 수 있다. 한편 메모리는 전원 차단 시에 데이터의 보존 여부에 따라 휘발성과 비휘발성 메모리로 구분되는데, 플래시 메모리는 플로팅 게이트가 절연체로 둘러싸여 있기 때문에 전원을 꺼도 1이나 0의 상태가 유지되므로 비휘발성 메모리이다. 이런 장점 때문에 휴대용 디지털 장치는 주로 플래시 메모리를 이용하여 데이터를 저장한다.

승리할 수 있으려면
우선 스스로 승리할 만한 자격이 있다고
믿어야만 한다.

Mike Ditka

091

모듈형 ★★★★☆

윗글의 '플래시 메모리'에 대하여 추론한 내용으로 옳은 것은?

① D에 3V의 양의 전압을 가하면 플로팅 게이트의 전자가 사라진다.
② 터널 절연체 대신에 일반 절연체를 사용하면 데이터를 반복해서 지우고 쓸 수 없다.
③ 데이터 지우기 과정에서 자외선에 노출해야 데이터를 수정할 수 있다.
④ EEPROM과 비교되는 EPROM의 단점을 개선하여 셀 면적을 더 작게 만들었다.
⑤ 데이터를 유지하기 위해서는 전력을 계속 공급해 주어야 한다.

NCS 기술능력 파헤치기

① 기술능력 : 일상적으로 요구되는 수단, 도구, 조작 등에 관한 기술적인 요소들을 이해하고, 적절한 기술을 선택하며, 적용하는 능력을 의미한다.

② 기술능력의 구성

• 기술이해능력 : 기본적인 직장생활에서 필요한 기술의 원리 및 절차를 이해하는 능력이다. 기술이해능력을 향상시키기 위해서는 기술의 개념, 관련 용어, 가정·직장 및 사회에 미치는 긍정적·부정적 영향, 유형별 기초기술, 기술과 인간, 기술과 환경 등의 관계, 기술의 선택과정에 대한 이해가 선행되어야 한다.

• 기술선택능력 : 기본적인 직장생활에 필요한 기술을 선택하는 능력이다. 기술선택능력을 향상시키기 위해서는 기술선택의 의미와 중요성, 매뉴얼 활용방법, 벤치마킹을 이용한 기술선택방법, 상황에 따른 기술의 장·단점, 상황별 기술선택과 활용에 대한 이해가 선행되어야 한다.

• 기술적용능력 : 기본적인 직장생활에 필요한 기술을 실제로 적용하고 결과를 확인하는 능력이다. 기술적용능력을 향상시키기 위해서는 기술적용의 문제점을 찾고, 기술유지와 관리방법, 새로운 기술에 대한 학습, 최신 기술의 동향 등에 대한 이해가 선행되어야 한다.

문제출제유형 기술 추론 ──

| 정답해설 |

일반 절연체는 전류의 흐름을 항상 차단하기 때문에 전자가 이동할 수 없다. 반면에 터널 절연체는 일정 이상의 전압이 가해지면 전자가 이동할 수 있다. 만일 n형 / p형 반도체와 플로팅 게이트 사이에 터널 절연체 대신 일반 절연체를 사용하면, 플로팅 게이트에 전자가 들어갈 수도 나올 수도 없는 상황이 된다. 데이터를 지우는 과정은 플로팅 게이트의 전자를 p형 반도체로 보내어 0의 상태로 만들고, 데이터를 쓰는 과정은 p형 반도체에 있는 전자를 플로팅 게이트로 보내야 하는데, 일반 절연체를 사용하면 전자가 이동하지 못한다. 이 경우 데이터 지우기와 쓰기가 불가능해진다.

| 오답풀이 |

① ② 문단에 따르면, 플로팅 게이트에 전자가 들어 있을 때는 S로부터 오는 전자와 플로팅 게이트에 있는 전자가 마치 자석의 같은 극처럼 서로 반발하기 때문에 전자가 흐르기 힘들게 된다. 이를 통해 볼 때, D에 3V의 양의 전압을 가하면 플로팅 게이트에 전자가 있는 경우 전자가 흐르지 않아 플로팅 게이트에는 계속 전자가 머물러 있게 된다.

③ ③ 문단에는 "데이터 지우기는 여러 개의 셀이 연결된 블록 단위로 이루어진다. 블록에 포함된 모든 셀마다 G에 0V, p형 반도체에 약 20V의 양의 전압을 가하면"이라는 문구가 있다. 그런데 데이터를 지우는 과정에서는 자외선이 아니라 모든 셀에 전압을 걸어주는 것으로, 전기를 이용함을 알 수 있다.

④ ⑤ 문단의 EPROM은 한 개의 트랜지스터로 셀을 구성하여 셀 면적이 작은 반면, 데이터를 지울 때 칩을 떼어내어 자외선으로 소거해야 한다는 단점이 있다. 여기서 중요한 것은 EPROM의 단점은 데이터 지우기 과정이 복잡하다는 것이고, 장점은 셀 면적이 작다는 것이다.

⑤ ⑤ 문단의 "메모리는 전원 차단 시에 데이터의 보존 유무에 따라 휘발성과 비휘발성 메모리로 구분되는데, 플래시 메모리는 플로팅 게이트가 절연체로 둘러싸여 있기 때문에 전원을 꺼도 1이나 0의 상태가 유지되므로 비휘발성 메모리이다."를 찾을 수 있다. 즉, 플래시 메모리와 같은 비휘발싱 메모리는 전원 차단 시에도 데이터를 보존할 수 있다.

답 ②

092

혼합형 ★★★★☆

윗글과 〈보기〉에 따라 플래시 메모리의 데이터 〈10〉을 〈01〉로 수정하려고 할 때, 단계별로 전압이 가해질 위치가 옳은 것은?

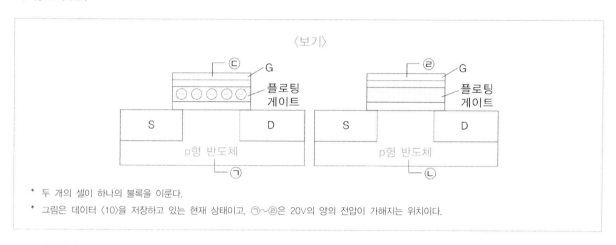

〈보기〉

* 두 개의 셀이 하나의 블록을 이룬다.
* 그림은 데이터 〈10〉을 저장하고 있는 현재 상태이고, ㉠~㉢은 20V의 양의 전압이 가해지는 위치이다.

	1단계	2단계
①	㉠	㉣
②	㉢	㉡
③	㉠과 ㉡	㉣
④	㉡과 ㉢	㉣
⑤	㉢과 ㉣	㉡

문제출제유형 정보 추론 ─────────────────────────────────────

| 정답해설 |

현재 데이터는 〈10〉을 〈01〉로 수정해야 하는데, 이는 ③, ④ 문단에 제시되어 있다.

우선 데이터를 수정하기 위해서는 현재 데이터를 지우는 과정이 필요하다. 데이터 지우기는 블록 단위로 이루어지는데, 〈보기〉의 두 셀이 하나의 블록이므로 〈보기〉의 두 셀 모두 데이터를 지워야 한다. 그래서 두 셀의 p형 반도체에 약 20V 의 전압을 가해야 한다. 따라서 ㉠, ㉡에 전압을 가해야 하며 이렇게 될 경우 〈보기〉의 두 셀 모두 0의 상태가 된다. 그 다음 〈01〉로 수정해야 하므로, 1을 쓰려는 오른쪽 셀의 G에 약 20V의 전압을 가해야 한다. 즉, 오른쪽 셀의 G인 ㉣에 전압을 가해야 하는 것이다. 따라서 1단계는 ㉠, ㉡, 2단계는 ㉣이 된다.

답 ③

[93 ~ 95] 다음은 ○○재료연구소의 분석자료이다. 이 글을 읽고 물음에 답하시오.

1 ㉠주사 터널링 현미경(STM)에서는 끝이 첨예한 금속 탐침과 도체 또는 반도체 시료 표면 간에 적당한 전압을 걸어 주고 둘 간의 거리를 좁히게 된다. 탐침과 시료의 거리가 매우 가까우면 양자 역학적 터널링 효과에 의해 둘이 접촉하지 않아도 전류가 흐른다. 이때 탐침과 시료 표면 간의 거리가 원자 단위 크기에서 변하더라도 전류의 크기는 민감하게 달라진다. 이 점을 이용하면 시료 표면의 높낮이를 원자 단위에서 측정할 수 있다. 하지만 전류가 흐를 수 없는 시료의 표면 상태는 STM을 이용하여 관찰할 수 없다. 이렇게 민감한 STM도 진공 기술의 뒷받침이 있었기에 널리 사용될 수 있었다.

2 STM은 대체로 진공 통 안에 설치되어 사용되는데 그 이유는 무엇일까? 기체 분자는 끊임없이 떠돌아다니다가 주변과 충돌한다. 이때 일부 기체 분자들은 관찰하려는 시료의 표면에 붙어 표면과 반응하거나 표면을 덮어 시료 표면의 관찰을 방해한다. 따라서 용이한 관찰을 위해 STM을 활용한 실험에서는 관찰하려고 하는 시료와 기체 분자의 접촉을 최대한 차단할 필요가 있어 진공이 요구되는 것이다. 진공이란 기체 압력이 대기압보다 낮은 상태를 통칭하며 기체 압력이 낮을수록 진공도가 높다고 한다. 진공 통 내부의 온도가 일정하고 한 종류의 기체 분자만 존재할 경우, 기체 분자의 종류와 상관없이 통 내부의 기체 압력은 단위 부피당 떠돌아다니는 기체 분자의 수에 비례한다. 따라서 기체 분자들을 진공 통에서 뽑아내거나 진공 통 내부에서 움직이지 못하게 고정하면 진공 통 내부의 기체 압력을 낮출 수 있다.

3 STM을 활용하는 실험에서 어느 정도의 진공도가 요구되는지를 이해하기 위해서는 '단분자층 형성 시간'의 개념을 이해할 필요가 있다. 진공 통 내부에서 떠돌아다니던 기체 분자들이 관찰하려는 시료의 표면에 달라붙어 한 층의 막을 형성하기까지 걸리는 시간을 단분자층 형성 시간이라 한다. 이 시간은 시료의 표면과 충돌한 기체 분자들이 표면에 달라붙을 확률이 클수록, 단위 면적당 기체 분자의 충돌 빈도가 높을수록 짧다. 또한, 기체 운동론에 따르면 고정된 온도에서 기체 분자의 질량이 크거나 기체의 압력이 낮을수록 단분자층 형성 시간은 길다. 가령 질소의 경우 20℃, 760 토르* 대기압에서 단분자층 형성 시간은 3×10^{-9}초이지만, 같은 온도에서 압력이 10^{-9}토르로 낮아지면 대략 2,500초로 증가한다. 이런 이유로 STM에서는 시료의 관찰 가능 시간을 확보하기 위해 통상 10^{-9}토르 이하의 초고진공이 요구된다.

[4] 초고진공을 얻기 위해서는 ⓒ스퍼터 이온 펌프가 널리 쓰인다. 스 퍼터 이온 펌프는 진공 통 내부의 기체 분자가 펌프 내부로 유입 되도록 진공 통과 연결하여 사용한다. 스퍼터 이온 펌프는 영구 자 석, 금속 재질의 속이 뚫린 원통 모양 양극, 타이타늄으로 만든 판 형태의 음극으로 구성되어 있다. 자석 때문에 생기는 자기장이 원 통 모양 양극의 축 방향으로 걸려 있고, 양극과 음극 간에는 2~7 kV의 고전압이 걸려 있다. 양극과 음극 간에 걸린 고전압의 영향 으로 음극에서 방출된 전자는 자기장의 영향을 받아 복잡한 형태

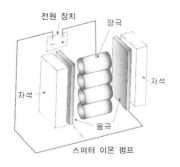

의 궤적을 그리며 양극으로 이동한다. 이 과정에서 음극에서 방출된 전자는 주변의 기체 분자와 충돌하여 기체 분자를 그것의 구성 요소인 양이온과 전자로 분리시킨다. 여기서 자기장은 전자가 양극까지 이동하는 거리를 자기장이 없을 때보다 증가시켜 주어 전자와 기체 분자와의 충돌 빈도 를 높여준다. 이 과정에서 생성된 양이온은 전기력에 의해 음극으로 당겨져 음극에 박히게 되어 이동 불가능한 상태가 된다. 이 과정이 1차 펌프 작용이다. 또한, 양이온이 음극에 충돌하면 타이 타늄이 떨어져 나와 충돌 지점 주변에 들러붙는다. 이렇게 들러붙은 타이타늄은 높은 화학 반응성 때문에 여러 기체 분자와 쉽게 반응하여, 떠돌아다니던 기체 분자를 흡착한다. 이는 떠돌아다니는 기체 분자의 수를 줄이는 효과가 있으므로 이를 2차 펌프 작용이라 부른다. 이렇듯 1, 2차 펌프 작용을 통해 스퍼터 이온 펌프는 초고진공 상태를 만들 수 있다.

* 토르(torr) : 기체 압력의 단위

093

모듈형 ★★★★☆

㉠을 가장 적절하게 이해한 사람은?

① P 사원 : 시료 표면의 높낮이를 원자 단위까지 측정할 수 없다.

② K 사원 : 시료의 전기 전도 여부에 관계없이 시료를 관찰할 수 있다.

③ L 사원 : 시료의 관찰 가능 시간을 늘리려면 진공 통 안의 기체 압력을 낮추어야 한다.

④ Y 사원 : 시료 표면의 관찰을 위해서는 시료 표면에 기체의 단분자층 형성이 필요하다.

⑤ C 사원 : 양자 역학적 터널링 효과를 이용하여 탐침을 시료 표면에 접촉시킨 후 흐르는 전류를 측정한다.

(문제출제유형) 기술 추론 ──

| 정답해설 |

> ㄴ 사원은 "시료의 관찰 가능 시간을 늘리려면 진공 통 안의 기체 압력을 낮추어야 한다"고 했다. 3 문단에서는 질소의 경우 20℃에서 압력이 10^{-9}토르로 낮아지면 단분자층 형성 시간이 대략 2,500초로 증가한다고 설명하고 있다. 그리고 이렇게 압력을 매우 낮게 유지하는 이유는 시료의 관찰 가능 시간을 확보하기 위함이다. 이를 통해 단분자층 형성 시간 이 늘어나면 시료의 관찰 가능 시간 역시 늘어나는 것으로 판단할 수 있다.

| 오답풀이 |

① 1 문단의 "이 점을 이용하면 시료 표면의 높낮이를 원자 단위에서 측정할 수 있다."에서 선택지의 핵심이 P 사원의 설명과 반대로 서술되었음을 알 수 있다.

② 1 문단의 "하지만 전류가 흐를 수 없는 시료의 표면 상태는 STM을 이용하여 관찰할 수 없다."에서 STM을 이용하여 시료를 관찰하려면 시료에 전기가 흐를 수 있어야 함을 확인할 수 있다. 다시 말해 시료에 전기 전도할 수 없다면 시료를 관찰할 수 없다.

④ 2 문단의 "이때 일부 기체 분자들은 관찰하려는 시료의 표면에 붙어 표면과 반응하거나 표면을 덮어 시료 표면의 관찰을 방해한 다."에서 STM으로 시료 표면을 관찰하기 위해서는 기체 분자들이 시료 표면을 덮지 않아야 함을 알 수 있다. 또한 3 문단의 "진공 통 내부에서 떠돌아 다니던 기체 분자들이 관찰하려는 시료의 표면에 달라붙어 한 층의 막을 형성하기까지 걸리는 시간을 단분자층 형성 시간이라 한다."에서 단분자층 형성이 기체 분자들이 시료의 표면을 덮어 한 층의 막을 형성하는 것임을 알 수 있다.

⑤ 1 문단의 "탐침과 시료의 거리가 매우 가까우면 양자 역학적 터널링 효과에 의해 둘이 접촉하지 않아도 전류가 흐른다."에서 탐침을 시료 표면에 접촉시키지 않는다는 것을 확인할 수 있다.

답 ③

094

ⓒ의 '음극'을 적절하지 않게 이해한 사람은?

① P 사원 : 고전압과 전자의 상호 작용으로 자기장을 만든다.

② K 사원 : 떠돌아다니던 기체 분자를 흡착하는 물질을 내놓는다.

③ L 사원 : 기체 분자에서 분리된 양이온을 전기력으로 끌어당긴다.

④ Y 사원 : 전자와 기체 분자의 충돌로 만들어진 양이온을 고정시킨다.

⑤ C 사원 : 기체 분자를 양이온과 전자로 분리시키는 전자를 방출한다.

문제출제유형 기술 추론 ──────────────────────────────────────

| 정답해설 |

> P 사원은 "고전압과 전자의 상호 작용으로 자기장을 만든다"고 이해하였다. 4 문단에서 자기장이 만들어지는 이유는 영구 자석 때문임을 설명하고 있다. 그리고 양극과 음극 사이에 걸린 고전압이 원인이 되어 음극에서 전자가 방출될 뿐, 전자와 고전압 사이에 상호 작용이 일어나는 것도 아님이 나타난다.

| 오답풀이 |

② 4 문단에 따르면 양이온이 음극에 충돌하면 타이타늄이 떨어져 나오고 음극이 타이타늄을 내놓는다고 이해할 수 있다. 이 타이타늄이 떠돌아다니던 기체 분자를 흡착한다는 내용 또한 언급되어 있다.

③ 4 문단에는 "이 과정에서 생성된 양이온은 전기력에 의해 음극으로 당겨져"에서 L 사원의 핵심 포인트가 적절하다는 것을 확인할 수 있다.

④ 4 문단에는 "음극에서 방출된 전자는 주변의 기체 분자와 충돌하여 기체 분자를 그것의 구성 요소인 양이온과 전자로 분리시킨다"고 설명하고 있다. 이를 통해 양이온이 전자와 기체 분자의 충돌로 만들어지는 것임을 알 수 있다.

⑤ 4 문단의 "이 과정에서 음극에서 방출된 전자는 주변의 기체 분자와 충돌하여 기체 분자를 그것의 구성 요소인 양이온과 전자로 분리시킨다."를 통해, ⓛ의 음극이 기체 분자를 양이온과 전자로 분리시키는 전자를 방출한다는 것을 알 수 있다.

답 ①

095

혼합형 ★★★★★

윗글을 바탕으로 할 때, 〈보기〉에 대한 설명으로 옳지 않은 것은?

〈보기〉

STM을 사용하여 규소의 표면을 관찰하는 실험을 하려고 한다. 동일한 사양의 STM이 설치된, 동일한 부피의 진공 통 A~E가 있고, 각 진공 통 내부에 있는 기체 분자의 정보는 다음 표와 같다. 진공 통 A 안의 기체 압력은 10^{-9}토르 이며, 모든 진공 통의 내부 온도는 20℃이다. (단, 기체 분자가 규소 표면과 충돌하여 달라붙을 확률은 기체의 종류와 관계없이 일정하며, 제시되지 않은 모든 조건은 각 진공 통에서 동일하다. N은 일정한 자연수이다.)

진공 통	기체	분자의 질량(amu)*	단위 부피당 기체 분자 수(개/㎤)
A	질소	28	4N
B	질소	28	2N
C	질소	28	7N
D	산소	32	N
E	이산화탄소	44	N

* amu : 원자 질량 단위

① P 사원 : A 내부에서 단분자층 형성 시간은 대략 2,500초겠군.

② K 사원 : B 내부의 기체 압력은 10^{-9}토르보다 낮겠군.

③ L 사원 : C 내부의 진공도는 B 내부의 진공도보다 낮겠군.

④ Y 사원 : D 내부에서의 단분자층 형성 시간은 A의 경우보다 길겠군.

⑤ C 사원 : E 내부의 시료 표면에 대한 단위 면적당 기체 분자의 충돌 빈도는 D의 경우보다 높겠군.

[문제출제유형] 기술 추론 ─────────────

| 정답해설 |

《보기》의 표에서 기체 분자의 질량은 D(32) < E(44)로 E의 질량이 D보다 더 크고, 단위 부피당 기체 분자 수는 D(N) = E(N)이라는 것을 알 수 있다. 기체의 압력은 단위 부피당 기체 분자 수에 비례하므로 D와 E의 기체 압력은 같다. 따라서 이를 기준으로는 단분자층 형성 시간을 비교할 수 없다. 그렇다면 남은 것은 D와 E의 질량 차이다. 질량의 크기가 D(32) < E(44)이므로 이 질량과 비례하는 단분자층 형성 시간은 D < E이다. 이렇게 되면 D와 E의 시료 표면에 대한 단위 면적당 기체 분자의 충돌 빈도를 비교할 수 있다. 시료 표면에 대한 단위 면적당 기체 분자의 충돌 빈도가 단분자층 형성 시간에 반비례하기 때문에 시료 표면에 대한 단위 면적당 기체 분자의 충돌 빈도는 E < D가 된다. 그런데 C 사원은 반대로 E가 D의 경우보다 높다고 했으므로 잘못된 설명이다.

| 오답풀이 |

① 3 문단에는 "가령 질소의 경우 20℃, 760토르 대기압에서 단분자층 형성 시간은 3×10^{-9}초이지만, 같은 온도에서 압력이 10^{-9}토르로 낮아지면 대략 2,500초로 증가한다."고 명시되어 있으므로 옳은 설명이다.

② 《보기》의 표에서 A와 B의 차이점은 단위 부피당 기체 분자 수가 A(4N) > B(2N)이라는 것이다. 즉, 기체 분자 수는 B가 A보다 더 적다는 것을 의미한다.

③ 2 문단의 "기체 압력이 낮을수록 진공도가 높다."는 설명을 통해 진공도와 기체 압력은 반비례관계임을 알 수 있다. 또한, 진공통 내부의 온도가 일정하고 한 종류의 기체 분자만 존재할 경우, 기체 분자의 종류와 상관없이 통 내부의 기체 압력은 단위 부피당 떠돌아다니는 기체 분자의 수에 비례한다고 설명하고 있다. 이를 통해 C 내부의 진공도가 B 내부의 진공도보다 낮다고 판단할 수 있다.

④ 3 문단에서는 "기체 분자의 질량이 크거나 기체의 압력이 낮을수록 단분자층 형성 시간은 길다."고 설명한다. 이를 통해 분자의 질량이 더 큰 D의 단분자층 형성 시간이 A보다 길다고 판단할 수 있다.

답 ⑤

[96 ~ 98] 귀하는 ○○공사의 기술TF에 소속되어 있다. 아래의 글을 읽고 물음에 답하시오.

1. 컴퓨터의 CPU가 어떤 작업을 수행하는 것은 CPU의 '논리 상태'가 시간에 따라 바뀌는 것을 말한다. 가령 $Z = X + Y$의 연산을 수행하려면 CPU가 X와 Y에 어떤 값을 차례로 저장한 다음, 이것을 더하고 그 결과를 Z에 저장하는 각각의 기능을 순차적으로 진행해야 한다. CPU가 수행할 수 있는 기능은 특정한 CPU의 논리 상태와 일대일로 대응되어 있으며, 프로그램은 수행하고자 하는 작업의 진행에 맞도록 CPU의 논리 상태를 변경한다. 이를 위해 CPU는 현재 상태를 저장하고 이것에 따라 해당 기능을 수행할 수 있는 부가 회로도 갖추고 있다. 만약 CPU가 가지는 논리 상태의 개수가 많아지면 한 번에 처리할 수 있는 기능이 다양해진다. 따라서 처리할 데이터의 양이 같다면 이를 완료하는 데 걸리는 시간이 줄어든다.

2. 논리 상태는 2진수로 표현되는데 논리 함수를 통해 다른 상태로 변환된다. 논리 소자가 연결된 조합 회로는 논리 함수의 기능을 가지는데, 조합 회로는 논리 연산은 가능하지만 논리 상태를 저장할 수는 없다. 어떤 논리 상태를 '저장'한다는 것은 2진수 정보의 시간적 유지를 의미하는데, 외부에서 입력이 유지되지 않더라도 입력된 정보를 논리 회로 속에 시간적으로 가둘 수 있어야 한다.

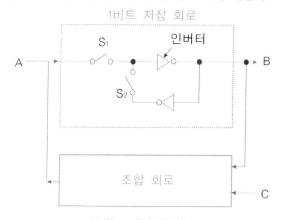

1비트 저장 회로

〈그림〉 순차 논리 회로

3. 인버터는 입력이 0일 때 1을, 1일 때 0을 출력하는 논리 소자이다. 〈그림〉의 점선 내부에 표시된 '1비트 저장 회로'를 생각해보자. 이 회로에서 스위치 S_1은 연결하고 스위치 S_2는 끊은 채로 A에 정보를 입력한다. 그런 다음 S_2를 연결하면 S_1을 끊더라도 S_2를 통하는 ㉠피드백 회로에 의해 A에 입력된 정보와 반대되는 값이 지속적으로 B에 출력된다. 따라서 이 회로는 0과 1중 1개의 논리 상태, 즉 1비트의 정보를 저장할 수 있다. 이러한 회로가 2개가 있다면 00, 01, 10, 11의 4가지 논리 상태, n개가 있다면 2^n가지의 논리 상태 중 1개를 저장할 수 있다.

④ 그렇다면 논리 상태의 변화는 어떻게 일어날까? 이제 〈그림〉과 같이 1비트 저장 회로와 조합 회로로 구성되는 '순차 논리 회로'를 생각해보자. 이 회로에서 조합 회로는 외부 입력 C와 저장 회로의 출력 B를 다시 입력으로 되받아, 내장된 논리 함수를 통해 논리 상태를 변환하고, 이를 다시 저장 회로의 입력과 연결하는 ⓒ피드백 회로를 구성한다. 예를 들어 조합 회로가 두 입력이 같을 때는 1을, 그렇지 않을 경우 0을 출력한다고 하자. 만일 B에서 1이 출력되고 있을 때 C에 1이 입력된다면 조합 회로는 1을 출력하게 된다. 이때 외부에서 어떤 신호를 주어 S_2가 열리자마자 S_1이 닫힌 다음 다시 S_2가 닫히고 S_1이 열리는 일련의 스위치 동작이 일어나도록 하면, 조합 회로의 출력은 저장 회로의 입력과 연결되어 있으므로 B에서 출력되는 값은 0으로 바뀐다. 그런 다음 C의 값을 0으로 바꾸어주면, 일련의 스위치 동작이 다시 일어나더라도 B의 값은 바뀌지 않는다. 하지만 C에 다시 1을 입력하고 일련의 스위치 동작이 일어나도록 하면 B의 출력은 1로 바뀐다. 따라서 C에 주는 입력에 의해 저장 회로가 출력하는 논리 상태를 임의로 바꿀 수 있다.

⑤ [A] 만일 이 회로에 2개의 1비트 저장 회로를 병렬로 두어 출력을 2비트로 확장하면 00~11의 4가지 논리 상태 중 1개를 출력할 수 있다. 조합 회로의 외부 입력도 2비트로 확장하면 조합 회로는 저장 회로의 현재 출력과 합친 4비트를 입력받게 된다. 이를 내장된 논리 함수에 의해 다시 2비트 출력을 만들어 저장 회로의 입력과 연결한다. 이와 같이 2비트로 확장된 순차 논리 회로에서 외부 입력을 주고 스위치 동작이 일어나도록 하면, 저장 회로의 출력은 2배로 늘어난 논리 상태 중 하나로 바뀐다.

⑥ 이 회로에 일정한 시간 간격으로 외부 입력을 바꾸고 스위치 동작 신호를 주면, 주어지는 외부 입력에 따라 특정 논리 상태가 순차적으로 출력에 나타나게 된다. 이런 회로가 N비트로 확장된 대표적인 사례가 CPU이며 스위치를 동작시키는 신호가 CPU 클록이다. 회로 외부에서 입력되는 정보는 컴퓨터 프로그램의 '명령 코드'가 된다. 명령 코드를 CPU의 외부 입력으로 주고 클록 신호를 주면 CPU의 현재 논리 상태는 특정 논리 상태로 바뀐다. 이때 출력에 연결된 회로가 바뀐 상태에 해당하는 기능을 수행하게 된다. CPU 클록은 CPU의 상태 변경 속도, 즉 CPU의 처리 속도를 결정한다.

096

기술TF에서는 윗글의 〈그림〉에 대해 논의하였다. 다음 중 적절히 이해한 사람은?

① 오 팀장 : 외부로부터 이 순차 논리 회로에 입력되는 정보는 오직 A를 통해서만 입력 가능하다.
② 차 대리 : 스위치 수가 증가하면 이 순차 논리 회로가 변경할 수 있는 논리 상태의 수는 감소하게 된다.
③ 이 주임 : 조합 회로는 A에 입력된 값을 B로 출력하는 과정에서 입력 값과 출력 값이 결과적으로 같아지게 만든다.
④ 박 대리 : 1비트 저장 회로는 외부의 정보 입력과 상관없이 정보를 논리 회로 속에 시간적으로 가두는 역할을 한다.
⑤ 김 과장 : 1비트 저장 회로에는 논리 소자가 있어서 순차 논리 회로에서 논리 함수를 통해 논리 연산 기능을 한다.

NCS 정보능력 이해하기

① 정보능력 : 직장생활에서 기본적인 컴퓨터를 활용하여 필요한 정보를 수집, 분석, 활용하는 능력을 의미한다.
② 정보능력을 위해 알아야 할 지식

- 컴퓨터활용능력 : 업무 수행에 필요한 정보를 수집, 분석, 조직, 관리, 활용하는데 있어 컴퓨터를 사용하는 능력을 말한다.
- 인터넷 서비스 : 전자우편서비스, 인터넷 디스크/웹하드, 메신저, 클라우드 컴퓨팅, SNS, 인터넷 전자상거래 등을 의미한다.
- 데이터베이스 : 여러 개의 서로 연관된 파일을 의미하는 데이터베이스의 필요성은 데이터의 중복을 줄여주고, 무결성을 높이며, 검색을 쉽게 해주고, 안정성을 높이며, 프로그램의 개발기간을 단축시킨다.

【문제출제유형】 정보 처리

| 정답해설 |

2 문단에 따르면 "어떤 논리 상태를 '저장'한다는 것은 2진수 정보의 시간적 유지를 의미하는데, 외부에서 입력이 유지되지 않더라도 입력된 정보를 논리 회로 속에 시간적으로 가둘 수 있어야 한다."는 설명을 통해 순차 논리 회로에서의 저장의 의미를 알 수 있다. 3 문단은 1비트 저장 회로를 설명하는데, 그중에서 "따라서 이 회로는 0과 1 중 1개의 논리 상태, 즉 1비트의 정보를 저장할 수 있다."를 확인할 수 있다. 이 두 내용을 종합해보면 박 대리의 이해가 적절하다.

| 오답풀이 |

① 3 문단의 "이 회로에서 스위치 S_1은 연결하고 스위치 S_2는 끊은 채로 A에 정보를 입력한다."를 보아 A를 통해 외부 정보를 입력한다는 것을 알 수 있다. 4 문단의 "이 회로에서 조합 회로는 외부 입력 C"를 통해, C를 통해서도 외부 정보를 입력한다는 것을 알 수 있다. 따라서 오 팀장의 이해는 적절하지 않다.

② 5 문단에 따라 "만일 이 회로에 2개의 1비트 저장 회로를 병렬로 두어 출력을 2비트로 확장하면"을 통해 1비트 저장 회로가 더 늘어난 경우를 생각해 볼 수 있다. 이때, 순차 논리 회로가 변경할 수 있는 논리 상태의 수는 감소하는 것이 아니라 오히려 증가하게 되므로 차 대리의 이해는 적절하지 않다.

③ 4 문단의 "내장된 논리 함수를 통해 논리 상태를 변환하고"를 통해 볼 때, 조합 회로가 반드시 A의 입력 값과 출력 값이 같아지게 만드는 것은 아님을 알 수 있다. 따라서 이 주임의 이해는 적절하지 않다.

⑤ 3 문단의 "인버터는 입력이 0일 때 1을, 1일 때 0을 출력하는 논리 소자이다."를 통해서, 인버터는 논리 소자라고 하는 것임을 알 수 있다. 그런데 논리 함수를 통해 논리 연산을 하는 것은 1비트 저장 회로가 아니라 조합 회로이다. 2 문단의 "논리 상태는 2진수로 표현되는데 논리 함수를 통해 다른 상태로 변환된다. 논리 소자가 연결된 조합 회로는 논리 함수의 기능을 가지는데, 조합 회로는 논리 연산은 가능하지만"을 통해 확인한 수 있다. 따라서 김 과장의 이해는 적절하지 못하다.

답 ④

097

기술TF에서는 [A]를 바탕으로 아래의 〈보기〉를 분석하였다. 적절하지 않은 의견을 제시한 사람은?

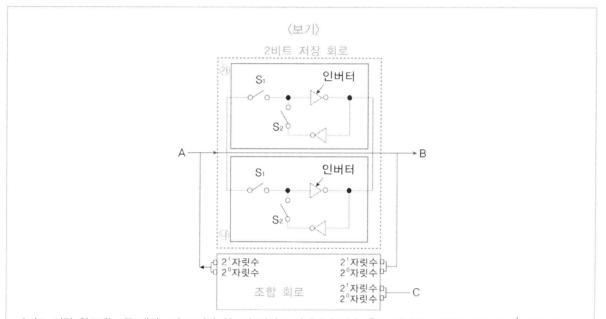

2비트 저장 회로에는 두 개의 1비트 저장 회로가 병렬로 연결되어 있다. ㉮는 입력되는 2비트 정보 중 2^1 자릿수를 처리하고, ㉯는 2^0 자릿수를 처리한다. 그리고 조합 회로에 내장된 논리 함수는 2^1 자릿수와 2^0 자릿수를 따로따로 인식하여, 외부 입력 C와 저장 회로의 출력 B가 입력된 값을 비교할 때 2^1 자릿수와 2^0 자릿수를 각각 비교하여 같으면 1, 다르면 0으로 처리한 다음, 이를 각 자릿수에 따라 조합하여 2비트 정보로 출력한다. 예를 들어 C에서 〈00〉이 입력되고 B에서 〈10〉이 입력되었다면, 2^1 자릿수인 0(C)과 1(B)을 비교하여 얻은 값인 0과, 2^0 자릿수인 0(C)과 0(B)을 비교하여 얻은 값인 1을 조합하여 〈01〉을 출력하게 된다. 현재 상태에서 B는 〈01〉을 출력하였다.

① 오 팀장 : 이 순차 논리 회로의 조합 회로에는 B의 2비트와 C의 2비트 정보를 합친 총 4비트의 정보가 입력된다.
② 차 대리 : 이 순차 논리 회로에서의 저장 회로의 입력과 출력, 그리고 조합 회로의 외부 입력과 출력은 모두 2비트이다.
③ 이 주임 : C에 〈11〉를 입력하게 되면 조합 회로는 내장된 논리 함수에 따라 〈01〉을 출력하여 저장 회로로 출력한다.
④ 박 대리 : C에 〈10〉을 입력한 다음 ㉮와 ㉯에 동시에 같은 스위치 동작이 일어나게 하면 B의 출력 값은 〈11〉이 된다.
⑤ 김 과장 : 이 순차 논리 회로와 같이 2개의 1비트 저장 회로를 병렬로 연결하면 동시에 출력할 수 있는 논리 상태가 4개가 된다.

문제출제유형 정보 처리

| 정답해설 |

⑤ 문단의 "만일 이 회로에 2개의 1비트 저장 회로를 병렬로 두어 출력을 2비트로 확장하면 00~11의 4가지 논리 상태 중 1개를 출력할 수 있다."를 통해 볼 때, 〈보기〉의 순차 논리 회로는 00, 01, 10, 11의 4가지 중 하나의 논리 상태를 출력할 수 있다는 것을 알 수 있다. 그런데 김 과장은 동시에 4개의 논리 상태를 출력한다고 서술하였으므로 적절하지 않다.

| 오답풀이 |

① 〈보기〉의 조합 회로 오른쪽 입력 부분에서는 B에서 출력된 값이 이진수의 자릿수에 따라 입력되는데, 이때 2^1 자릿수의 정보 1비트와 2^0 자릿수의 정보 1비트 이렇게 총 2비트가 입력이 된다. 외부의 C에서 입력되는 값 역시 이진수의 자릿수에 따라 2비트의 정보가 입력된다. 결과적으로 조합 회로에 입력되는 정보는 총 4비트이므로, 오 팀장의 이해는 적절하다.

② ⑤ 문단에서 "이를 내장된 논리 함수에 의해 다시 2비트 출력을 만들어 저장 회로의 입력과 연결한다"에서 조합 회로의 출력과 저장 회로의 출력이 모두 2비트임을 확인할 수 있다.

③ 〈보기〉에서 제시한 현재 B의 출력 값인 〈01〉과 선택지의 C의 입력값 〈11〉이 조합 회로에 입력되면, 〈보기〉의 논리 함수대로 이진수의 자릿수에 따라 각각 따로 비교하여 결과 값을 출력하게 된다. 즉, 2^1자리끼리 비교하여 보면 B : 0, C : 1이므로, 2^1자리 출력 값은 00이 될 것이다. 마찬가지로 2^0자리끼리 비교하여 보면 B : 1, C : 1이므로, 2^0자리 출력 값은 1이 될 것이다. 결국, 조합 회로는 내장된 논리 함수에 따라 〈01〉을 출력하게 된다.

④ 현재 B는 〈01〉을 출력하고 있고 C에 〈10〉을 입력했다. 조합 회로의 논리 함수에 따라 조합 회로는 〈00〉을 출력하게 될 것이다. 그다음 이 조합 회로가 출력한 값이 2비트 저장 회로에 입력되면, 역시 이진수의 자릿수에 따라 ㉮와 ㉯에서 따로 처리되는데, 입력한 값의 반대되는 값이 출력되므로 결과적으로 B로 출력되는 값은 〈11〉이 된다.

답 ⑤

098

기술TF에서는 ㉠과 ㉡을 논의하고 외부 전문가의 평가를 받았다. 가장 적절한 의견을 제시한 사람은?

① 갑 : ㉠은 조합 회로를 통해서, ㉡은 인버터를 통해서 피드백 기능이 구현된다.

② 을 : ㉠과 ㉡의 각 회로에서 피드백 기능을 위해 입력하는 정보의 개수는 같다.

③ 병 : ㉠과 ㉡은 모두 외부에서 입력되는 논리 상태를 그대로 저장하는 기능이 있다.

④ 정 : ㉠은 정보를 저장하기 위한 구조이며, ㉡은 논리 상태를 변경하기 위한 구조이다.

⑤ 무 : ㉠은 스위치 S_1이 연결될 때, ㉡은 스위치 S_2가 연결될 때 피드백 기능이 동작한다.

삶의 비극은 고통이 너무 많은 것이 아니라

놓치는 것이 너무 많은 것이다.

Thomas Carlyle

문제출제유형 정보 처리

| 정답해설 |

⠀

4 문단의 "이 회로에서 조합 회로는 외부 입력 C와 저장 회로의 출력 B를 다시 입력으로 되받아, 내장된 논리 함수를 통해 논리 상태를 변환하고, 이를 다시 저장 회로의 입력과 연결하는 피드백 회로를 구성한다."를 통해, 조합 회로가 순차 논리 회로의 피드백 회로에서 핵심적인 역할을 한다는 것을 알 수 있다. 따라서 ⓒ을 구성하는 이유는 논리 상태의 변환이라고 볼 수 있으므로 정이 적절한 의견을 제시하였다.

| 오답풀이 |

① ㉠은 '(1비트) 저장 회로', 즉 점선 내에 구성되어 있으며 두 개의 인버터와 스위치를 통해 피드백 기능이 구현됨을 알 수 있다. ⓒ은 〈그림〉의 전체 피드백 과정으로, (1비트) 저장 회로로 입력되는 것이다. 그래서 ⓒ은 조합 회로를 통해 피드백 기능이 구현되는 것을 알 수 있다. 그런데 갑은 이를 반대로 평가하였다.

② ㉠의 경우에는 3 문단의 "이 회로에서 스위치 S_1은 연결하고 스위치 S_2는 끊은 채로 A에 정보를 입력한다."와 〈그림〉을 통해 볼 때, 입력하는 정보의 개수가 1개임을 알 수 있다. 그런데 ⓒ의 경우에는 4 문단의 "조합 회로는 외부 입력 C와 저장 회로의 출력 B를 다시 입력으로 되받아"와 〈그림〉을 통해서, 조합 회로에 입력하는 정보가 두 가지(외부 입력 C, 저장 회로의 출력 B)임을 알 수 있다. 따라서 을의 평가는 적절하지 않다.

③ ㉠의 경우에는 3 문단의 "피드백 회로에 의해 A에 입력된 정보와 반대되는 값이 지속해서 B에 출력된다."를 통해, 외부에서 입력되는 논리 상태가 반대로 바뀐다는 것을 알 수 있다. 그리고 ⓒ의 경우에는 4 문단의 "내장된 논리 함수를 통해 논리 상태를 변환하고"를 통해, 외부에서 입력되는 논리 상태가 조합 회로의 논리 함수에 의해 바뀔 수도 있다는 것을 알 수 있다. 따라서 병의 평가는 적절하지 않다.

⑤ ㉠의 경우에는 3 문단의 "그런 다음 S_2를 연결하면 S_1을 끊더라도 S_2를 통하는 피드백 회로에 의해 A에 입력된 정보와 반대되는 값이 지속적으로 B에 출력된다."를 통해, 4 문단의 "S_2가 열리자마자 S_1이 닫힌 다음 다시 S_2가 닫히고 S_1이 열리는 일련의 스위치 동작이 일어나도록 하면"을 통해 볼 때, ㉠과 같이 S_2가 연결될 때 피드백 기능이 동작함을 알 수 있다.

답 ④

[99~100] 다음은 ○○소프트웨어 기술진흥협회의 자료이다. 글을 읽고 물음에 답하시오.

1 디지털 통신 시스템은 송신기, 채널, 수신기로 구성되며, 전송할 데이터를 빠르고 정확하게 전달하기 위해 부호화 과정을 거쳐 전송한다. 영상, 문자 등의 데이터는 기호 집합에 있는 기호들의 조합이다. 예를 들어 기호 집합 {a, b, c, d, e, f}에서 기호들을 조합한 add, cab, beef 등이 데이터이다. 정보량은 어떤 기호가 발생했다는 것을 알았을 때 얻는 정보의 크기이다. 어떤 기호 집합에서 특정 기호의 발생 확률이 높으면 그 기호의 정보량은 적고, 발생 확률이 낮으면 그 기호의 정보량은 많다. 기호 집합의 평균 정보량*을 기호 집합의 엔트로피라고 하는데 모든 기호들이 동일한 발생 확률을 가질 때 그 기호 집합의 엔트로피는 최댓값을 갖는다.

2 송신기에서는 소스 부호화, 채널 부호화, 선 부호화를 거쳐 기호를 부호로 변환한다. 소스 부호화는 데이터를 압축하기 위해 기호를 0과 1로 이루어진 부호로 변환하는 과정이다. 어떤 기호가 110과 같은 부호로 변환되었을 때 0 또는 1을 비트라고 하며 이 부호의 비트 수는 3이다. 이때 기호 집합의 엔트로피는 기호 집합에 있는 기호를 부호로 표현하는 데 필요한 평균 비트 수의 최솟값이다. 전송된 부호를 수신기에서 원래의 기호로 복원하려면 부호들의 평균 비트 수가 기호 집합의 엔트로피보다 크거나 같아야 한다. 기호 집합을 엔트로피에 최대한 가까운 평균 비트 수를 갖는 부호들로 변환하는 것을 엔트로피 부호화라 한다. 그중 하나인 '허프만 부호화'에서는 발생 확률이 높은 기호에는 비트 수가 적은 부호를, 발생 확률이 낮은 기호에는 비트 수가 많은 부호를 할당한다.

3 채널 부호화는 오류를 검출하고 정정하기 위하여 부호에 잉여 정보를 추가하는 과정이다. 송신기에서 부호를 전송하면 채널의 잡음으로 인해 오류가 발생하는데 이 문제를 해결하기 위해 잉여 정보를 덧붙여 전송한다. 채널 부호화 중 하나인 '삼중 반복 부호화'는 0과 1을 각각 000과 111로 부호화한다. 이때 수신기에서는 수신한 부호에 0이 과반수인 경우에는 0으로 판단하고, 1이 과반수인 경우에는 1로 판단한다. 즉 수신기에서 수신된 부호가 000, 001, 010, 100 중 하나라면 0으로 판단하고, 그 외에는 1로 판단한다. 이렇게 하면 000을 전송했을 때 하나의 비트에서 오류가 생겨 001을 수신해도 0으로 판단하므로 오류는 정정된다. 채널 부호화를 하기 전 부호의 비트 수를, 채널 부호화를 한 후 부호의 비트 수로 나눈 것을 부호율이라 한다. 삼중 반복 부호화의 부호율은 약 0.33이다.

4 채널 부호화를 거친 부호들을 채널을 통해 전송하려면 부호들을 전기 신호로 변환해야 한다. 0 또는 1에 해당하는 전기 신호의 전압을 결정하는 과정이 선 부호화이다. 전압의 결정 방법은 선 부호화 방식에 따라 다르다. 선 부호화 중 하나인 '차동 부호화'는 부호의 비트가 0이면 전압을 유지하고 1이면 전압을 변화시킨다. 차동 부호화를 시작할 때는 기준 신호가 필요하다. 예를 들어 차동 부호화 직전의 기준 신호가 양(+)의 전압이라면 부호 0110은 '양, 음, 양, 양'의 전압을 갖는 전기 신호로 변환된다. 수신기에서는 송신기와 동일한 기준 신호를 사용하여, 전압의 변화가 있으면 1로 판단하고 변화가 없으면 0으로 판단한다.

---

* 평균 정보량 : 각 기호의 발생 확률과 정보량을 서로 곱하여 모두 더한 것

윗글을 바탕으로 2가지 기호로 이루어진 기호 집합에 대해 이해한 내용으로 적절하지 않은 것은?

① S 연구원 : 기호들의 발생 확률이 모두 1/2인 경우, 각 기호의 정보량은 동일하다.

② K 연구원 : 기호들의 발생 확률이 각각 1/4, 3/4인 경우의 평균 정보량이 최댓값이다.

③ P 연구원 : 기호들의 발생 확률이 각각 1/4, 3/4인 경우, 기호의 정보량이 더 많은 것은 발생 확률이 1/4인 기호 이다.

④ L 연구원 : 기호들의 발생 확률이 모두 1/2인 경우, 기호를 부호화하는 데 필요한 평균 비트 수의 최솟값이 최대가 된다.

⑤ Y 연구원 : 기호들의 발생 확률이 각각 1/4, 3/4인 기호 집합의 엔트로피는 발생 확률이 각각 3/4, 1/4인 기호 집합의 엔트로피와 같다.

099

[문제출제유형] 정보 처리

| 정답해설 |

Ⅰ 문단의 "기호 집합의 평균 정보량을 기호 집합의 엔트로피라고 하는데 모든 기호들이 동일한 발생 확률을 가질 때 그 기호 집합의 엔트로피는 최댓값을 갖는다."에서 기호 집합의 평균 정보량인 기호 집합의 엔트로피가 최댓값을 가지려면 기호들의 발생 확률이 같아야 함을 알 수 있다. 그런데 K 연구원의 조건에서는 기호들의 발생 확률이 1/4과 3/4으로 서로 다르게 제시되어 있다. 따라서 이 경우는 평균 정보량이 최댓값이라고 이해하는 것은 적절하지 않다.

| 오답풀이 |

① Ⅰ 문단의 "어떤 기호 집합에서 특정 기호의 발생 확률이 높으면 그 기호의 정보량은 적고, 발생 확률이 낮으면 그 기호의 정보량은 많다."에서는 발생 확률과 정보량의 반비례 관계만 설명하고 있는 것 같지만, 이 부분은 S 연구원의 이해 적절성을 판단할 수 있는 근거가 된다. {A, B}라는 기호 집합에서 두 가지 기호의 발생 확률이 모두 1/2이라면 이때 발생하는 각 기호의 정보량은 동일한 것이다. 발생 확률에 따라 정보량이 많아지기도 하고 적어지기도 하니까 발생 확률이 같다는 것은 정보량이 동일함을 의미하는 것이다.

③ Ⅰ 문단의 "어떤 기호 집합에서 특정 기호의 발생 확률이 높으면 그 기호의 정보량은 적고, 발생 확률이 낮으면 그 기호의 정보량은 많다."에서 기호의 발생 확률과 기호의 정보량이 반비례 관계에 있음을 확인할 수 있다. 따라서 기호의 정보량이 더 많은 것은 발생 확률이 더 낮은 것, 즉 발생 확률이 1/4인 기호이다.

④ Ⅱ 문단의 "기호 집합의 엔트로피는 기호 집합에 있는 기호를 부호로 표현하는 데 필요한 평균 비트 수의 최솟값이다."를 통해 L 연구원의 핵심 포인트 중 "기호를 부호화하는 데 필요한 평균 비트 수의 최솟값"이 곧 기호 집합의 엔트로피라는 것을 알 수 있다. 또한 Ⅰ 문단에서 "모든 기호들이 동일한 발생 확률을 가질 때 그 기호 집합의 엔트로피는 최댓값을 갖는다."를 통해 L 연구원의 이해가 적절하다는 것을 알 수 있다.

⑤ Ⅰ 문단의 "기호 집합의 평균 정보량을 기호 집합의 엔트로피라고 하는데"와 각주에 제시된 평균 정보량을 종합해 보면, 기호 집합의 엔트로피는 각 기호의 발생 확률과 정보량을 서로 곱하여 모두 더한 값이다. 그리고 Ⅰ 문단에서는 "어떤 기호 집합에서 특정 기호의 발생 확률이 높으면 그 기호의 정보량은 적고, 발생 확률이 낮으면 그 기호의 정보량은 많다."라고 설명하고 있다. 이 내용들을 모두 종합할 때 Y 연구원은 적절히 이해하였다.

답 ②

100

윗글을 바탕으로 〈보기〉를 이해한 내용으로 적절한 것은?

〈보기〉

날씨 데이터를 전송하려고 한다. 날씨는 '맑음', '흐림', '비', '눈'으로만 분류하며, 각 날씨의 발생 확률은 모두 같다. 엔트로피 부호화를 통해 '맑음', '흐림', '비', '눈'을 각각 00, 01, 10, 11의 부호로 바꾼다.

① S 연구원 : 기호 집합{맑음, 흐림, 비, 눈}의 엔트로피는 2보다 크겠군.

② K 연구원 : 엔트로피 부호화를 통해 4일 동안의 날씨 데이터 '흐림비맑음흐림'은 '01001001'로 바뀌겠군.

③ P 연구원 : 삼중 반복 부호화를 이용하여 전송한 특정 날씨의 부호를 '110001'과 '101100'으로 각각 수신하였다면 서로 다른 날씨로 판단하겠군.

④ L 연구원 : 날씨 '비'를 삼중 반복 부호화와 차동 부호화를 이용하여 부호화하는 경우, 기준 신호가 양(+)의 전압이면 '음, 양, 음, 음, 음, 음'의 전압을 갖는 전기 신호로 변환되겠군.

⑤ Y 연구원 : 삼중 반복 부호화와 차동 부호화를 이용하여 특정 날씨의 부호를 전송할 경우, 수신기에서 '음, 음, 음, 양, 양, 양'을 수신했다면 기준 신호가 양(+)의 전압일 때 '흐림'으로 판단하겠군.

100

혼합형

문제출제유형 정보 추론 ———

| 정답해설 |

〈보기〉의 기호 집합은 {맑음, 흐림, 비, 눈}이고 각각의 날씨는 모두 기호라고 보면, 각 기호의 발생 확률이 모두 같으므로 1/4이 된다. ① 문단의 "모든 기호들이 동일한 발생 확률을 가질 때 그 기호 집합의 엔트로피는 최댓값을 갖는다."를 통해, 이 기호 집합의 엔트로피, 즉 평균 정보량은 최댓값을 가지고 있음을 알 수 있다. 그리고 엔트로피 부호화를 통해 각각의 기호를 00, 01, 10, 11의 두 자리 이진수로 부호화했다. 발생 확률이 같으니까 발생 확률에 따라 비트 수를 달리하는 '허프만 부호화'를 사용할 필요가 없는 경우이다.

③ 문단에서는 "'삼중 반복 부호화'는 0과 1을 각각 000과 111로 부호화한다."라고 설명하고 있다. 그다음 차동 부호화 과정을 거쳐야 하는데, 기준 신호가 양(+)의 전압이므로, 111000에서 첫 번째 비트 1은 음(−)의 전압으로, 두 번째 비트 1은 양(+)의 전압으로, 세 번째 비트 1은 음(−)의 전압으로 바뀐 다음, 네 번째 비트부터 여섯 번째 비트인 0은 모두 음(−)의 전압이 유지될 것이다. ④ 문단에서 "차동 부호화는 부호의 비트가 0이면 전압을 유지하고 1이면 전압을 변화시킨다."고 설명하고 있기 때문이다. 특히 차동 부호화 과정을 생각할 때, 비트 1은 전압을 변화시키고 비트 0은 전압을 유지한다는 것이 핵심이다.

| 오답풀이 |

① ① 문단의 "모든 기호들이 동일한 발생 확률을 가질 때 그 기호 집합의 엔트로피는 최댓값을 갖는다."를 바탕으로 보면, 발생 확률이 모두 같은 기호 집합 {맑음, 흐림, 비, 눈}의 엔트로피의 최댓값 역시 2가 된다. 그런데 S 연구원은 기호 집합의 엔트로피가 2보다 크다고 서술했으므로 적절하지 않다.

② 〈보기〉에서는 이미 엔트로피 부호화를 거친 결과 맑음, 흐림, 비, 눈을 각각 00, 01, 10, 11의 부호로 제시하였다. '흐림비맑음흐림' 날씨 데이터를 기호로 변환하면 01100001로 바뀌게 된다.

③ ③ 문단에서는 "이때 수신기에서는 수신한 부호에 0이 과반수인 경우에는 0으로 판단하고, 1이 과반수인 경우에는 1로 판단한다."라고 설명한다. 그러니까 수신기에서 판단한 결과 같은 부호 10이 나오므로, 이 경우 같은 날씨로 판단하게 될 것이다.

⑤ 수신기에서 수신한 '음, 음, 음, 양, 양, 양'의 전기 신호를 부호로 전환하면 '1, 0, 0, 1, 0, 0'이 된다. 그리고 Y 연구원은 삼중 반복 부호화를 이용했다고 했으므로 ③ 문단 '이때 수신기에서는 수신한 부호에 0이 과반수 이상인 경우에는 0으로 판단하고, ~000, 001, 010, 100 중 하나라면 0으로 판단하고'를 볼 때, '100 → 0, 100 → 0'으로 판단하여 이 부호는 원래 '00'이었음을 알 수 있다. 따라서 흐림이 아니라 맑음이다.

답 ④

Appendix

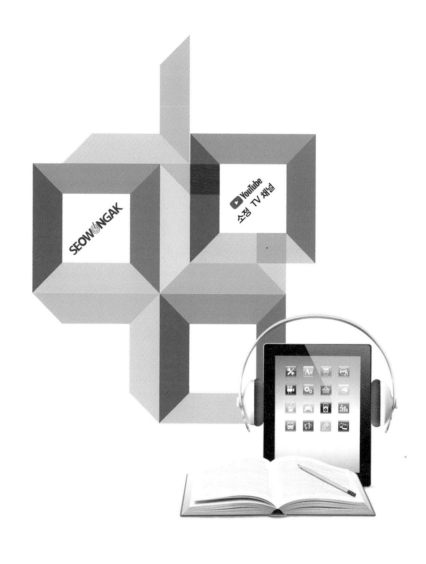

2020년 PSAT 기출문제 10선

01

다음 글에서 알 수 있는 것은?

조선 시대에는 역대 국왕과 왕비의 신주가 있는 종묘에서 정기적으로 제사를 크게 지냈으며, 그때마다 종묘제례악에 맞추어 '일무(佾舞)'라는 춤을 추는 의식을 행했다. 일무란 일정한 수의 행과 열을 맞추어 추는 춤으로 황제에 대한 제사의 경우에는 팔일무를 추는 것이 원칙이었고, 제후에 대한 제사에는 육일무를 추었다. 팔일무는 행과 열을 각각 8개씩 지어 모두 64명이 추는 춤이다. 육일무는 행과 열을 각각 6개씩 지어 추는 춤으로서, 참여하는 사람의 수는 36명이다. 대한제국을 선포하기 전까지 조선 왕조는 제후국의 격식에 맞추어 육일무를 거행했다.

일무에는 문무(文舞)와 무무(武舞)라는 두 가지 종류가 있는데, 문무를 먼저 춘 다음에 같은 사람들이 무무를 뒤이어 추는 것이 정해진 규칙이었다. 일무를 출 때는 손에 무구라는 도구를 들고 춤을 추게 했는데, 문무를 출 때는 왼손에 '약'이라는 피리를 들고 오른손에 '적'이라는 꿩 깃털 장식물을 들었다. 문무를 추는 사람은 이렇게 한 사람당 2종의 무구를 들고 춤을 추었다. 한편 중국 역대 왕조는 무무를 거행할 때 창, 검, 궁시(활과 화살)를 들고 춤을 추게 했다. 이에 비해 조선에서는 궁시를 무구로 쓰지 않았다. 조선에서는 무무를 출 때 앞쪽 세 줄에 선 사람들로 하여금 한 사람당 검 하나씩만 잡고 춤을 추게 했으며, 뒤쪽의 세 줄에 선 사람들은 한 사람당 창 하나씩만 잡은 채 춤을 추게 했다.

한편 1897년에 고종이 대한제국을 선포한 이후에는 황제국의 격식에 맞게 64명이 일무를 추었다. 그러나 일제 강점기에는 다시 36명이 일무를 추는 것으로 바뀌었다. 종묘에서 제사를 지내는 일은 광복 후 잠시 중단되었다가, 1960년대에 종묘제례악이 중요무형문화재로 지정됨에 따라 복원되었다. 복원된 종묘제례의 일무는 팔일무였으며, 예전처럼 먼저 문무를 추고 뒤이어 무무를 추는 방식을 지켰다. 문무를 출 때 손에 드는 무구는 조선 시대의 것과 동일했고, 무무를 출 때 앞의 네 줄에 선 사람들은 검을 들되 뒤의 네 줄에 선 사람들은 창을 들게 했다. 종묘제례 행사는 1969년부터 전주 이씨 대동종약원이 맡아 오늘날까지 정기적으로 시행하고 있는데, 그 형식은 1960년대에 복원된 것을 그대로 따르고 있다.

① 대한제국 시기에는 종묘제례에서 문무를 출 때 궁시를 들지 않고 검과 창만 들었다.
② 일제 강점기 때 거행된 종묘제례에서는 문무를 육일무로 추었고, 무무는 팔일무로 추었다.
③ 조선 시대에는 종묘제례에서 무무를 출 때 한 사람당 4종의 무구를 손에 들고 춤을 추게 했다.
④ 조선 시대에 송묘세례를 거행할 때에는 육일무를 추도록 하되 제후국의 격식에 맞추어 무무만 추었다.
⑤ 오늘날 시행되고 있는 종묘제례 행사에서 문무를 추는 사람들은 한 사람당 2종의 무구를 손에 들고 춤을 춘다.

01

| 지문분석 |

문단	내용	키워드
1문단	• 종묘에서 제사를 지낼 때 추는 춤이었던 일무 • 황제 제사 : 팔일무, 제후 제사 : 육일무 • 조선 왕조는 대한제국 선포 전까지 육일무 거행	일무
2문단	일무의 두 가지 종류인 문무와 무무 - 문무 : 약과 적이라는 무구를 들고 춤을 춤 - 무무 : 창, 검, 궁시(중국) / 창, 검(조선)을 들고 춤을 춤	문무/무무
3문단	일무의 변천 - 대한제국 선포 이후 팔일무 → 일제 강점기 육일무 → 광복 후 중단 → 1960년대~오늘날 팔일무	

| 정답해설 |

⑤ 3문단 마지막에서 오늘날 시행하는 일무는 1960년대에 복원된 그것을 그대로 따르고 있다고 하였다. 1960년대에 복원된 일무에서 문무는 조선 시대의 것과 동일한 무구를 들고 춤을 추었는데, 약과 적 2종이다.

| 오답풀이 |

① 문무를 추는 사람은 한 사람당 약과 적 2종의 무구를 들고 춤을 추었다

② 일제 강점기 때는 육일무를 추었다.

③ 조선에서는 무무를 출 때 앞쪽 세 줄에 선 사람들로 하여금 한 사람당 검 하나씩만 잡고 춤을 추게 했으며, 뒤쪽의 세 줄에 선 사람들은 한 사람당 창 하나씩만 잡은 채 춤을 추게 했다. 즉, 한 사람당 하나의 무구만을 들었다.

④ 대한제국을 선포하기 전까지 조선 왕조는 제후국의 격식에 맞추어 육일무를 거행하였으며, 문무 먼저 춘 다음에 무무를 뒤이어 추었다.

 ⑤

02

다음 글에서 알 수 없는 것은?

WTO 설립협정은 GATT 체제에서 관행으로 유지되었던 의사결정 방식인 총의 제도를 명문화하였다. 동 협정은 의사결정 회의에 참석한 회원국 중 어느 회원국도 공식적으로 반대하지 않는 한, 검토를 위해 제출된 사항은 총의에 의해 결정되었다고 규정하고 있다. 또한 이에 따르면 회원국이 의사결정 회의에 불참하더라도 그 불참은 반대가 아닌 찬성으로 간주된다.

총의 제도는 회원국 간 정치·경제적 영향력의 차이를 보완하기 위하여 도입되었다. 그러나 회원국 수가 확대되고 이해관계가 첨예화되면서 현실적으로 총의가 이루어지기 쉽지 않았다. 이로 인해 WTO 체제 내에서 모든 회원국이 참여하는 새로운 무역협정이 체결되는 것이 어려웠고 결과적으로 무역자유화 촉진 및 확산이 저해되고 있다. 이러한 문제의 해결 방안으로 '부속서 4 복수국간 무역협정 방식'과 '임계질량 복수국간 무역협정 방식'이 모색되었다.

'부속서 4 복수국간 무역협정 방식'은 WTO 체제 밖에서 복수국간 무역협정을 체결하고 이를 WTO 설립협정 부속서 4에 포함하여 WTO 체제로 편입하는 방식이다. 복수국간 무역협정이 부속서 4에 포함되기 위해서는 모든 WTO 회원국 대표로 구성되는 각료회의의 승인이 있어야 한다. 현재 부속서 4에의 포함 여부가 논의 중인 전자상거래협정은 협정 당사국에게만 전자상거래시장을 개방하고 기술이전을 허용한다. '부속서 4 복수국간 무역협정 방식'은 협정상 혜택을 비당사국에 허용하지 않음으로써 해당 무역협정의 혜택을 누리고자 하는 회원국들의 협정 참여를 촉진하여 결과적으로 자유무역을 확산하는 기능을 한다.

'임계질량 복수국간 무역협정 방식'은 WTO 체제 밖에서 일부 회원국 간 무역협정을 채택하되 해당 협정의 혜택을 보편적으로 적용하여 무역자유화를 촉진하는 방식이다. 즉, 채택된 협정의 혜택은 최혜국대우원칙에 따라 협정 당사국뿐 아니라 모든 WTO 회원국에 적용되는 반면, 협정의 의무는 협정 당사국에만 부여된다. 다만, 해당 협정이 발효되기 위해서는 협정 당사국들의 협정 적용대상 품목의 무역량이 해당 품목의 전세계 무역량의 90% 이상을 차지하여야 한다. '임계질량 복수국간 무역협정 방식'의 대표적인 사례는 정보통신기술(ICT)제품의 국제무역 활성화를 위해 1996년 채택되어 1997년 발효된 정보기술협정이다.

① '임계질량 복수국간 무역협정 방식'에 따라 채택된 협정의 혜택을 받는 국가는 해당 협정의 의무를 부담하는 국가보다 적을 수 없다.
② WTO의 의사결정 회의에 제안된 특정 안건을 지지하는 경우, 총의 제도에 따르면 그 회의에 불참하더라도 해당 안건에 대한 찬성의 뜻을 유지할 수 있다.
③ WTO 회원국은 전자상거래협정에 가입하지 않는다면 동 협정의 법적 지위에 영향을 미칠 수 없다.
④ WTO 각료회의가 총의 제도를 유지한다면 '부속서 4 복수국간 무역협정 방식'의 도입 목적은 충분히 달성하기 어렵다.
⑤ 1997년 발효 당시 정보기술협정 당사국의 ICT제품 무역규모량의 총합은 해당 제품의 전세계 무역량의 90% 이상일 것으로 추정할 수 있다.

02

| 지문분석 |

문단	내용	키워드
1문단	총의 제도의 개념 – 의사결정 회의에 참석한 회원국 중 어느 회원국도 공식적으로 반대하지 않는 한, 검토를 위해 제출된 사항은 총의에 의해 결정 – 의사결정 회의에 불참은 찬성으로 간주	총의 제도
2문단	총의 제도의 대안으로 등장한 '부속서 4 복수국간 무역협정 방식'과 '임계질량 복수국간 무역협정 방식'	
3문단	• 부속서 4 복수국간 무역협정 방식 : WTO 체제 밖에서 복수국간 무역협정을 체결하고 이를 WTO 설립협정 부속서 4에 포함하여 WTO 체제로 편입하는 방식 • 단, 복수국간 무역협정이 부속서 4에 포함되기 위해서는 모든 WTO 회원국 대표로 구성되는 각료회의의 승인이 필요	
4문단	• 임계질량 복수국간 무역협정 방식 : WTO 체제 밖에서 일부 회원국 간 무역협정을 채택하되 해당 협정의 혜택을 보편적으로 적용하여 무역자유화를 촉진하는 방식이다. • 단, 협정이 발효되기 위해서는 협정 당사국들의 협정 적용대상 품목의 무역량이 해당 품목의 전세계 무역량의 90% 이상을 차지하여야 함	

| 정답해설 |

③ 2문단에서 전자상거래협정은 '부속서 4 복수국간 무역협정 방식'임을 알 수 있다. '부속서 4복수국간 무역협정 방식'은 비당사국에 협정상 혜택을 허용하지 않는 것은 알 수 있지만, 법적 지위에 영향을 미칠 수 있는지 여부에 대해서는 알 수 없다.

| 오답풀이 |

① 4문단 최혜국대우원칙을 통해 알 수 있다.

② 1문단에 따르면 총의 제도에서 의사결정 회의에 불참은 찬성으로 간주한다.

④ 1~2문단을 바탕으로 볼 때, 총의 제도를 유지할 경우 의사결정 회의에 참석한 회원국 중 어느 한 회원국이라도 공식적으로 반대할 경우 결정될 수 없으므로 '부속서 4 복수국간 무역협정 방식' 도입의 목적을 충분히 달성하기 어렵다.

⑤ 4문단에서 '임계질량 복수국간 무역협정 방식'의 협정이 발효되기 위해서는 협정 당사국들의 협정 적용대상 품목의 무역량이 해당 품목의 전세계 무역량의 90% 이상을 차지하여야 한다고 하였으므로, 1997년 발효된 정보기술협정은 협정 당사국들의 정보통신기술제품의 무역량규모가 전 세계 무역량의 90% 이상일 것으로 추정할 수 있다.

답 ③

03

다음 글에서 추론할 수 있는 것만을 〈보기〉에서 모두 고르면?

란체스터는 한 국가의 상대방 국가에 대한 군사력 우월의 정도를, 전쟁의 승패가 갈린 전쟁 종료 시점에서 자국의 손실비의 역수로 정의했다. 예컨대 전쟁이 끝났을 때 자국의 손실비가 1/2이라면 자국의 군사력은 적국보다 2배로 우월하다는 것이다. 손실비는 아래와 같이 정의된다.

$$\text{자국의 손실비} = \frac{\text{자국의 최초 병력대비 잃은 병력 비율}}{\text{적국의 최초 병력대비 잃은 병력 비율}}$$

A국과 B국이 전쟁을 벌인다고 하자. 전쟁에는 양국의 궁수들만 참가한다. A국의 궁수는 2,000명이고, B국은 1,000명이다. 양국 궁수들의 숙련도와 명중률 등 개인의 전투 능력, 그리고 지형, 바람 등 주어진 조건은 양국이 동일하다고 가정한다. 양측이 동시에 서로를 향해 1인당 1발씩 화살을 발사한다고 하자. 모든 화살이 적군을 맞힌다면 B국의 궁수들은 1인 평균 2개의 화살을, A국 궁수는 평균 0.5개의 화살을 맞을 것이다. 하지만 화살이 제대로 맞지 않거나 아예 안 맞을 수도 있으니, 발사된 전체 화살 중에서 적 병력의 손실을 발생시키는 화살의 비율은 매번 두 나라가 똑같이 1/10이라고 하자. 그렇다면 첫 발사에서 B국은 200명, A국은 100명의 병력을 잃을 것이다. 따라서 ㉠첫 발사에서의 B국의 손실비는 $\frac{200/1,000}{100/2,000}$ 이다.

마찬가지 방식으로, 남은 A국 궁수 1,900명은 두 번째 발사에서 B국에 190명의 병력 손실을 발생시킨다. 이제 B국은 병력의 39%를 잃었다. 이런 손실을 당하고도 버틸 수 있는 군대는 많지 않아서 전쟁은 B국의 패배로 끝난다. B국은 A국에 첫 번째 발사에서 100명, 그 다음엔 80명의 병력 손실을 발생시켰다. 전쟁이 끝날 때까지 A국이 잃은 궁수는 최초 병력의 9%에 지나지 않는다. 이로써 ㉡B국에 대한 A국의 군사력이 명확히 드러난다.

〈보기〉

ㄱ. 다른 조건이 모두 같으면서 A국 궁수의 수가 4,000명으로 증가하면 ㉠은 16이 될 것이다.

ㄴ. ㉡의 내용은 A국의 군사력이 B국보다 4배 이상으로 우월하다는 것이다.

ㄷ. 전쟁 종료 시점까지 자국과 적국의 병력 손실이 발생했고 그 수가 동일한 경우, 최초 병력의 수가 적은 쪽의 손실비가 더 크다.

---

① ㄱ

② ㄷ

③ ㄱ, ㄴ

④ ㄴ, ㄷ

⑤ ㄱ, ㄴ, ㄷ

03

| 정답해설 |

ㄱ. [O]

다른 조건이 모두 같으면서 A국 궁수의 수가 4,000명으로 증가할 경우, 첫 발사에서의 B국의 손실비 ㉠은 $\dfrac{400/1,000}{100/4,000} = 16$이 된다.

ㄴ. [O]

전쟁이 끝날 때까지 A국이 잃은 궁수는 B국이 잃은 궁수의 $\dfrac{1}{4}$ 미만이므로, A국의 군사력이 B국보다 4배 이상으로 우월하다는 것이다. (∵ 1문단 : 군사력 우월의 정도는 전쟁의 승패가 갈린 전쟁 종료 시점에서 자국의 손실비의 역수로 정의)

ㄷ. [O]

같은 수의 병력 손실이 발생한 경우, 최초 병력의 수가 적은 쪽이 '최초 병력 대비 잃은 병력 비율'이 커진다. 이는 자국의 손실비의 분모가 커지는 것으로, 손실비가 더 크다고 할 수 있다.

답 ⑤

04

다음 글의 ㉠에 대한 주장을 약화하는 진술만을 〈보기〉에서 모두 고르면?

동물이 단위 시간당 소모하는 에너지의 양을 물질대사율이라고 한다. 동물들은 세포 유지, 호흡, 심장박동 같은 기본적인 기능들을 위한 최소한의 물질대사율, 즉 최소대사율을 유지해야 한다. ㉠<u>동물의 물질대사율</u>은 다음과 같은 특성을 지닌다.

먼저, 최소대사율은 동물의 종에 따라 달라지고, 특히 내온동물과 외온동물은 뚜렷한 차이를 나타낸다. 신체 내 물질대사로 생성된 열에 의해 체온을 유지하는 내온동물에는 포유류 등이, 체온 유지에 필요한 열을 외부에서 얻는 외온동물에는 양서류와 파충류 등이 포함된다. 최소 수준 이상으로 열의 생성이나 방출이 요구되지 않는 환경에서 스트레스 없이 가만히 쉬고 있는 상태의 내온동물의 최소대사율을 기초대사율이라고 한다. 외온동물의 최소대사율은 내온동물과 달리 주변 온도에 따라 달라지는데, 이는 주변 온도가 물질대사와 체온을 변화시키기 때문이다. 어떤 온도에서 스트레스 없이 쉬고 있는 상태의 외온동물의 최소대사율을 그 온도에서의 표준대사율이라고 한다. 기본적인 신체 기능을 유지하는 데 필요한 에너지의 양은 외온동물보다 내온동물에서 더 크다.

내온동물의 물질대사율은 다양한 요인에 의해 영향을 받는데, 몸의 크기가 그 중 하나다. 몸집이 큰 포유동물은 몸집이 작은 포유동물보다 물질대사율이 크다. 몸집이 클수록 일반적으로 더 무겁다는 사실을 고려하면, 물질대사율은 몸무게가 클수록 크다고 볼 수 있다. 한편 포유동물에서 단위 몸무게당 기초대사율은 몸무게에 반비례하는 경향을 나타낸다. 이는 내온동물의 몸이 작을수록 안정적인 체온을 유지하는 에너지 비용이 커진다는 가설을 통해 설명될 수 있다. 이 가설은 동물의 몸집이 작을수록 부피 대비 표면적이 커져서 주변으로 열을 더 쉽게 빼앗기기 때문에 체온 유지를 위해 더 많은 에너지를 생산해야 할 필요가 있다는 생각에 근거를 두고 있다.

〈보기〉

ㄱ. 툰드라 지역에 서식하는 포유류 중, 순록의 몸무게 1 kg당 기초대사율은 같은 지역의 토끼의 그것보다 크다.

ㄴ. 양서류에 속하는 어떤 동물의 최소대사율이 주변 온도에 따라 뚜렷이 달라졌다.

ㄷ. 몸 크기가 서로 비슷한 악어와 성인 남성을 비교하였을 때, 전자의 표준대사율의 최댓값이 후자의 기초대사율의 1/20 미만이었다.

① ㄱ
② ㄷ
③ ㄱ, ㄴ
④ ㄴ, ㄷ
⑤ ㄱ, ㄴ, ㄷ

04

| 지문분석 |

문단	내용	키워드
1문단	• 물질대사율 = 소모하는 에너지 양/단위 시간 • 최소대사율 : 세포 유지, 호흡, 심장박동 같은 기본적인 기능들을 위한 최소한의 물질대사율	물질대사율
2문단	• 기초대사율 : 최소 수준 이상으로 열의 생성이나 방출이 요구되지 않는 환경에서 스트레스 없이 가만히 쉬고 있는 상태의 내온동물의 최소대사율 • 표준대사율 : 어떤 온도에서 스트레스 없이 쉬고 있는 상태의 외온동물의 최소대사율 • 기본적인 신체 기능을 유지하는 데 필요한 에너지 양 : 외온동물 < 내온동물	기초대사율, 표준대사율
3문단	• 내온동물의 물질대사율 : 몸집 大(몸무게 ↑) > 몸집 小(몸무게 ↓) • 포유동물에서 단위 몸무게당 기초대사율은 몸무게에 반비례 → 몸무게가 작을수록 안정적인 체온을 유지하는 에너지 비용이 증가	

| 정답해설 |

ㄱ. [○]

3문단에서 포유동물의 단위 몸무게당 기초대사율은 몸무게에 반비례하는 경향을 나타낸다고 언급하였다. 그런데 몸무게가 많이 나가는 순록의 단위 몸무게당 기초대사율이 토끼의 그것보다 크다면, 단위 몸무게당 기초대사율은 몸무게에 비례한다고 볼 수 있다. 따라서 ㄱ은 ㉠에 대한 주장을 약화시킨다.

ㄴ. [×]

양서류는 외온동물에 해당한다. 2문단에서 외온동물의 최소대사율은 내온동물과 달리 주변 온도에 따라 달라진다고 하였는데, 양서류에 속하는 어떤 동물의 최소대사율이 주변 온도에 따라 뚜렷이 달라졌다는 것은 이와 같은 맥락이다.

ㄷ. [×]

몸 크기가 비슷한 외온동물인 악어와 내온동물인 성인 남성을 비교하였을 때, 악어의 표준대사율의 최댓값이 성인 남성의 기초대사율의 1/20 미만이었다는 것은, 2문단 끝에서 기본적인 신체 기능을 유지하는 데 필요한 에너지의 양은 외온동물보다 내온동물에서 더 크다고 한 것과 일치한다.

①

05

다음 〈표〉와 〈보고서〉는 2014 ~ 2017년 IT산업 3개(소프트웨어, 인터넷, 컴퓨터) 분야의 인수·합병에 대한 자료이다. 이를 근거로 판단할 때, A ~ E국 중 '갑'국에 해당하는 국가의 2017년 IT산업 3개 분야 인수·합병 건수의 합은?

〈표 1〉 소프트웨어 분야 인수·합병 건수

(단위 : 건)

연도 \ 국가	미국	A	B	C	D	E
2014	631	23	79	44	27	20
2015	615	47	82	45	30	19
2016	760	72	121	61	37	19
2017	934	127	118	80	49	20
계	2,940	269	400	230	143	78

〈표 2〉 인터넷 분야 인수·합병 건수

(단위 : 건)

연도 \ 국가	미국	A	B	C	D	E
2014	498	17	63	68	20	16
2015	425	33	57	52	19	7
2016	528	44	64	61	31	14
2017	459	77	69	70	38	21
계	1,910	171	253	251	108	58

〈표 3〉 컴퓨터 분야 인수 · 합병 건수

(단위 : 건)

국가 연도	미국	A	B	C	D	E
2014	196	12	33	32	11	3
2015	177	17	38	33	12	8
2016	200	18	51	35	16	8
2017	240	24	51	58	18	9
계	813	71	173	158	57	28

〈보고서〉

'갑'국의 IT산업 3개(소프트웨어, 인터넷, 컴퓨터) 분야 인수 · 합병 현황은 다음과 같다. '갑'국의 IT산업 인수 · 합병 건수는 3개 분야 모두에서 매년 미국의 10 % 이하에 불과했다. 또한, 연도별 인수 · 합병 건수 증가 추이를 살펴보면, 소프트웨어 분야와 컴퓨터 분야의 인수 · 합병 건수는 매년 증가하였고, 인터넷 분야 인수 · 합병 건수는 한 해를 제외하고 매년 증가하였다.

① 50
② 105
③ 208
④ 228
⑤ 238

05

| 정답해설 |

〈보고서〉에서 언급하고 있는 '갑'국의 인수·합병 현황과 〈표 1〉, 〈표 2〉 〈표 3〉을 바탕으로 '갑'국이 A~E 중 어느 것인지를 확인해야 한다.

- 〈보고서〉에 따르면 '갑'국의 IT산업 인수·합병 건수는 3개 분야 모두에서 매년 미국의 10% 이하에 불과했다. 따라서 3개 분야 중 한 번이라도 미국의 10%를 초과한 적이 있다면 제외된다. → A, B, C 제외
- 〈보고서〉에 따르면 '갑'국의 연도별 인수·합병 건수 증가 추이는 소프트웨어 분야와 컴퓨터 분야의 인수·합병 건수는 매년 증가하였고, 인터넷 분야 인수·합병 건수는 한 해를 제외하고 매년 증가하였다고 하였으므로, 앞에서 제외되고 남은 D, E 중 D가 '갑'국에 해당함을 알 수 있다.

따라서 '갑'국의 2017년 IT산업 3개 분야 인수·합병 건수의 합을 구하면, $49 + 38 + 18 = 105$이다.

 ②

06

다음 〈표〉는 2019년 3월 사회인 축구리그 경기일별 누적승점에 대한 자료이다. 〈표〉와 〈조건〉에 근거한 설명으로 옳지 않은 것은?

〈표〉 경기일별 경기 후 누적승점

(단위 : 점)

경기일(요일)	A	B	C	D	E	F
9일(토)	3	0	0	3	1	1
12일(화)	6	1	0	3	2	4
14일(목)	7	2	3	4	2	5
16일(토)	8	2	3	7	3	8
19일(화)	8	5	3	8	4	11
21일(목)	8	8	4	9	7	11
23일(토)	9	9	5	10	8	12
26일(화)	9	12	5	13	11	12
28일(목)	10	12	8	16	12	12
30일(토)	11	12	11	16	15	13

〈조건〉

- 팀별로 다른 팀과 2번씩 경기한다.
- 경기일별로 세 경기가 진행된다.
- 경기일별로 팀당 한 경기만 진행한다.
- 승리팀은 승점 3점을 얻고, 패배팀은 승점 0점을 얻는다.
- 무승부일 경우 두 팀 모두 각각 승점 1점을 얻는다.
- 3월 30일 경기 후 누적승점이 가장 높은 팀이 우승팀이 된다.

① A팀과 C팀은 승리한 횟수가 같다.
② B팀은 화요일에는 패배한 적이 없다.
③ 모든 팀이 같은 경기일에 무승부를 기록한 적이 있다.
④ C팀은 3월 14일에 E팀과 경기하여 승리하였다.
⑤ 3월 30일 경기결과가 달라져도 우승팀은 바뀌지 않는다.

06

> 경기에 승리할 경우 승점 3점을 얻을 수 있으므로, A팀과 C팀의 누적승점이 3점 증가한 횟수가 같은지 비교하면 알 수 있다. A팀은 9일과 12일 2번 승리하였고, C팀은 14일, 28일, 30일 3번 승리하였다.

② B팀은 화요일인 12일, 19일, 26일의 누적승점이 매번 증가하였다. 따라서 B팀은 화요일에는 패배한 적이 없다.

③ 모든 팀이 같은 경기일에 무승부를 기록한다면, 누적승점이 이전보다 1점씩 증가한다. 23일의 누적승점을 보면 21일의 누적승점에 비해 모든 팀이 1점씩 증가했다.

④ 14일의 각 팀별 누적승점을 보면, E를 제외한 모든 팀이 증가하였다. C팀은 3점, 나머지 팀은 1점이 증가하였으므로, C팀이 E팀과의 경기에서 승리하였으며 나머지팀은 무승부였음을 알 수 있다.

⑤ 30일 경기 후 누적승점이 가장 높은 D팀이 우승팀이 되는데, D팀은 30일 경기에서 패하였다. 28일 누적승점을 기준으로 30일 경기의 승패가 달라진다고 해도 누적승점이 16점보다 많아지는 팀은 없다. 따라서 3월 30일 경기결과가 달라져도 우승팀은 바뀌지 않는다.

답 ①

07

다음 〈표〉는 2019년 화학제품 매출액 상위 9개 기업의 매출액에 대한 자료이다. 〈표〉와 〈조건〉에 근거하여 A ~ D에 해당하는 기업을 바르게 나열한 것은?

〈표〉 2019년 화학제품 매출액 상위 9개 기업의 매출액

(단위 : 십억 달러, %)

구분 기업	화학제품 매출액	전년 대비 증가율	총매출액	화학제품 매출액 비율
비스프	72.9	17.8	90.0	81.0
A	62.4	29.7	( )	100.0
B	54.2	28.7	( )	63.2
자빅	37.6	5.3	39.9	94.2
C	34.6	26.7	( )	67.0
포르오사	32.1	14.2	55.9	57.4
D	29.7	10.0	( )	54.9
리오넬바셀	28.3	15.0	34.5	82.0
이비오스	23.2	24.7	48.2	48.1

※ 화학제품 매출액 비율(%)= $\dfrac{\text{화학제품 매출액}}{\text{총매출액}} \times 100$

〈조건〉

- '드폰'과 'KR 화학'의 2018년 화학제품 매출액은 각각 해당 기업의 2019년 화학제품 매출액의 80 % 미만이다.
- '벡슨모빌'과 '시노텍'의 2019년 화학제품 매출액은 각각 총매출액에서 화학제품을 제외한 매출액의 2배 미만이다.
- 2019년 총매출액은 '포르오사'가 'KR 화학'보다 작다.
- 2018년 화학제품 매출액은 '자빅'이 '시노텍'보다 크다.

	A	B	C	D
①	드폰	벡슨모빌	KR 화학	시노텍
②	드폰	시노텍	KR 화학	벡슨모빌
③	벡슨모빌	KR 화학	시노텍	드폰
④	KR 화학	시노텍	드폰	벡슨모빌
⑤	KR 화학	벡슨모빌	드폰	시노텍

07

| 조건분석 |

- 2018년 화학제품 매출액이 2019년 화학제품 매출액의 80% 미만이라는 것은, 2019년 화학제품 매출액의 전년 대비 증가율이 25%를 초과하는 것이라고 할 수 있다. → A, B, C 해당 … ③
- 2019년 화학제품 매출액이 총매출액에서 화학제품을 제외한 매출액의 2배 미만이라는 것은, 화학제품 매출액이 총매출액에서 67% 미만을 차지한다는 의미이다. → B, D 해당 … ①
- 2019년 총매출액은 '포르오사'가 'KR 화학'보다 작다. → A, B 해당 … ②
- '자빅'의 2018년 화학제품 매출액은 $\dfrac{37.6-x}{x}\times100=5.3$, $\therefore x=약\ 35.7$이다. A, B, C, D 각각의 2018년 화학제품 매출액을 구하면 약 48.1, 약 42.1, 약 27.3, 27이다. → C, D 해당 … ④

| 정답해설 |

조건분석 ① : B, D는 '벡슨모빌' 또는 '시노텍' 중 하나이다.

조건분석 ② : ①에서 B는 '벡슨모빌' 또는 '시노텍' 중 하나라고 하였으므로 'KR 화학'은 A가 된다.

조건분석 ③ : ①, ②에 따라 A는 'KR 화학', B는 '벡슨모빌' 또는 '시노텍' 중 하나이므로, '드폰'은 C가 된다.

조건분석 ④ : ③에서 C는 '드폰'이므로 '시노텍'은 D가 되고, 나머지 B가 '벡슨모빌'이다.

| 참   고 |

주어진 화학제품 매출액 비율 공식과 전년 대비 증가율을 바탕으로 A, B, C, D의 2019년 총매출액과 2018년 화학제품 매출액을 구하면 다음과 같다.

구분	2019년 총매출액	2018년 화학제품 매출액
A	$\dfrac{62.4}{x}\times100=100$ $\therefore x=62.4$	$\dfrac{62.4-x}{x}\times100=29.7$ $\therefore x=약\ 48.1$
B	$\dfrac{54.2}{x}\times100=63.2$ $\therefore x=약\ 85.8$	$\dfrac{54.2-x}{x}\times100=28.7$ $\therefore x=약\ 42.1$
C	$\dfrac{34.6}{x}\times100=67.0$ $\therefore x=약\ 51.6$	$\dfrac{34.6-x}{x}\times100=26.7$ $\therefore x=약\ 27.3$
D	$\dfrac{29.7}{x}\times100=54.9$ $\therefore x=약\ 54.1$	$\dfrac{29.7-x}{x}\times100=10$ $\therefore x=약\ 27$

답 ⑤

08

다음 글을 근거로 판단할 때, 〈보기〉에서 민원을 정해진 기간 이내에 처리한 것만을 모두 고르면?

제00조

① 행정기관의 장은 '질의민원'을 접수한 경우에는 다음 각 호의 기간 이내에 처리하여야 한다.

1. 법령에 관해 설명이나 해석을 요구하는 질의민원 : 7일

2. 제도ㆍ절차 등에 관해 설명이나 해석을 요구하는 질의민원 : 4일

② 행정기관의 장은 '건의민원'을 접수한 경우에는 10일 이내에 처리하여야 한다.

③ 행정기관의 장은 '고충민원'을 접수한 경우에는 7일 이내에 처리하여야 한다. 단, 고충민원의 처리를 위해 14일의 범위에서 실지조사를 할 수 있고, 이 경우 실지조사 기간은 처리기간에 산입(算入)하지 아니한다.

④ 행정기관의 장은 '기타민원'을 접수한 경우에는 즉시 처리하여야 한다.

제00조

① 민원의 처리기간을 '즉시'로 정한 경우에는 3근무시간 이내에 처리하여야 한다.

② 민원의 처리기간을 5일 이하로 정한 경우에는 민원의 접수시각부터 '시간' 단위로 계산한다. 이 경우 1일은 8시간의 근무시간을 기준으로 한다.

③ 민원의 처리기간을 6일 이상으로 정한 경우에는 '일' 단위로 계산하고 첫날을 산입한다.

④ 공휴일과 토요일은 민원의 처리기간과 실지조사 기간에 산입하지 아니한다.

※ 업무시간은 09 : 00 ～ 18 : 00이다. (점심시간 12 : 00 ～ 13 : 00 제외)

※ 3근무시간 : 업무시간 내 3시간

※ 광복절(8월 15일, 화요일)과 일요일은 공휴일이고, 그 이외에 공휴일은 없다고 가정한다.

〈보기〉

㉠ A부처는 8.7(월) 16시에 건의민원을 접수하고, 8.21(월) 14시에 처리하였다.

㉡ B부처는 8.14(월) 13시에 고충민원을 접수하고, 10일간 실지조사를 하여 9.7(목) 10시에 처리하였다.

㉢ C부처는 8.16(수) 17시에 기타민원을 접수하고, 8.17(목) 10시에 처리하였다.

㉣ D부처는 8.17(목) 11시에 제도에 대한 설명을 요구하는 질의민원을 접수하고, 8.22(화) 14시에 처리하였다.

① ㉠, ㉡

② ㉠, ㉢

③ ㉡, ㉣

④ ㉠, ㉢, ㉣

⑤ ㉡, ㉢, ㉣

08

| 정답해설 |

다음의 달력을 바탕으로 〈보기〉를 분석하면 이해하기 쉽다. (색칠된 날짜는 휴무)

일	월	화	수	목	금	토
	7	8	9	10	11	12
13	14	15	16	17	18	19
20	21	22	23	24	25	26
27	28	29	30	31	9/1	2
3	4	5	6	7	8	9
10	11	12	13	14	15	16

㉠ [○] 첫 번째 제00조 ②항에 따르면 행정기관의 장은 '건의민원'을 접수한 경우에는 10일 이내에 처리하여야 한다. 8.7(월) 이후의 공휴일과 토요일은 8.12(토), 8.13(일), 8.15(광복절), 8.19(토), 8.20(일)이므로, 8.7(월) 16시에 접수한 건의민원은 8.21(월)에 10일이 된다(∵ 두 번째 제00조 ③항에 따라 민원의 처리기간을 6일 이상으로 정한 경우에는 '일' 단위로 계산하고 첫날을 산입하므로). 따라서 8.21(월) 14시에 처리한 건의민원은 정해진 기간 이내에 처리한 것이다.

㉡ [×] 첫 번째 제00조 ③항에 따르면 행정기관의 장은 '고충민원'을 접수한 경우에는 7일 이내에 처리하여야 하며, 14일의 범위에서 실지조사를 할 수 있고 이 경우 실지조사 기간은 처리에 산입하지 아니한다. 공휴일과 토요일, 실지조사 기간인 10일을 모두 제외하면, 8.14(월) 13시에 접수한 민원은 8.29(화) 13시에 접수한 것과 같다. 따라서 7일은 9.6(수)이 되므로(∵ 두 번째 제00조 ③항에 따라 민원의 처리기간을 6일 이상으로 정한 경우에는 '일' 단위로 계산하고 첫날을 산입하므로), 9.7(목) 10시에 처리한 고충민원은 정해진 기간 이내에 처리한 것이 아니다.

㉢ [○] 첫 번째 제00조 ④항에 따르면 행정기관의 장은 '기타민원'을 접수한 경우에는 즉시 처리하여야 한다. 두 번째 제00조 ①항에 따르면 민원의 처리기간을 '즉시'로 정한 경우에는 3근무시간(업무시간 내 3시간) 이내에 처리하여야 하는데, 업무시간은 9 : 00~18 : 00까지이므로 8.16(수) 17시에 접수한 기타민원은 8.17(목) 11시까지가 처리해야 한다.

㉣ [○] 첫 번째 제00조 ①항 2호에 따르면 제도·절차 등에 관해 설명이나 해석을 요구하는 질의민원의 처리기간은 4일이다. 두 번째 00조 ②항에 따라 민원의 처리기간을 5일 이하로 정한 경우에는 민원의 접수시각부터 '시간' 단위로 계산하고, 이 경우 1일은 8시간의 근무시간을 기준으로 하므로, 4일은 32시간의 근무시간과 동일하다. 따라서 8.17(목) 11시에 접수한 제도에 대한 설명을 요구하는 질의민원은 32시간의 근무시간 이내인 8.23(수) 11시 이내에 처리해야 한다. 따라서 8.22(화) 14시에 처리한 것은 정해진 기간 이내에 처리한 것이다.

답 ④

09

다음 글과 〈상황〉을 근거로 판단할 때 옳은 것은?

제○○조

① 주택 등에서 월령 2개월 이상인 개를 기르는 경우, 그 소유자는 시장·군수·구청장에게 이를 등록하여야 한다.

② 소유자는 제1항의 개를 기르는 곳에서 벗어나게 하는 경우에는 소유자의 성명, 소유자의 전화번호, 등록번호를 표시한 인식표를 그 개에게 부착하여야 한다.

제□□조

① 맹견의 소유자는 다음 각 호의 사항을 준수하여야 한다.

   1. 소유자 없이 맹견을 기르는 곳에서 벗어나지 아니하게 할 것

   2. 월령이 3개월 이상인 맹견을 동반하고 외출할 때에는 목줄과 입마개를 하거나 맹견의 탈출을 방지할 수 있는 적정한 이동장치를 할 것

② 시장·군수·구청장은 맹견이 사람에게 신체적 피해를 주는 경우, 소유자의 동의 없이 맹견에 대하여 격리조치 등 필요한 조치를 취할 수 있다.

③ 맹견의 소유자는 맹견의 안전한 사육 및 관리에 관하여 정기적으로 교육을 받아야 한다.

제△△조

① 제□□조 제1항을 위반하여 사람을 사망에 이르게 한 자는 3년 이하의 징역 또는 3천만 원 이하의 벌금에 처한다.

② 제□□조 제1항을 위반하여 사람의 신체를 상해에 이르게 한 자는 2년 이하의 징역 또는 2천만 원 이하의 벌금에 처한다.

〈상황〉

甲과 乙은 맹견을 각자 자신의 주택에서 기르고 있다. 甲은 월령 1개월인 맹견 A의 소유자이고, 乙은 월령 3개월인 맹견 B의 소유자이다.

---

① 甲이 A를 동반하고 외출하는 경우 A에게 목줄과 입마개를 해야 한다.

② 甲은 맹견의 안전한 사육 및 관리에 관하여 정기적으로 교육을 받지 않아도 된다.

③ 甲이 A와 함께 타 지역으로 여행을 가는 경우, A에게 甲의 성명과 전화번호를 표시한 인식표를 부착하지 않아도 된다.

④ B가 제3자에게 신체적 피해를 주는 경우, 구청장이 B를 격리조치하기 위해서는 乙의 동의를 얻어야 한다.

⑤ 乙이 B에게 목줄을 하지 않아 제3자의 신체를 상해에 이르게 한 경우, 乙을 3년의 징역에 처한다.

09

정답해설

③ 제○○조 ②항에 따르면 소유자는 ①항의 개를 기르는 곳에서 벗어나게 하는 경우에는 소유자의 성명, 소유자의 전화번호, 등록번호를 표시한 인식표를 그 개에게 부착하여야 한다. 이때 ①항의 개는 주택 등에서 월령 2개월 이상인 개로, 甲의 소유인 A는 여기에 해당하지 않는다.(∵ 월령 1개월이므로) 따라서, 甲이 A와 함께 타 지역으로 여행을 가는 경우, A에게 甲의 성명과 전화번호를 표시한 인식표를 부착하지 않아도 된다.

오답풀이

① 제□□조 ①항 2호에 따르면 월령이 3개월 이상인 맹견을 동반하고 외출할 때에는 목줄과 입마개를 하거나 맹견의 탈출을 방지할 수 있는 적정한 이동장치를 해야 한다. 甲의 소유인 A는 월령이 1개월이므로, 이 조항에 해당하지 않는다.

② 제□□조 ③항에 따르면 맹견의 소유자는 맹견의 안전한 사육 및 관리에 관하여 정기적으로 교육을 받아야 한다. 월령 등에 대한 단서가 없으므로, 맹견을 기르고 있는 甲은 맹견의 안전한 사육 및 관리에 관하여 정기적으로 교육을 받아야 한다.

④ 제□□조 ②항에 따르면 시장·군수·구청장은 맹견이 사람에게 신체적 피해를 주는 경우, 소유자의 동의 없이 맹견에 대하여 격리조치 등 필요한 조치를 취할 수 있다. 따라서 B가 제3자에게 신체적 피해를 주는 경우, 구청장은 소유자인 乙의 동의 없이 B를 격리조치할 수 있다.

⑤ 제△△조 ②항에 따르면 제□□조 제1항을 위반하여 사람의 신체를 상해에 이르게 한 자는 2년 이하의 징역 또는 2천만 원 이하의 벌금에 처한다.

 ③

10

다음 〈표〉는 '갑'국 신입사원에게 필요한 10개 직무역량 중요도의 산업분야별 자료이다. 이에 대한 〈보기〉의 설명 중 옳은 것만을 모두 고르면?

〈표〉 신입사원의 직무역량 중요도

(단위 : 점)

산업분야 직무역량	신소재	게임	미디어	식품
의사소통능력	4.34	4.17	4.42	4.21
수리능력	4.46	4.06	3.94	3.92
문제해결능력	4.58	4.52	4.45	4.50
자기개발능력	4.15	4.26	4.14	3.98
자원관리능력	4.09	3.97	3.93	3.91
대인관계능력	4.35	4.00	4.27	4.20
정보능력	4.33	4.09	4.27	4.07
기술능력	4.07	4.24	3.68	4.00
조직이해능력	3.97	3.78	3.88	3.88
직업윤리	4.44	4.66	4.59	4.39

※ 중요도는 5점 만점임.

〈보기〉

㉠ 신소재 산업분야에서 중요도 상위 2개 직무역량은 '문제해결능력'과 '수리능력'이다.

㉡ 산업분야별 직무역량 중요도의 최댓값과 최솟값 차이가 가장 큰 것은 '미디어'이다.

㉢ 각 산업분야에서 중요도가 가장 낮은 직무역량은 '조직이해능력'이다.

㉣ 4개 산업분야 직무역량 중요도의 평균값이 가장 높은 직무역량은 '문제해결능력'이다.

① ㉠, ㉡

② ㉠, ㉢

③ ㉢, ㉣

④ ㉠, ㉡, ㉣

⑤ ㉡, ㉢, ㉣

10

| 정답해설 |

⊙ [O]
신소재 산업분야에서 중요도 상위 2개 직무역량은 4.58점의 문제해결능력과 4.46점의 수리능력이다.
© [O]
산업분야별 직무역량 중요도의 최댓값과 최솟값 차이는 미디어(0.91) > 게임(0.88) > 식품(0.62) > 신소재(0.61) 순이다.
© [X]
미디어 분야에서 중요도가 가장 낮은 직무역량은 기술능력이다.
② [X]
4개 산업분야 직무역량 중요도의 평균값이 가장 높은 직무역량은 4.52점의 '직업윤리'이다.

정답 ①

서원각 교재와 함께하는 STEP
공무원 학습방법

01 파워특강

공무원 시험을 처음 시작할 때
파워특강으로 핵심이론 파악

02 기출문제 정복하기

기본개념 학습을 했다면
과목별 기출문제 회독하기

03 전과목 총정리

전 과목을 한 권으로 압축한
전과목 총정리로 개념 완성

04 전면돌파 면접

필기합격!
면접 준비는 실제 나온 문제를
기반으로 준비하기

서원각과 함께하는
공무원 합격을 위한
공부법

05 인적성검사 준비하기

중요도가 점점 올라가는
인적성검사, 출제 유형 파악하기

제공도서 : 소방, 교육공무직

• 교재와 함께 병행하는 학습 step3 •

1step 회독하기

최소 3번 이상의
회독으로 문항을 분석

2step 오답노트

YES
NO

틀린 문제 알고 가자!

3step 백지노트

오늘 공부한 내용,
빈 백지에 써보면서 암기

다양한 정보와
이벤트를 확인하세요!

서원각 블로그에서 제공하는 용어를 보면서 알아두면 유용한 시사, 경제, 금융 등 다양한 주제의 용어를 공부해보세요. 또한 블로그를 통해서 진행하는 이벤트를 통해서 다양한 혜택을 받아보세요.

최신상식용어
최신 상식을 사진과 함께 읽어보세요.

시험정보
최근 시험정보를 확인해보세요.

도서이벤트
다양한 교재이벤트에 참여해서 혜택을 받아보세요.

1 상식 톡톡 최신 상식용어 제공!

알아두면 좋은 최신 용어를 학습해보세요. 매주 올라오는 용어를 보면서 다양한 용어 학습!

2 학습자료실 학습 PDF 무료제공

일부 교재에 보다 풍부한 학습자료를 제공합니다. 홈페이지에서 다양한 학습자료를 확인해보세요.

3 도서상담 교재 관련 상담게시판

서원각 교재로 학습하면서 궁금하셨던 점을 물어보세요.

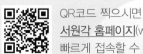 QR코드 찍으시면
서원각 홈페이지(www.goseowon.com)에 빠르게 접속할 수 있습니다.